LEBENSKUNST –
STÜCKE FÜR JEDEN TAG

LEBENSKUNST –
STÜCKE FÜR JEDEN TAG

In Zusammenarbeit mit **Frieder Furler, Peter Wild und Gabrielle Zangger-Derron**
herausgegeben von **Matthias Krieg**

Mit Farbradierungen von **Francine Mury**
und Photographien von **Andreas Hoffmann**

Theologischer Verlag Zürich
Verlag am Eschbach

Ein Projekt von «Bildung und Gesellschaft»
herausgegeben im Auftrag der
Evangelisch-Reformierten Landeskirche des Kantons Zürich

Die Deutsche Bibliothek – CIP-Einheitsaufnahme

Lebenskunst: Stücke für jeden Tag / in Zusammenarbeit mit Frieder Furler... hrsg. von Matthias Krieg. Mit Farbradierungen von Francine Mury und Photogr. von Andreas Hoffmann. – Eschbach: Verlag am Eschbach; Zürich: Theologischer Verlag, 1999
ISBN 3-88671-197-8 (Verlag am Eschbach)
ISBN 3-290-17156-6 (Theologischer Verlag Zürich)

2. Auflage 2000

Räffelstrasse 20, CH-8045 Zürich

Verlag am Eschbach GmbH, Im Alten Rathaus/Hauptstrasse 37, D-79427 Eschbach/Markgräflerland

Gestaltung und Satz: Kaspar Thalmann, CH-Uster
Bildreproduktion: pensky repro GmbH, D-Karlsruhe
Druck: B&K Offsetdruck GmbH, D-Ottersweier
Verarbeitung: Großbuchbinderei Josef Spinner, D-Ottersweier

Lebensart

Zeit ist zur wertvollsten Ressource geworden. Löhne und Preise, Policen und Renten machen die Zeit zum teuersten Faktor. Zeit ist Geld. Umso mehr lässt der Umgang mit der Zeit Lebensart erkennen. Die Taschenagenda, die Datenbank, das Timing offenbaren alle Arten und Unarten des Lebens, und erst recht wird der Terminkalender zur Offenbarung eigener Lebensart, wenn man ihn verloren hat. – Dieses Buch liegt quer zur Zeit, die man nicht hat oder vertreibt. Es will jene Zeit wertvoll machen, die keinen Kalendereintrag braucht, weil man sie sich nimmt, als Zeit quer zur verplanten, verbrauchten, vertriebenen Zeit, als Zeit in der Zeit. Dieses Buch bietet Zeit im Querformat.

Ethik ist zur gefragten Disziplin geworden. Technologie und Ökologie, Wirtschaft und Medizin stossen zunehmend an die Grenzen des Menschlichen. Können und Dürfen geraten in ethische Konflikte. Das Bewusstsein für solche Problemlagen ist gewachsen und mit ihm die Bereitschaft, sich den ethischen Fragen in ihnen zu stellen. Doch guter Rat ist teuer, denn mit dem «Dickicht der Städte» wuchert das Dickicht der Probleme. Das Verhängnis ist die Schattenseite der Vernetzung. So sind ethische Fragestellungen hochkomplex und einfache Lösungen naiv. – Dieses Buch liegt quer zum Wunsch nach einfachen Lösungen. Es setzt nicht beim Problem ein, nicht beim Verhängnis, nicht beim Tatbestand. Es behandelt nicht den Fall. Nicht «das Kind im Brunnen» ist sein Ausgangspunkt und Thema, sondern jene Haltung, die sich im Erkennen von Brunnen übt, eine Lebensart also, die sich durch die Kunst des Wahrnehmens auf die Fälle des Lebens vorbereitet. Die Alten nannten dies «Herzensbildung». Dieses Buch bietet Ethik im Querformat, Tag für Tag den möglichen Verhängnissen voraus.

Imperative können resistent machen. Das wirksamste Antibiotikum verliert, im Übermass genommen, seine Wirkung. Das Evangelium, in Hunderte von Imperativen zerlegt und mit klerikalem Zeigefinger eingehämmert, wird zum Gesetz. Selbst Immanuel Kants «kategorischer Imperativ» verwandelt sich, wenn er fortwährend in immer neue Imperative umgemünzt wird, in wertloses Kleingeld. Vielleicht hat die philosophische Ethik nach Kant zu sehr vom Imperativ her gedacht, von einem Sollen des einzelnen her, von einer metaphysisch begründeten Deontologie aus. Orthodoxer Klerikalismus und bürgerliche Moral jedenfalls haben eine Gestalt der Ethik popularisiert, die ein ständiges Müssen verlangt. Unter der Last des Sollens ist die Lust zum Guten vergangen. Die notorische Warnung, es sei «fünf vor zwölf», motiviert kaum, sondern erzeugt allenfalls ein schlechtes Gewissen. – Dieses Buch liegt quer zur Moral des Müssens. Zwar finden sich auch in ihm vereinzelte Imperative, aber es ist nicht die Denkform des Müssens und Sollens, die hier leitend ist. Es ist nicht die Sprachform des Imperativs, die hier alle Aussagen prägt. Philosophisch und theologisch gibt es durchaus ältere Denkformen. Die Bibel etwa ist ein Buch der Wahrnehmungen, und der am Evangelium orientierte Blick erkennt hinter den meisten ihrer Texte, selbst dann, wenn die Sprachform imperativisch ist, im Grunde nur den einen Imperativ: «Nimm das Leben wahr!» Das ist der Imperativ des Schöpfers an sein Geschöpf. Er setzt das Geschenk des Lebens voraus und meint ein Können. Ich kann wahrnehmen: mich selbst, meinen Nächsten, meine Gesellschaft, meine Welt. Dieses Buch setzt die Begabung mit Leben und die Begabung zum Leben voraus.

Tugenden sind wieder ins Gespräch gekommen. Befreit vom moralinsauren Geschmack vergangener Jahrhunderte, entlastet vom Druck bürgerlicher «Sittengesetze», rehabilitiert gegenüber der neueren Geschichte der Philosophie, scheint ein unverkrampfter Umgang mit dieser älteren philosophischen Denkform der Ethik wieder möglich. Sie geht auf Aristoteles zurück. Die griechische «areté» bezeichnete schon bei Homer den Aspekt des Trefflichen oder des Gelingens, ob im Denken, Gestalten oder Sichmessen. Mit «areté» kann einer seine Rolle mit Erfolg erfüllen. Aristoteles erhob sie zum zentralen Begriff seiner philosophischen Ethik und verstand sie als die Qualität des menschlichen Verhaltens, als eine Haltung, die gerade nicht getrieben ist durch ein verordnetes Sollen, das sich von einem obersten Moralprinzip ableitet, sondern motiviert durch ein entwickelbares Können, das im Gelingen auf ein Gutes hinführt. Seine Ethik ist damit zielorientiert (teleologisch) und nicht prinzipienorientiert (deontologisch). Im Tun des Guten liegt ein lustvolles Versprechen. Ob es «Glückseligkeit» genannt wird (Aristoteles), «Paradies» (Mittelalter) oder «gelingendes Leben» (Moderne), ist unerheblich, wichtig ist das Motivierende. – Dieses Buch liegt quer zur moralisierten Tugend. Es versteht unter «Tugend» nicht eine Eigenschaft oder eine Disposition des Menschen, sondern ein Begabtsein und ein Können. «Tugend» beschreibt damit kein Haben im Sinne eines Besitzens, sondern ein Sein im Sinne eines Vermögens. Als Geschöpf des Schöpfers bin ich nicht nur mit Leben beschenkt, sondern auch mit dem Vermögen begabt, auf gelingendes Leben hin zu handeln. Im Unterschied zur griechischen «areté», in der sich die «aristokratische» Prägung des Stadtstaates spiegelt, oder zur lateinischen «virtus», die mit der «Virilität» männlicher Jugend zu tun hat, lässt sich aus der Etymologie des deutschen Worts «Tugend» eine unverfängliche Formel ableiten: «Tugend» ist, was zum Leben «taugt».

Gelingen will erzählt sein. Die Erzählung ist die eigentliche Sprachform der Tugendethik, nicht der Tugendkatalog, der immer eine nachträgliche Systematisierung dessen darstellt, was zum Leben taugt. Die Erzählung davon, wie Leben gelingen oder misslingen kann, gehört in das grosse, internationale Feld der Weisheitsliteratur. Gleichnisse, Parabeln und Fabeln, Mythen, Märchen und Legenden, Kalendergeschichten, Anekdoten und Balladen waren und sind immer auch Erzählungen von Haltungen. Sie belehren nicht, geben aber zu denken. Sie schliessen nicht begrifflich ab, sondern eröffnen eine Welt. Sie systematisieren nicht, motivieren aber zu eigenem Erzählen. – Dieses Buch bietet eine narrative Ethik, Geschichten, an denen die Leserin und der Leser beteiligt sind, wo immer sie durch Denkanstösse eigene Geschichten entdecken. «Le bonheur se raconte mal», meinte Flaubert, mit Recht, denn Geschichten zu finden, die vom Gelingen erzählen, ohne seicht zu sein, ist nicht einfach. Doch gehört es nicht gerade zur Lebensart, vom Misslingen, das jeder kennt, vorzustossen zum Gelingen, das alle erhoffen?

Lebenskunst ist kein Fall der Kunstgeschichte, sondern die offene ethische Herausforderung jeder Zeit und Generation. Ebenso offen ist das Handbuch für jeden Tag: Es liegt in der eigenen Entscheidung, wann der Anfang zu setzen ist, welche der Denkanstösse besonders zu beachten sind, welcher der Wochentage ein eigenes Gewicht erhält, welche der Herausforderungen angenommen werden. Die Einführungswoche zeigt den Rhythmus und die Gestalt aller folgenden Wochen auf. – Dieses Buch ist ein Gemeinschaftswerk: Gabrielle Zangger-Derron, Frieder Furler und Peter Wild profilierten es mit Wort und Schrift, Francine Mury und Andreas Hoffmann mit eigens hierfür erarbeiteter Kunst, Martin Schmeisser mit grossem verlegerischem Engagement, Kaspar Thalmann mit einem speziellen Layout und Edy Affolter mit der sorgfältigen Textaufnahme, Markus Huppenbauer mit ethischer und Madeleine Eberhard mit altphilologischer Beratung. Der Kirchenrat der Evangelisch-Reformierten Landeskirche des Kantons Zürich hat einen namhaften Beitrag für die Druckkosten gegeben, die Dr. Adolf Streuli-Stiftung einen Beitrag für die Bilder. Allen sei herzlich gedankt!

«Auch die Tugend ist eine Kunst», meinte Marie von Ebner-Eschenbach und präzisierte: «Auch ihre Anhänger teilen sich in Ausübende und blosse Liebhaber.» – Möge dieses Buch zum Liebhaberstück für viele Ausübende werden!

Matthias Krieg

Lebenskunst

10

Aufsteigende Nennlust

Immer, wenn Adam H. zur Schwängimatt hinaufstieg,
holten ihn die Empfindungen wieder ein, die ihn da-
mals, als er diese Strecke zum erstenmal gewandert
war, gepackt hatten. Seine Schritte schienen mit den
Schritten von damals ineinanderzufallen. Es hatte
oberhalb von Walden begonnen, als er auf den Lauf
der Aare zurückblickte: Als ob er der Aare entlang
gehen würde, sah er neben sich ihre ruhigen Wasser
und die trägen, nur manchmal aufblitzenden Bewe- 12
gungen der Fische. Und ihn überkam die Lust, mit ih-
nen ins Gespräch zu kommen, sie anzusprechen, sich
ihnen mitzuteilen und sie genauer wahrzunehmen. Er
lachte vor sich hin, weil ihm bewusst wurde, dass er ja
ihre Namen gar nicht kannte. Er dachte angestrengt
nach, aber es stellten sich nur der Hai und der Hecht
ein, und diese schwammen nicht in der Aare. Da er auf
seine Lust nicht verzichten wollte, probierte er aus und
beschwor seine Fische eigenmächtig: Querflossler,
Rotschwanz, Dümpeltaucher, Kleinblitz, Schilf-
schnalz, Wellenwarter. Dass ein grösserer Fisch auf
Schilfschnalz sichtbar reagierte, liess ihn aufleben und
verlieh ihm eine Mischung von innerer Verbundenheit
mit dem Fisch und eigenem Selbstwertgefühl.

Sich mit dem Fluss unten in der Ebene verbunden zu fühlen und über seine Fische namentlich zu verfügen, setzte sich fort in einer Lust, auch mit den Pflanzen, den Bäumen, den im Wald verborgenen Tieren ins Gespräch zu kommen. Als er den Weg von der Waldenalp am Zollbodenchopf vorbei Richtung Schwängimatt einschlug, widmete er sich vorerst den Bäumen. Es standen ihm zu seinem eigenen Erstaunen mehrere Namen zur Verfügung. Dass er einzelnen Bäumen auch neue Namen gab, hatte mehr mit dem Wunsch zu tun, sich nicht unnötig zu wiederholen, als mit einer mangelnden Kenntnis. Schlankstamm und Herbstfahl waren die beiden schönsten Namen, die ihm einfielen. Im Hinblick auf die Sträucher und kleineren Pflanzen war er hingegen ganz auf seine Nennfreude angewiesen. Er schuf Namen anhand der Blätterformen, der Blütenfarben und des Duftes, wobei er nicht immer sicher war, ob der Duft aus dem Boden aufstieg oder von der Pflanze ausging. Da er spürte, dass er nicht unbegrenzt benennen konnte, war er froh, dass die Tiere ausblieben; nur ein paar Vögel flogen flatternd davon, aber er kannte sie, und den braungrauen Vogel mit dem schwarzblauweiss gefleckten Gefieder übersah er willentlich.

Als er über den Sattel zur Schwängimatt kam, sah er sich neuen Empfindungen ausgesetzt: Winde packten und schoben ihn wie Kräfte, die ihn gestalten wollten. Da es für ihn schwierig war, die Richtung der Winde genau zu orten, überraschten sie ihn immer wieder von einer neuen Seite, trieben ihn vorwärts, schoben ihn vom Weg oder hemmten ihn. Er begann sie zu loben und auszuschimpfen, erklärte sie zu kollegialen und zu widerstrebenden Kräften und erprobte auch an ihnen seine Namenslust. Tapferkeit nannte er den Wind, der ihm den Rücken stärkte, Schweigsamkeit denjenigen, der ihm den Mund verschloss, Fingerspitzengefühl den Hauch, der ihm übers Gesicht strich, Achtsamkeit den Windstoss, der die Blätter vom Weg räumte, Barmherzigkeit, was eine Windlücke sein konnte. Oft fand er gar keine Zeit, für jeden einzelnen Windstoss einen Namen bereit zu haben; und er begnügte sich, mit seinen Bewegungen auf den Anstoss zu reagieren.

Den Weg zur Schwängimatt ging er heute vermutlich zum neunten Mal, und wieder stellten sich die Empfindungen ein, vielleicht nicht mehr so stark wie beim erstenmal, doch immer noch fielen Schauen, Benennen und Erfassen – oder war es ein Erfasst-werden? – in einer lustvollen Wahrnehmung zusammen. Eine Steigerung dieser Wahrnehmung hatte er erst einmal erfahren: als er sich auf das Gespräch mit Eva M. eingelassen hatte.

Er setzte sich auf die Bank am oberen Ende der Schwängimatt und genoss die Sicht auf den Brunnersberg und den Passwang.

PW nach Genesis 2,19-20 (1998)

Mensch werden ist eine Kunst.
Novalis (1801)

Montag

Und das sind die rechten Leser, die mit und über dem Buche dichten. Denn kein Dichter gibt einen fertigen Himmel; er stellt nur die Himmelsleiter auf von der schönen Erde. Wer, zu träge und unlustig, nicht den Mut verspürt, die goldenen, losen Sprossen zu besteigen, dem bleibt der geheimnisvolle Buchstab ewig tot, und er täte besser, zu graben oder zu pflügen, als so mit unnützem Lesen müßig zu gehn.
Joseph von Eichendorff (1812)

Dienstag

Sechs Wörtchen nehmen mich in Anspruch jeden Tag:
Ich soll, ich muß, ich kann, ich will, ich darf, ich mag.

Ich soll, ist das Gesetz, von Gott ins Herz geschrieben,
Das Ziel, nach welchem ich bin von mir selbst getrieben.
Ich muß, das ist die Schrank, in welcher mich die Welt
Von einer, die Natur von andrer Seite hält.
Ich kann, das ist das Maß der mir verliehnen Kraft,
Der Tat, der Fertigkeit, der Kunst und Wissenschaft.
Ich will, die höchste Kron ist dieses, die mich schmückt,
Der Freiheit Siegel, das mein Geist sich aufgedrückt.
Ich darf, das ist zugleich die Inschrift bei dem Siegel,
Beim aufgetanen Tor der Freiheit auch ein Riegel.
Ich mag, das endlich ist, was zwischen allen schwimmt,
Ein Unbestimmtes, das der Augenblick bestimmt.

Ich soll, ich muß, ich kann, ich will, ich darf, ich mag,
Die sechse nehmen mich in Anspruch jeden Tag.
Nur wenn du stets mich lehrst, weiß ich, was jeden Tag
Ich soll, ich muß, ich kann, ich will, ich darf, ich mag.

Friedrich Rückert (1839)

Mittwoch

Wo haben Sie das Wort «Lebenskunst» zum ersten Mal gehört? – Was hat es in Ihnen ausgelöst? – Wäre Ihnen «savoir vivre» lieber? – Wem gestehen Sie die Bezeichnung «Künstlerin» oder «Künstler» zu? – Wer sollte sich besser nicht so nennen? – Haben Sie sich schon einmal als «Lebenskünstlerin» gefühlt? – Wie war das? – Steht die Kunst am Anfang eines Wollens oder am Ende eines Könnens? – Welche Begabungen, das Leben zu meistern, bringen Sie mit? – Welche nicht? – Haben Sie Ihre Begabungen schon mal sehen lassen? – Brachten sie Ihnen Zufriedenheit? – Was erwarten Sie von einem Buch zur Lebenskunst? – Freuen Sie sich auf Überraschungen? – Haben Sie schon einmal ein Buch an die Wand geworfen? – Ist es für Sie ein Gewinn, ein Buch zusammen mit anderen zu lesen? – Oder lesen Sie lieber allein? – Können Sie sich einen Rhythmus des Lesens und Nachdenkens vorstellen, den Sie selber wählen?

MK (1998)

Donnerstag

Weise am Weisen ist die Haltung

Zu Herrn K. kam ein Philosophieprofessor und erzählte ihm von seiner Weisheit. Nach einer Weile sagte Herr K. zu ihm: «Du sitzt unbequem, du redest unbequem, du denkst unbequem.» Der Philosophieprofessor wurde zornig und sagte: «Nicht über mich wollte ich etwas wissen, sondern über den Inhalt dessen, was ich sagte.» «Es hat keinen Inhalt», sagte Herr K. «Ich sehe dich täppisch gehen, und es ist kein Ziel, das du, während ich dich gehen sehe, erreichst. Du redest dunkel, und es ist keine Helle, die du während des Redens schaffst. Sehend deine Haltung, interessiert mich dein Ziel nicht.»
Bertolt Brecht (1930)

Freitag

Caminante, son tus huellas
el camino, y nada más;
caminante, no hay camino,
se hace camino al andar.
Al andar se hace camino,
y al volver la vista atrás
17 se ve la senda que nunca
se ha de volver a pisar.
Caminante, no hay camino,
sino estelas en la mar.
Antonio Machado (1917)

Wanderer, deine Spuren
sind der Weg, sonst nichts;
Wanderer, es gibt keinen Weg,
Weg entsteht im Gehen.
Im Gehen entsteht der Weg,
und schaust du zurück,
siehst du den Pfad, den du
nie mehr betreten kannst.
Wanderer, es gibt keinen Weg,
nur eine Kielspur im Meer.

Setzen Sie sich an einen Ort oder in einen Raum, wo Sie ungestört 20 bis 30 Minuten verweilen können. Oder machen Sie sich auf den Weg und schreiten Sie gleichmässig vor sich hin.

Lassen Sie sich zur Ruhe kommen.

Versuchen Sie, im Sitzen oder im Gehen, sich selber als einen Raum wahrzunehmen. Bleiben Sie mit Ihrer Aufmerksamkeit innerhalb dieses Raums.

Wenn Ihre Gedanken über diesen Raum hinausgehen, sei es nach vorne, in die Richtung der Zukunft, sei es zurück, in die Richtung der Vergangenheit, geben Sie sie auf. Verzichten Sie auf Verknüpfungen mit vorher und nachher. Verzichten Sie auf Spuren.

Bleiben Sie im jeweiligen Moment.
PW (1998)

Weisheit

Januar

18

Weisheit

Die Reihe der zwölf Tugenden beginnt mit den vier antiken Tugenden: Weisheit, Tapferkeit, Besonnenheit und Gerechtigkeit. Die Quaternität in dieser Reihenfolge geht auf den griechischen Philosophen Platon zurück. Das will nicht heissen, dass nicht schon vor ihm, etwa bei Homer oder Aeschylus, diese oder jene Haltung, die den Edlen kennzeichnete, als «Vortrefflichkeit» (so die griechische Bedeutung von «Tugend») gerühmt worden wäre; Platon jedoch hat diese Tugenden als erster zu einem System zusammengefasst und, indem er sie in seine Seelenlehre einband, zugleich ihre standesspezifische Geltung auf eine allgemeingültige Ethik hin erweitert.

In seiner Schrift über den Staat unterscheidet Platon drei übereinandergelagerte Schichten der Seele, denen drei Grundtendenzen menschlicher Aktivität entstammen, die ihrerseits von drei Grundtugenden in Ordnung gehalten werden: So ist die unterste Schicht, der triebhaft begehrende Seelenteil, der Besonnenheit unterstellt, die mittlere Schicht, der willentlich antreibende Seelenteil, der Tapferkeit und die oberste, edelste Schicht, der vernünftig lenkende Seelenteil, der Weisheit. Die vierte Tugend schliesslich, die Gerechtigkeit, ist für das richtige Verhältnis der drei Seelenkräfte untereinander zuständig und garantiert so die Harmonie der Seele.
Dieses Viererschema hat sich im frühen Christentum als Grundlage einer christlichen Tugendlehre durchgesetzt. Es war der Kirchenvater Ambrosius, der im 4. Jahrhundert die vier platonischen Tugenden als «Kardinaltugenden» (von cardo: Türangel), das heisst als Tugenden, an denen das Ganze des Sittlichen hängt und um die sich alle Tugendlehre dreht, bezeichnete und damit den Raster festlegte für nahezu alle Tugendklassifikationen des Mittelalters – von Augustin, der die vier Kardinaltugenden aus den vier Affekten der Liebe herleitete, bis zu Thomas von Aquin, der sie ähnlich wie Platon auf vier Komponenten des menschlichen Geistes zurückführte und ihnen alle andern Tugenden unterordnete.

Trotzdem kann im strengen Sinne nicht von einer Übernahme der platonischen Tugenden in eine christliche Ethik gesprochen werden. Die antiken Tugenden wurden «getauft» und das bedeutet: integriert in ein Denken, das seine Wurzeln ebenso sehr in der jüdischen wie in der griechischen Tradition hatte. Auch das Alte und das Neue Testament überlieferten Vorstellungen von Weisheit, Tapferkeit, Besonnenheit und Gerechtigkeit, und je ausgeprägter diese waren und je stärker sie sich von der griechischen Auffassung unterschieden, desto schwieriger gestaltete sich der Harmonisierungsprozess.

Dies wird gerade am Bedeutungswandel, den die erste der antiken Tugenden, die Weisheit, erfahren hat, besonders deutlich sichtbar. Für Platon ist Weisheit die Fähigkeit der menschlichen Vernunft - sofern sie philosophisch geschult ist –, die ewigen Ideen des Wahren, Schönen und Guten zu erkennen; als das ist sie wenigen vorbehalten. Von eben solcher Art Weisheit aber sagt Paulus mit unüberhörbarer Schärfe, dass sie durch das Kreuz Christi zur Torheit gemacht worden sei. Das könnte genügen, um die Weisheit aus dem christlichen Tugendkatalog zu verbannen. Dass sie sich trotzdem halten konnte und zwar – im scholastischen System wie bei Platon – an oberster Stelle als «Gebärerin aller übrigen Tugenden», wie Thomas von Aquin sagt, weil erst sie ihnen Mass und Richtung gibt, hat sie wohl weniger ihrer griechischen als ihrer alttestamentlichen Prägung zu verdanken: Da hat sie ihren Anfang in der Furcht des Herrn (Sprüche 9,10), da wird sie erworben durch Zuhören (Sprüche 23,19), da stellt sie sich ein, wo einer gelernt hat, seine Tage zu zählen (Psalm 90). Da geht es zwar auch um Einsicht, aber nicht in die göttliche, sondern in die menschliche Sphäre in ihrer Begrenztheit durch Gott, durch den andern, durch den Tod.

Der mittelalterlichen Sapientia haftet zwar noch einiges vom intellektuellen Charakter der platonischen Weisheit an, nicht umsonst hält sie als personifizierte Gestalt ein Buch in der Hand; als Kardinaltugend ist Weisheit aber vor allem eine Sache der praktischen Vernunft: die Fähigkeit, aus einer gewissen Distanz, die Dinge in den rechten Proportionen und sich selber im rechten Verhältnis zu den Dingen zu sehen, Gleichheit, Verschiedenheit und Bezüge zu erkennen, rückblickend auf Erfahrungen zu bauen und vorausschauend Folgen zu bedenken, kurz: Wirklichkeit wahrzunehmen und dieser Wahrnehmung gemäss zu handeln. Sofern wir heute noch solche Vorstellungen mit Weisheit verbinden, ist diese Tugend auch für uns stärker von der Tradition der Bibel als der griechischen Philosophie geprägt.

gzd (1999)

Selbsterkenntnis

Mose

Er bückte sich und band sich seine Sandalen um die Füsse. Dabei blickte er verstohlen zurück. Der Busch 24
brannte immer noch.
«Ich bin, der ich bin», hatte die Stimme gesagt. Auch ich bin, der ich bin. Ein Hirte in der Steppe. Ein Nomade mit Ziegen und Schafen. Ohne sie bin ich nichts.
Er kehrte zu seiner Herde zurück. Friedlich weideten die Tiere. Suchten sich, was noch zu finden war, ein paar Grashalme, vom letzten Regen rasch dem Boden entlockt und fast schon wieder dürr, frische Blätter an dornigem Gestrüpp, mit den Lippen vorsichtig zu zupfen. Den Schafen das weiche Grün, den Ziegen das harte Grobzeug. Auch zähe Wurzeln zogen sie beharrlich hervor.
«Ich werde sein, der ich sein werde.» Wenn ich nur wüsste, wer ich sein werde. Morgen, nach durchwanderter Nacht, im Nachbartal, wo es für die Tiere hof-

fentlich noch zu fressen gibt und ein paar Palmen und eine Quelle für meine Familie, die Alten und die Kinder. Oder im Sommer, wenn hier nichts mehr zu holen ist und wir hinüber müssen nach Ägypten, falls die Grenzwächter uns einlassen ins Tal des grossen Nil. Wer werde ich dann sein? Ein bettelnder Nomade, ein umherirrender Aramäer, ein ungeliebter Fremder! Mit vielen Mäulern, die zu stopfen sind!

Er nahm einen Stein, um dem Bock Beine zu machen. Auch die leitende Aue bekam einen Kiesel aufs Fell. Wie von Geisterhand geführt erhob sich die Herde, alle Köpfe in dieselbe Richtung gestreckt, Bock und Aue voran. Er trottete im letzten Drittel mit, gedankenversunken. Der Blick zu den letzten Tieren streifte auch den Dornbusch. Er brannte noch immer.

«Ich stelle mich heraus, wie ich sein werde.» Wie es mit uns, mit den Tieren und der ganzen Sippe gehen wird, wird sich herausstellen. Sicher. Spätestens unten in Ägypten, jenseits der Steppe, am Nil. Aber mit ihm? Was könnte sich mit ihm noch herausstellen? Der Gott unserer Mütter und Väter ist er. Sagt er ja auch. Was ist da noch mehr zu erwarten? Erwartet er etwa mehr von sich?

Die Herde näherte sich jetzt der Felsnase. Hinter ihr würde gleich das kleine Zeltlager zu sehen sein. Bald müssten die Kinder mit Gejohle auf sie zueilen. Seine Gedanken gingen aber immer noch zurück zu dem merkwürdigen Busch, von dem er immer noch den Rauch sah. Unentwegt kräuselte er sich gen Himmel.

«Ich werde so sein, wie ich mich erweisen werde.» Ist denn er wie ich, oder bin ich wie er? Einer, der den Standort ständig wechselt? Immer dort unterwegs, wo es etwas zu fressen gibt für die Herde? Einer, der umherzieht, veränderlich in Bewegung und bewegt in Veränderung? Mehr als nur Gott von Müttern und Vätern, die schon lange am Wege geblieben sind? Gott auch im Werden und Kommen?

Auf der Suche nach den frisch geborenen Lämmern und Zicklein durchstöberten die Kinder die zurückgekehrte Herde. Warnend stampften die Tiermütter mit den Vorderläufen. Die Frauen der Sippe kamen mit Schüsseln zum Melken, hockten hinter die Auen und drückten mit dem Kopf den Schwanz der Tiere gegen die Leiber. Die in die Schüsseln zischende Milch sollte sauber bleiben.

«Ich bin und werde sein, der ich bin und sein werde.» Wer bin ich, und wer ist mein Gott? Beide scheinen wir zusammenzuhängen. Er und ich, ich und er. Bisher, jetzt und dann. Wir werden sehen.

Der merkwürdige und rätselhafte Satz ging ihm nicht mehr aus dem Sinn. Das Feuer des Busches brannte in seinem Kopf. Eine kleine Rauchwolke hing einsam am glasklaren Abendhimmel der Wüste.

MK nach Exodus 3,14 (1998)

Du bist die Aufgabe. Kein Schüler weit und breit.
Franz Kafka (1920)

Montag

Lernen sich selbst zu prüfen und zu belehren, hat so viele Bequemlichkeiten und ist nicht so gefährlich als sich selbst zu rasieren, jedermann sollte es in einem gewissen Alter lernen, aus Furcht irgend einmal der Raub eines übelgeführten Schermessers zu werden.
Georg Christoph Lichtenberg (1771)

Dienstag

27 Morgentoilette

Zu meinem Leidwesen hat
mein Spiegelbild
nichts zu lachen

Auge
das mir die Stirn bietet

Mund
der mir die Zähne zeigt

Hand
die die andere wäscht

Die Kälte des Wassers treibt
mir das Blut
ins Gesicht

Eva Zeller (1979)

Mittwoch

Seit wann kennen Sie sich? – Erinnern Sie sich, wann und wo Sie sich besser kennengelernt haben? – Was war der Auslöser? – Fanden Sie das ärgerlich oder bereichernd? – Auch ein bisschen amüsant? – Welche Formen der Abwehr sind Ihnen geläufig? – Sind dies Ihre Formen? – Wo sollten Sie sich noch mehr auf die Schliche kommen? – Können Sie über sich selbst lachen? – Ist Ihnen lieber, sich selbst zu erkennen oder von anderen erkannt zu werden? – Welche Bedeutung haben Spiegel in Ihrem Leben? – Haben Sie überhaupt Zeit für sich? – Kommen Sie in Ihrem täglichen Kalender vor? – Wären Sie manchmal gern eine andere oder ein anderer? – Worin sind Sie sich fremd geblieben? – Was über sich wollen Sie lieber gar nicht erst wissen? – Können Sie sich selber überraschen? – Behalten Sie Ihre Selbsterkenntnis für sich? – Reden Sie mit Gott darüber? – Oder lieber mit Freunden?

MK (1998)

Donnerstag

Das vergebliche Suchen

Rabbi Chanoch erzählte: «Es gab einmal einen Toren, den man den Golem nannte, so töricht war er. Am Morgen beim Aufstehn fiel es ihm immer so schwer, seine Kleider zusammenzusuchen, daß er am Abend, dran denkend, oft Scheu trug, schlafen zu gehn. Eines Abends faßte er sich schließlich ein Herz, nahm Zettel und Stift zur Hand und verzeichnete beim Auskleiden, wo er jedes Stück hinlegte. Am Morgen zog er wohlgemut den Zettel hervor und las: «Die Mütze» – hier war sie, er setzte sie auf, «Die Hosen», da lagen sie, fuhr er fort, bis er alles anhatte. «Ja aber, wo bin ich denn?» fragte er sich nun ganz bang, «wo bin ich geblieben?» Umsonst suchte und suchte er, er konnte sich nicht finden.» – «So geht es uns», sagte der Rabbi.

Chanoch von Alexander (19.Jh., Buber)

Freitag

Die Frage der Fragen

Vor dem Ende sprach Rabbi Sussja: «In der kommenden Welt wird man mich nicht fragen: ‹Warum bist du nicht Mose gewesen?› Man wird mich fragen: ‹Warum bist du nicht Sussja gewesen?›»
Meschulam Sussja von Hanipol (18.Jh., Buber)

Setzen Sie sich an einen Ort oder in einen Raum, wo Sie ungestört 20 bis 30 Minuten verweilen können.

Spüren Sie sich in Ihre Hände und Arme hinein, lassen Sie dank Ihrer Vorstellungskraft den Atem durch die Hände und Arme fliessen.

Sobald Ihnen die Hände und Arme stärker bewusst werden, verbinden Sie sich mit ihnen, indem Sie innerlich sprechen: Meine Hände, meine Arme, das bin ich.

Erspüren Sie mit denselben drei Schritten (Aufmerksamkeit – Atem – Benennen): die Füsse, die Beine, das Becken – den Rücken, den Nacken, den Kopf, das Gesicht – die Brust, den Bauch – als Abschluss wieder: die Hände.
PW (1998)

Wahrnehmungsfähigkeit

NUOVA PIANTA DI
ROMA

Tag um Tag

Tage gibt es, an denen passiert weniger als nichts. Heute hat er einen solchen Tag.
Seit Wochen lastet winterlicher Hochnebel über der Stadt und drückt ihm aufs Gemüt. Durch den Fensterspalt dringt feuchtkalte Nebelluft in sein Büro und macht ihm die Finger klamm. Der Brunnen vor seinem Fenster ist abgestellt und leer. Monoton rauscht der Geschäftsverkehr. Gerade streicht ein alter Penner zum dritten Mal über den Platz.

Er sitzt am Schreibtisch. Nicht, dass er nichts zu tun hätte, im Gegenteil. Es will ihn nur nichts so recht packen, nicht das, was er dringend sollte, nicht einmal das, was er gerne wollte. Keiner der Fäden, die er sonst zu führen weiss, will heute durchs Nadelöhr. So spitzt er einen Bleistift, den er nicht braucht, starrt, ohne sie zu sehen, auf die kahle Linde vor seinem Fenster, ordnet an der Magnetwand Zettel, die er gestern erst geordnet hat, führt seine Aufgabenliste nach, um zu sehen, was er tun sollte.
Dabei fällt sein Blick auf die rote Blechtafel. Ein Freund hat sie ihm letzthin geschenkt. Er holt sich das Stück Kunst vom Büchergestell, ein handliches Blech mit dem Titel «Agenda», hinten signiert, vorn die merkwürdige Zahl «107». Kalt liegt es auf seiner Hand und könnte ihn, wenn er nicht aufpasst, trotz polierten Kanten verletzen. Er legt die Tafel auf seine eigene Agenda. Sie hat dieselbe Grösse wie sein Taschenkalender. Jetzt bemerkt er kaum erkennbare Schriftzüge, den Abholtermin auf irgendeinem Bahnhof, die Sitzung mit einem gewissen «Ruedi», sogar eine gut entzifferbare Telephonnummer. Wenn er jetzt dort anriefe?
Er ist neugierig geworden und findet auch den Faltplan, der zum Blech gehört. Offenbar gibt es 450 solcher Tafeln. Auf dem Faltplan sind neun fast quadratische Felder mit je 50 Seiten aus dieser Agenda zu

sehen, neun Felder in drei Reihen mit allen Tagen vom 1. April 1992 bis zum 24. Juni 1993. Eine Agenda quer zu allen Agenden, in 450 Blechstücken übers ganze Land verteilt. Nicht mal der Künstler wird wissen, wer alles ein Stück des Kunstwerks bei sich zu Hause oder im Büro hat, ein herausgestanztes Stückwerk Kunst, einen der Blech gewordenen Tage der Vergangenheit.

Sein Blech ist der 107. Tag der «Agenda». Bei genauerem Hinsehen kann er eine «16» neben dem Wort «Donnerstag» entdecken. Mit kurzem Nachrechnen kommt er auf den 16. Juli 1992. War das sein Tag, auf dem Faltplan rechts oben im dritten Feld, das ihn nach den zwei vorangehenden Feldern plötzlich an den Heiligen Geist erinnert, sein Tag, auf rotem Grund im Schatten des Kreuzes, das ihm auf einmal sichtbar wird, als er die Grundierung von fünf der neun Felder bemerkt? Was war an jenem Donnerstag?

Der alte Penner schlurft gerade zum vierten Mal über den Platz, als es ihm dämmert: Damals hatte er doch Ferien! Am Freitag vorher bestand er das Vorsingen vor der versammelten Fakultät, seine letzte grosse Prüfung, und die nachfolgende Woche nahm er frei. Er wollte sich zu Hause erholen, vor allem ausschlafen und in Ruhe den Garten pflegen. Auch an jenem Donnerstag war er im Garten. Immer deutlicher sieht er sich zwischen dem Rittersporn, der im Juniregen wieder mal umgefallen war, und dem Phlox, der dringend Wasser brauchte. Er spürt seine Knie auf der Umrandung des Lilienbeets, wo es wie immer zähe Milchdisteln zu zupfen gab. Er riecht das Harz der Kiefer, das in der Julihitze so unvergleichlich duftet. An seinen Händen spürt er die kühle Erde, fett, klebrig oder staubig, je nachdem wo er gerade jätet.

Alles ist wieder da: Das Juchzen der kleinen Lea, die ihren ersten Sommer erlebt und auf dem Rasen vergeblich nach ihrem Schatten greift, das Spiel des grösseren Tobias, der auf dem Kiesweg mit Ausdauer Steinchen sortiert, der Besuch der alten Nachbarin, die sich wundert, den «studierten Herrn Pfarrer» unter dem Hibiskus anzutreffen, in der Badehose Setzlinge pflanzend. Und dann die Krönung der Woche und des Tages, als seine Katharina mit dem Tablett erscheint, darauf der Kaffee und der Mohnkuchen, den er so liebt und so selten bekommt: obenauf die Butterstreusel, deren Zucker nur ein wenig zwischen den Zähnen knirschen darf, darunter die dicke, schwarze, saftige Mohnschicht mit den versteckten Weinbeeren und zuunterst ein dünner, aber fester Boden. Jetzt läuft ihm doch wirklich das Wasser im Mund zusammen, mitten im kalten Winter.

Tage gibt es, an denen passiert mehr als alles. Aber manchmal ist es eine Kunst, sie zu verknüpfen.

MK (1998)

Und Gott sah alles an, was er gemacht hatte,
und siehe, es war sehr gut.
Genesis 1,31a (Bibel)

Der menschliche Blick hat es an sich, daß er die Dinge kostbar machen kann, allerdings werden sie dann auch teurer.
Ludwig Wittgenstein (1929)

Montag

Was wir noch können 34

Was ist, was sein wird, womöglich sein wird, und daß wir solche Dinge wahrnehmen und beklagen, Ungerechtigkeiten noch wahrnehmen und beklagen, während es doch denkbar wäre, eine Zeit denkbar wäre, in der wir umherkriechen empfindungslos, in der uns nichts mehr angeht, unter die Haut geht, neben uns schreit ein Sterbender und wir wenden den Kopf nicht, neben uns wird ein Kind gegen eine Mauer geschleudert und wir erschrecken nicht. Demgegenüber scheint auf jeder noch so bescheidenen Anteilnahme, jedem noch so billigen Erbarmen der Schimmer eines goldenen Zeitalters zu liegen. Wir können noch sehen, wir können noch hören, wir können noch leiden, noch lieben.
Marie Luise Kaschnitz (1970)

Dienstag

35

Die Morgenröte im Menschen,
Die gefesselte Morgenröte:

Du brauchst dir die Augen nicht auszustechen,
Weil sie nicht sehen wollen,
Was offen zutage liegt.

Zerstöre die Dekorationen,
Welche dich von der Wirklichkeit trennen.
Franz Fassbind (1975)

Mittwoch

Haben Sie gute Augen? – Was sehen Sie eher mit dem inneren Auge? – Stimmt es, dass man nur mit dem Herzen gut sieht? – Hat Ihnen ein Blinder mal erzählt, was er alles «sieht»? – Wie ging es Ihnen, als Sie sich mit verbundenen Augen führen liessen? – Was nahmen Sie da anders wahr? – Welche Wahrheiten nimmt man durch «Wahrnehmung» wahr? – Ärgert es Sie, wenn Sie bestimmte Töne nicht (mehr) hören können? – Ist Ihnen schon mal Hören und Sehen vergangen? – Wie ist das, wenn man sieht und doch nicht sieht, hört und doch nicht hört? – Wieviel Wahrnehmungsfähigkeit brauchen Sie in Ihren Beziehungen? – Stimmt es, dass einem beim Wahrnehmen alles zum Du werden kann? – Finden Sie das gut, oder wo sehen Sie Grenzen? – Was bringt Sie zu wirklicher Wahrnehmung? – Welche Rolle spielt die Erinnerung dabei? – Wann wählen Sie lieber die Vogel-, wann lieber die Froschperspektive? – Was macht das Wahrgenommene mit Ihnen?
MK (1998)

Donnerstag

Der Axtdieb

Ein Mann hatte seine Axt verloren und vermutete, daß der Sohn des Nachbarn sie ihm gestohlen habe. Er beobachtete ihn daher genau: sein Gang, sein Blick war ganz der eines Axtdiebes. Alles, was er tat, sah nach einem Axtdieb aus.
Einige Zeit später fand der Mann zufällig die Axt unter einem Bretterhaufen. Am nächsten Tag sah er den Sohn des Nachbarn: sein Gang war nicht der eines Axtdiebes, auch sein Blick war nicht der eines Axtdiebes.
Chinesisch (o.A., Hoffsümmer)

Wehe!
Die Welt ist voll gewaltiger Lichter und Geheimnisse. Und der Mensch verstellt sie sich mit seiner kleinen Hand.
Israel ben Elieser von Mesbiž (18.Jh., Buber)

Geben Sie sich Zeit, und spüren Sie sich in Ihren Körper ein. Verweilen Sie bei sich und in sich.

Vergegenwärtigen Sie sich einen Moment Ihres Lebens, in dem Sie intensiv oder ahnungsweise einem «gewaltigen Licht», einem «Geheimnis» auf der Spur waren.

Mit welchen Wahrnehmungen hing damals dieses Erlebnis zusammen?

Geben Sie jetzt dieser Erfahrung wieder Raum, so dass sich die damalige, vielleicht auch nur geahnte Kraft wieder einstellen und Sie erfüllen kann.

Lassen Sie die Sehnsucht nach offener, unverstellter Wahrnehmung gross werden.
PW (1998)

Klugheit

Abfahrt
Bahnhof Zürich HB

Zugperspektive

Kaum steht der Zug, springen die Türen auf. Peter steigt ein und findet einen seiner Plätze, oben am Fenster im ersten Waggon. Er freut sich über die Wärme, denn der Morgen ist noch frostig. Die Sonne steigt erst jetzt über den Horizont und streift mit ihren Strahlen die Hügel der Voralpen, den eisblau glänzenden See, die bereiften Gärten. Der Tag verspricht eine Ahnung von Vorfrühling. Peter nimmt seinen Roman zur Hand, der Zug gleitet bereits in den nächsten Bahnhof.
«Bist du immer noch ohne Auto?» Paul ist zugestiegen und macht sich breit. «Ich brauche meinen Wagen. Mal muss ich in dieses Dorf, mal in jenes. Mit dem Zug geht mir das zu lang. Wenn überhaupt einer fährt.

Sonntag

Und meistens muss ich auch noch Material mitnehmen. Ich fahre immer noch meine alte Kiste.» Peter hört zu und behält einen Finger im Roman. Warum verteidigt er sich eigentlich? Ich habe ja nichts gesagt.

Beide schauen auf den See. In den Häusern auf der anderen Seite spielt das Sonnenlicht in den Fenstern.

«Habt ihr eigentlich einen Laden in der Nähe? Oder holt deine Frau alles mit dem Rad? Und die Kinder? Wie alt sind sie jetzt? Die müssen sicher weit laufen, bis sie im Kindergarten sind.» Peter schweigt und legt sein Lesezeichen ins Buch. «Heute hat meine Frau das Auto. Sie fährt in die Gärtnerei. Bald kommt wieder die Pflanzzeit. Und sie liefern immer weniger aus, da ja alle mit dem Auto kommen.» Paul macht ein ernstes Gesicht.

Wenn er, nur so zum Spass, von diesem Sitz statt vom Autositz aus denken würde. Er verteidigt sich ständig, obwohl ich keine Anklage erhoben habe, denkt Peter. Statt seine Energie für die Rechtfertigung seines Autos zu verschwenden, könnte er ja überlegen, was er mit dem Zugfahren gewinnt. Pauls Blick folgt den vorbeisausenden Bäumen und Büschen. Ich gewinne täglich: Morgens und abends eine halbe Stunde Zeit zum Lesen, ohne dass mich das Telephon stört. Oder wenn ich nicht lese, gewinne ich die vertraute Landschaft, ihre Wolkenspiele und Lichteffekte. Oder ein gutes Gespräch, und gelegentlich höre ich still mit und erfahre so mancherlei über meine Zeitgenossen.

Inzwischen werden die Bahnhöfe grösser, die Gleise zahlreicher, die Ein- und Aussteigenden hektischer. Unten auf der Seestrasse hat sich längst ein Stau gebildet.

«Dort unten stehe ich auch fast jeden Tag. Die grüne Welle bringt nichts mehr. Es sind einfach zu viele.» Pauls wegwerfende Handbewegung endet an der Scheibe. «Aber das eigene Auto vor der Bürotür, die Unabhängigkeit vom Fahrplan, die Möglichkeit, Pläne rasch zu ändern. Und das Wetter.»

Mir ist mein wirklicher Gewinn wichtiger als mein möglicher Verlust, denkt Peter, verstaut das Buch in seiner Mappe, greift nach dem Mantel und nimmt den Hut von der Ablage. «Den habe ich kürzlich liegen lassen.»

Im Stadtbahnhof strömen die Menschen aus den Vorortszügen auf die Perrons. Peter und Paul haben denselben Weg. Längst sind sie bei anderen Themen. Die Geschäfte und Aufgaben des Tages drängen sich in den Vordergrund.

«Dir einen schönen Tag! Wir sehen uns am Donnerstag, in der Sitzung». Peter reicht Paul die Hand. Dessen Augen starren auf den für ihn reservierten Parkplatz. Er ist besetzt.

MK (1998)

Klugheit ist Erkennen der Grenzen.
Höchste Klugheit ist Erkennen der eigenen Grenzen.
Franz Carl Endres (1936)

Montag

Was die Klugheit sei, werden wir am besten erfassen, wenn wir uns danach umsehen, welche Leute wir klug nennen. Das Kennzeichen des klugen Mannes scheint nun die Fähigkeit zu sein, hinsichtlich dessen, was ihm gut und zuträglich ist, richtig zu überlegen, und zwar nicht in Einzelheiten, z. B. was seiner Gesundheit und Kräftigung förderlich sei, sondern was grundsätzlich zu einem guten und glücklichen Leben diene. Beweis dafür ist, daß wir auch Leute klug nennen, die es in einem einzelnen Falle sind, wenn sie im Blick auf einen Zweck eine richtige Überlegung treffen bei Dingen, die nicht Sache der Kunstfertigkeit sind. So wäre denn im allgemeinen klug, wer richtig zu überlegen weiß.
Aristoteles (330 v. Chr.)

Dienstag

ratschlag

das isch
kei nase
das hett
e nase

drum la se
Kurt Marti (1967)

Mittwoch

Was unterscheidet eine weise Entscheidung von einem klugen Schritt? – Wann sind Sie berechnend? – Halten Sie Kalkül im gesellschaftlichen Umgang für wichtig? – Wären Sie gern diplomatischer? – Oder kommt Ihnen beim Wort «Diplomatie» schnell das Wort «Verlogenheit» in den Sinn? – Macht es Ihnen Spass, eine List einzusetzen? – Wann war das letztmals der Fall? – Was macht die Siebengescheiten und Neunmalklugen so hässlich? – Sässen Sie gerne mal im Rat der sieben Weisen? – Angenommen, Sie kämen in den Himmel, worüber würden Sie Gott befragen, ob er es klug eingerichtet hat? – Wo vor allem vermissen Sie Klugheit in der Politik? – Was hindert Sie gelegentlich, klug zu sein? – Zeigt sich Klugheit eher in Fragen oder in Antworten? – Finden Sie die hier gestellten Fragen klug?
MK (1998)

Donnerstag

Ursache und Folge

Er kannte den Herbst, der Baum; denn er war alt und erfahren. Sie aber kannten ihn nicht, die Blätter. Sie waren jung und strotzten vor Kraft und Frische.
«Nützt eure Zeit», riet der Baum.
«Unsere Zeit ist ewig», sagten die Blätter. «Was soll uns der Herbst? Hast du nicht allezeit Wurzeln, die Nährstoffe saugen? Steigt nicht der lebenspendende Saft ständig in den Bahnen deiner Zellen hoch? Ist nicht die Luft immer dieselbe, der Himmel, die Sonne, der Tag und die Nacht?»
Der Baum schwieg. Der Herbst kam. Er brachte empfindliche Kühle. Da welkten die Blätter. Er brachte Sturm. Da wurden sie abgerissen und fortgeweht.
Die wenigen, die noch an den Ästen haften blieben, sagten zueinander:
«Wir hatten doch recht mit unserer Meinung. Warum ist es so anders gekommen?»
Da antwortete der Baum, leise, weil er am Einschlafen war:
«Ein Irrtum genügt. Ihr habt die Temperatur vergessen.»
Kurt Kauter (1973)

Freitag

45

Seid klug wie die Schlangen
und ohne Falsch wie die Tauben!
Matthäus 10,16b (Bibel)

Samstag

Versuchen Sie zu sehen, sich innerlich vorzustellen: eine Schlange, dieses Tier der Erde, wie es sich auf der Erde fortbewegt, wie es mit der Erde und der Erdschwere verbunden ist. Es verkörpert die Klugheit der Erde.

Versuchen Sie zu sehen, sich innerlich vorzustellen: eine Taube, dieses Tier der Luft, wie es sich frei bewegt, vom Baum auf den Boden, vom Boden auf die Dächer fliegt, den Himmel durchmisst. Es verkörpert die Klugheit des Himmels.

Versuchen Sie zu sehen, sich innerlich vorzustellen: Ihre persönliche Form von erdhafter, irdischer Klugheit, Ihre persönliche Form von luftiger, himmlischer Klugheit.
PW (1998)

Einfachheit

4 Januar

Jesus

«Ungewöhnliche Einfälle waren typisch für ihn!», meint Thaddäus und macht ein wissendes Gesicht. Sie haben ihn einmal mehr gefragt, wie er denn so gewesen sei, dieser Jesus, den sie letzthin gekreuzigt hatten und von dem man sich erzählte, er sei aufgewacht, aufgestanden und aus seinem Grab herausgekommen.
«Einmal gab es einen gewaltigen Streit unter uns», fährt Thaddäus fort. «Schon auf dem Weg nach Kapernaum war er ausgebrochen, und auf der ganzen Strekke flogen die Worte nur so hin und her. Insgeheim wunderte sich wohl jeder von uns, dass Jesus dazu schwieg. Er ging mit uns, mal weiter vorn, mal weiter hinten, aber er sagte kein Wort.» Thaddäus schüttelt den Kopf. Ob über Jesus oder den Streit der Zwölf, wissen seine Zuhörer nicht. Sie lauschen gespannt.
«Erst als wir endlich in Kapernaum waren und uns in einem Haus am Markt ausruhten, kam er darauf zu-

Sonntag

rück. Worüber wir unterwegs geredet hätten, wollte er wissen. Geredet! Dabei war es ein zünftiger und lautstarker Streit gewesen. Aber so war er. Immer wollte er den Inhalt wissen und scherte sich nicht ums Drumherum.» Thaddäus lässt seine Arme kreisen. «Aber das hättet ihr sehen sollen. Alles schwieg. Keiner rührte sich. Erst nach geraumer Zeit meinte einer halblaut: Wer von uns der Grösste sei, darum sei es gegangen.» Seine Hand deutet Grösse an, und die Hörer folgen ihr mit den Augen.

49 «Nun hatte Jesus einen Einfall. Er forderte uns einen nach dem anderen auf, zu ihm zu kommen. Zögernd gingen wir. Die beim Streit die Lautesten und auch sonst die Eifrigsten waren, zuerst, die Leisen zuletzt. Als wir dann alle bei ihm standen, meinte er nur, kurz wie er immer war, wenn jemand der Erste sein wolle, müsse er von allen der Letzte sein. Das war alles. Und aller Diener, fügte er dann noch kürzer hinzu. Ja, so war er», erinnert sich Thaddäus, wirft den Kopf zurück, hebt die Augenbrauen und hält seine Handflächen nach oben. Die Frauen und Männer schweigen verwundert.

Dann steht er plötzlich auf und tritt in die Mitte seiner Zuhörer, die inzwischen einen grossen Kreis gebildet haben. «Er hatte noch einen Einfall!» Thaddäus geht jetzt auf eines der Kinder zu, die sich neugierig zwischen die Älteren gedrückt haben, nimmt es bei den Schultern, schiebt es in die Mitte des Kreises und schliesst es in seine Arme. «So wie ihr sassen wir, und so wie ich nahm Jesus das Kind und sagte wieder nur einen Satz zu uns. ‹Wer ein solches Kind aufnimmt um meines Namens willen, der nimmt mich auf.› Das war alles. Ein Kind. Als ob das das Grösste sei und der ein Grosser, der ein Kind aufnehme. Überlegt selber.» Thaddäus gibt dem verdutzten Kind einen dankbaren Klapps und setzt sich wieder an seinen Platz. Seine Zuhörer brummeln und reden miteinander.

Nach einiger Zeit hebt Thaddäus wieder die Hand und bittet um Ruhe: «Ja, so war er. Nach dem einen Satz folgte noch ein anderer: ‹Wer mich aufnimmt, der nimmt nicht mich auf, sondern den, der mich gesandt hat.›» Gespannte Stille. Thaddäus ist jetzt ganz in seiner Erinnerung. Als wäre alles erst gestern gewesen und er noch mitten im Geschehen, denkt er laut vor sich hin und zählt mit den Fingern: «Erst das Kind, dann Jesus, zuletzt Gott aufnehmen, oder alle auf einmal. Und so der Grösste oder der Erste sein. Klein werden wie ein Kind, um so gross genug zu sein fürs Gottesreich.» Fragend runzelt er die Stirn und winkt ab: «Na, denkt selbst darüber nach. Seine Einfälle waren ungewöhnlich, gewiss, aber irgendwie gehen sie einem nicht mehr aus dem Kopf.»

Mit einer kurzen Geste verabschiedet sich Thaddäus.

MK nach Markus 9,33-37 (1998)

Ich mag gern sehen, wenn man immer ist was man sein kann, was hilft es dich wenn du auch dem gegenwärtigen Augenblick etwas weismachst, worüber dich der nächste Lügen straft.
Georg Christoph Lichtenberg (1771)

Montag

Sind wir noch brauchbar?

Wir sind stumme Zeugen böser Taten gewesen, wir sind mit vielen Wassern gewaschen, wir haben die Künste der Verstellung und der mehrdeutigen Rede gelernt, wir sind durch Erfahrung mißtrauisch geworden und mußten ihnen die Wahrheit und das freie Wort oft schuldig bleiben, wir sind durch unerträgliche Konflikte mürbe oder vielleicht sogar zynisch geworden – sind wir noch brauchbar? Nicht Genies, nicht Zyniker, nicht Menschenverächter, nicht raffinierte Taktiker, sondern schlichte, einfache, gerade Menschen werden wir brauchen. Wird unsere innere Widerstandskraft gegen das uns Aufgezwungene stark genug und unsere Aufrichtigkeit gegen uns selbst schonungslos genug geblieben sein, daß wir den Weg zur Schlichtheit und Geradheit wiederfinden?
Dietrich Bonhoeffer (1942)

Dienstag

51

Neuschnee

Mit Abscheu
sehe ich die Pirouetten der Eisläufer.
Soviel Beifall
für Drehungen um die eigene Achse?
Ich schalte den Fernseher ab.
Draussen ist Neuschnee.
In Sichtweite ein Stück
unbegangenes Feld.
Rainer Malkowski (1977)

Mittwoch

Sehnen Sie sich manchmal nach Einfachheit? – Welche Bilder malt Ihre Sehnsucht sich aus? – Haben Sie dabei eine Schere im Kopf? – Welche Rolle spielen Ihre Bilder in der Kompliziertheit des Alltags? – Oder sind Sie in Ihrem Element, wenn Sie in eine komplexe Problematik eintauchen können? – Worin sind Sie ein unerkanntes Genie? – Oder empfinden Sie echte Schlichtheit als genial? – Welchen einfachen, geraden, schlichten Menschen konnten Sie in Ihrem Leben begegnen? – Was empfingen Sie von ihnen? – Mit welcher weisen Einfachheit können Sie anderen helfen? – Wenn Sie eine tief verschneite Wiese sehen, müssen Sie hinein oder sind Sie mit stillem Betrachten zufrieden? – Können Sie von sich selbst Abstand nehmen oder geraten Sie dann ausser sich? – Wieviel Vernetzung vertragen Sie? – Genügt Ihnen ein überkochender Milchtopf, um die Kraft der Natur zu spüren, oder brauchen Sie dazu einen Vulkanausbruch?
MK (1998)

Donnerstag

4 Januar

Eine drollige Anekdote darf ich dir noch mitteilen, welche die gelehrten Späher und Seher betrifft, und die mir der besten einer unter ihnen, Landolina selbst, mit vieler Jovialität erzählte, als wir nach einem Spaziergange in dem alten griechischen Theater saßen und ausruhten: Landolina machte mit einer fremden Gesellschaft, von welcher er einen unserer Landsleute, ich glaube den Baron von Hildesheim, nannte, eine ähnliche Wanderung. Hier entstand nun ein Zwist über eine Vertiefung in dem Felsen, die ein jeder nach seiner Weise interpretierte. Einige hielten sie für das Grab eines Kindes irgendeiner alten vornehmen Familie und brachten Beweise, die vielleicht ebenso problematisch waren wie die Sache, welche sie beweisen sollten. Man sprach und stritt her und hin. Da bemerkte ein alter Bauer nicht weit davon, daß man über dieses Loch sprach. Er kam näher und erkundigte sich und hörte, wovon die Rede war. «Das kann ich Ihnen leicht erklären», hob er an; «vor ungefähr zwanzig Jahren habe ich es selbst gehauen, um meine Schweine daraus zu füttern; da ich nun seit mehreren Jahren keine Schweine mehr habe, füttere ich keine mehr daraus.» Die Archäologen lachten über die bündige Erklärung, ohne welche sie unstreitig noch lange sehr gelehrt darüber gesprochen und vielleicht sogar geschrieben hätten. «So geht es uns wohl noch manchmal», setzte Landolina sehr launig hinzu.

Johann Gottfried Seume (1802)

Freitag

53

Sätze finden, so einfach,
daß sie nie mehr die eigenen sind.
Elias Canetti (1970)

Samstag

Geben Sie sich Zeit, und spüren Sie sich in Ihren Körper ein. Verweilen Sie bei sich und in sich.

Vergegenwärtigen Sie sich als innere Bilder, wie sich in Ihrem Leben die beiden Tendenzen zeigen: ein eigener spezieller Mensch zu sein – in den Grunderfahrungen aufzugehen, die allen Menschen gemeinsam sind.

Vergegenwärtigen Sie sich zudem, welche Grunderfahrungen in Ihren ganz eigenen individuellen Erlebnissen verborgen sind.

Lassen Sie in der Stille den einen und anderen Satz entstehen, den Sie gerne weiterschenken möchten, weil er eine Ihrer Erfahrungen stimmig wiedergibt und auch für andere gültig sein kann.
PW (1998)

Tapferkeit

Tapferkeit

Was zwar zu vermuten, dem griechischen Wort für Tugend («arete» von «ariston»: das Beste) aber nicht unmittelbar zu entnehmen ist, bringt die lateinische Sprache an den Tag: Die antiken Tugenden sind den Männern zugedacht. Tugend heisst auf Lateinisch «virtus» (von «vir»: der Mann), ist also das, was zum Mann gehört, was den Mann auszeichnet, was den Mann zum Manne macht. Dies gilt in ganz besonderem Masse für die zweite in der Reihe der antiken Tugenden. Hier wird auch die griechische Sprache deutlich: «andreia», der Ausdruck für Tapferkeit, (von «anér»: der Mann) wäre eigentlich mit «Mannhaftigkeit» zu übersetzen. Sei ein Mann!, sagen wir noch heute und verstehen den blossen Appell an das Geschlecht als Aufforderung zur Tapferkeit. Dass da und dort «dem tapferen Weib», das fast jede Stadt irgendwann einmal vor der Zerstörung durch feindliche Truppen bewahrt hat, ein Denkmal gesetzt wurde, bestätigt nur diesen Befund: Die Verbindung von «tapfer» mit dem anonymen weiblichen Geschlecht macht nur darum Sinn, weil «der tapfere Mann» eine Tautologie wäre. Darstellung tapferer Männer gibt es genug, aber sie tragen andere Titel, zum Beispiel: «Herkules bändigt den kretischen Stier», «Der hl. Georg tötet den Drachen», «Prinz Eugen in der Schlacht gegen die Türken».

Der Stier, der Drachen, ja auch der Türke (im Empfinden des 17. Jh.s) stehen für das Rohe, Finstere, Bedrohliche – die Chaosmächte, die der Held besiegen muss, um seinen zivilisatorischen Auftrag zu vollenden. Solche Motive weisen darauf hin, dass die Tapferkeit als vielleicht älteste aller Tugenden einer archaischen Gesellschaft entstammt, die wir nur aus Heldenepos und Sage kennen. Da ist sie – in einer Welt, da die soziale Gemeinschaft noch unzähligen Bedrohungen ausgesetzt ist – unweigerlich mit dem Ausweis von Körperkraft, der Tüchtigkeit im Kampf und der Kunst im Umgang mit Waffen verbunden. Keine von den vier antiken Tugenden zeigt auch in späterer Zeit noch so deutlich die Merkmale ihrer Herkunft aus der heroischen Kultur wie die Tapferkeit, keine hat sich daher auch der Umwandlung in eine bürgerliche Tugend immer wieder so hartnäckig wi-

dersetzt. Auch bei Platon und Aristoteles gehört die Tapferkeit als ein Verhalten angesichts des Todes in erster Linie in den kriegerischen Bereich, wobei sich allerdings bei letzterem bereits ein Hinweis auf eine andere Art Tapferkeit findet, die im unerschrockenen Eintreten für die eigene Überzeugung besteht – auch dort, wo diese den Mächtigen nicht genehm ist.
Genau diese Haltung aber ist von den ersten Christen gefordert. Säbelgerassel, Stiefelgedröhn und heldisches Gebaren stehen schon im Alten Testament unter der Kritik der Propheten, vom Neuen Testament her kommt der Kampf mit der Waffe für diejenigen, die in der Nachfolge Christi stehen, erst recht nicht mehr in Frage. Für sie heisst Tapferkeit Bereitschaft zum Bekenntnis, und ihr höchster Ausweis ist das Martyrium. Nicht im Kampf mit den elementaren Naturgewalten wie in den frühen Zeiten der Menschheit, aber im Kampf mit geistigen Mächten gilt es jetzt, sich zu bewähren, und das verleiht auch der christlichen Tapferkeit heroische Züge, allerdings in verwandelter Form: die Tapferen tragen jetzt die Waffenrüstung Gottes, den Helm des Heils, den Schild des Glaubens und das Schwert des Geistes (Epheser 6), und ihnen winkt nach bestandenem Kampf keine Herrscherkrone, sondern im Sterben für den Herrn «die Krone des Lebens» (Offenbarung 2). Solche Tapferkeit ist an kein Geschlecht mehr gebunden, das belegen die vielen Berichte von Frauen, die den Weg des Martyriums gegangen sind.
Was aber geschieht mit dieser Tugend später, wenn das Bekenntnis zum christlichen Glauben auf keinen Widerstand mehr stösst, und noch später, wenn überhaupt kein Bekenntnis mehr gefährlich ist, weil der demokratische Rechtsstaat freie Meinungsäusserung garantiert, und zuallerletzt, wenn die Bekenntnisfähigkeit überhaupt abhanden gekommen ist, weil alles möglich ist? Es lässt sich nicht leugnen, dass durch solche Prozesse auch die christliche Tapferkeit erneut zu einer militärischen Tugend verkam und damit auch wieder zu einer Männersache wurde: «Im Felde, da ist der Mann noch was wert» - das bürgerliche Leben scheint offenbar keine Möglichkeiten mehr zu bieten, sich als Mann zu beweisen. Es fehlt aber auch, vom Mittelalter bis heute, nicht an Versuchen, der Tapferkeit die Waffen, die sie in der personifizierten Darstellung trägt, aus der Hand zu nehmen und sie als zivile Tugend neu zu verstehen: als «Zivilcourage» (eine Wortschöpfung Bismarcks) oder als «Widerstandsleistung der Unterlegenen» (Josef Pieper). Neue ethische Entwürfe haben von daher Anstösse bekommen, Fragen des zivilen Ungehorsams und des gewaltlosen Widerstandes unter dem Aspekt der Tapferkeit zu diskutieren.
gzd (1999)

Mut

Arachne

Sie konnte nicht viel vorweisen. Arachne war spindeldürr, ein staksiges Mädchen und nicht gerade schön. Ihr Dorf lag abgelegen und unbedeutend im Gebirge. Ihre Mutter war früh gestorben. Der Vater züchtete Schafe. Aber er verstand es, seine Wolle schön zu färben. Meisterhaft gelang ihm das dunkle Violett des berühmten Purpurs. Die Verhältnisse der jungen Arachne waren ärmlich. Nur in einem stach sie hervor aus dem nichtssagenden Einerlei der Gegend: Sie konnte spinnen und weben wie sonst keine. Schon in ihren Kindertagen, heisst es, hätten sich die Quellenymphen der Gegend heimlich herangeschlichen, um einen Blick auf Arachnes Webstuhl werfen zu können, wenn darauf, wie von Zauberhand gemalt, allmählich die schönsten Bilder entstanden. Der Name der jugendlichen Meisterin sprach sich herum. Zuweilen verirrte sich ein reicher Städter in den kleinen Weiler und kaufte ein.

Arachnes Ruhm kam bald auch Athene zu Ohren. Und er verfing sich dort wie ein schlecht gewirkter Faden. Denn die Göttin hielt viel auf sich, sie, die beste aller Spinnerinnen und Weberinnen. Athene wurde eifersüchtig. Und so ging sie, sich das junge Ding einmal näher zu betrachten, zumal Arachne auf die Bemerkung einer Nachbarin, sie sei wohl Athenes Schülerin, schnippisch bemerkt hatte, nein, das sei sie nicht, aber sie würde es mit ihr aufnehmen. Verkleidet als alte Frau, graue Haarteile an die Schläfen geklebt, einen Krückstock untergeklemmt, so kam Athene zu Arachne und war ganz Weisheit, denn die Jugend sollte von

der Erfahrung des Alters lernen, und ganz Warnung, denn zurückversetzte Götter würden sich grausam rächen. Doch Arachne blieb, die sie war, verbat sich Belehrung in der Kunst des Webens und meinte nicht minder schnippisch, Athene solle selbst vorbeikommen, statt eine geschwätzige Greisin vorzuschicken.
Da riss der Göttin der Faden der Geduld. Der Stock flog in die Ecke, das Gewand zu Boden, die Perücke auf den Abfall. Hier sei sie, rief sie zum Wettkampf entschlossen. Eine rasche Röte streifte Arachnes Gesicht, aber schnell war sie bereit. Zwei Webstühle wurden aufgestellt, mit Kettfäden je ein Fach gebildet, die Webeblätter an der Lade befestigt, das Garn bereitgelegt. Schon schossen die beiden Schiffchen durchs Fach, klapperten Gestelle und Laden, erzitterten Kettbäume und Streichbäume.
Die lauschenden Nymphen machten entsetzte Gesichter. Auf Athenes Gewebe konnten sie nach und nach Bekanntes erkennen: die Akropolis von Athen und die Versammlung der Götter im Pantheon, Zeus königlich auf seinem Thron, Poseidon kampfeslustig mit seinem Dreizack und Athene streitbar in voller Rüstung, dazu in den vier Ecken Szenen mit frevelnden und entsprechend gestraften Menschen, als Saum aber rundum eine Friedensgirlande aus Zweigen des Ölbaums. Nichts Neues, tuschelten die Nymphen und wandten sich dem Teppich Arachnes zu. Der zeigte sich inzwischen in voller Pracht. Wunderbar temperierte Farben und kaum wahrnehmbare Übergänge gaben ihren Szenen lebendige Tiefe: in der Mitte Europa, die junge Fürstentochter des Ostens, von Zeus verführt, verschleppt und erniedrigt, um sie herum die Menge weiterer Frauen, von weiteren Göttern entehrt, missbraucht und genötigt. In Arachnes Bordüre aber leuchteten gebrochene Blumen aus dunklem Efeu hervor. Da stockte den Nymphen der Atem.
Athene aber entbrannte, als sie ihr Werk beendet und den Teppich der Arachne betrachtet hatte, zu äusserstem Zorn. Als wärs nur ein dünnes Tuch, zerriss sie die kunstvolle Botschaft, nahm ihren Stock, schlug dreimal aufs Haupt der Arachne und verschwand. Arachne aber verwandelte sich unter den Augen der entsetzten Nymphen in eine Spinne.
Wenn seither der Herbst ins Land zieht und seine Nebel den Morgen verschleiern, dann sind noch heute die zarten Silberfäden der Arachne zu sehen. Feinste Gewebe mit tausend winzigen Perlen hängen an Büschen und zwischen Gräsern, vergängliche Tüchlein von höchster Kunst: Arachne, die Spinne, hatte der Göttin standgehalten und ihren Kampf auf die Länge gewonnen. Athene aber, so hört man sagen, habe sich zuletzt verbittert in ihre Rüstung zurückgezogen.
MK nach Ovid (1998)

Mut heißt, seiner Furcht gewachsen sein.
George Bernhard Shaw (1919)

Montag

Mut schließt immer ein Wagnis ein, er ist immer vom Nichtsein bedroht, sei es das Wagnis, sich zu verlieren und ein Ding innerhalb des Ganzen der Dinge zu werden, sei es das Wagnis, die eigene Welt in einer leeren Selbstbezogenheit zu verlieren. Der Mut braucht die Macht des Seins-selbst, die das Nichtsein transzendiert, die erfahren wird in der Angst des Schicksals und des Todes, die gegenwärtig ist in der Angst des Zweifels und der Sinnlosigkeit, die wirksam ist in der Angst der Schuld und der Verdammnis. Der Mut, der diese dreifache Angst in sich hineinnimmt, muß in einer Macht des Seins wurzeln, die grösser ist als die Macht des eigenen Selbst und die Macht der eigenen Welt.
Paul Tillich (1952)

Dienstag

Alle Tage

Der Krieg wird nicht mehr erklärt,
sondern fortgesetzt. Das Unerhörte
ist alltäglich geworden. Der Held
bleibt den Kämpfen fern. Der Schwache
ist in die Feuerzonen gerückt.
63 Die Uniform des Tages ist die Geduld,
die Auszeichnung der armselige Stern
der Hoffnung über dem Herzen.

Er wird verliehen,
wenn nichts mehr geschieht,
wenn das Trommelfeuer verstummt,
wenn der Feind unsichtbar geworden ist
und der Schatten ewiger Rüstung
den Himmel bedeckt.

Er wird verliehen
für die Flucht von den Fahnen,
für die Tapferkeit vor dem Freund,
für den Verrat unwürdiger Geheimnisse
und die Nichtachtung
jeglichen Befehls.
Ingeborg Bachmann (1953)

Mittwoch

Woher nehmen Sie Ihren Mut? – Was ermutigt Sie besonders? – Wodurch fühlen Sie sich entmutigt? – Kennen Sie mutige Menschen, die Ihnen Vorbilder sind? – Aus Büchern oder aus Begegnungen? – Wer hat in Ihrer Kindheit von Ihnen gefordert, mutig zu sein? – Welche Erlebnisse fallen Ihnen dazu ein? – Wirken sie heute noch? – Kommen Ihnen beim Stichwort «Mut» nur Männer in den Sinn oder auch Frauen? – Was halten Sie vom Ausdruck «todesmutig»? – «Mit dem Mut der Verzweiflung», gibt es das? – Welche Gefühle kommen Ihnen beim Wort «Heldenmut»? – Welches Pathos geht Ihnen auf die Nerven, welches finden Sie angemessen? – Kennen Sie die «Feigheit vor dem Freunde»? – Angenommen, Sie könnten drei Szenen aus Ihrem Leben wiederholen, in welchen wollten Sie dann mutiger sein? – Gehört auch Übermut zum Mut? – In welchen Zusammenhängen Ihres Lebens bildet Mut die Währung, mit der Sie bezahlen?
MK (1998)

Donnerstag

Der Individualist

«Du bist widerlich», sagten die Möwen, die auf der grünen Uferwiese nebeneinander saßen, zu der einen. 64
«Alle stellen wir uns mit den Schnäbeln zum Wind. Nur du als einzige machst es umgekehrt.»
«Wenn es mir nun mal Spaß macht», erwiderte die eine. «Schadet's euch?»
«Du zerreißt unsere Gemeinschaft!» warfen sie ihr vor und schauten weiterhin dem Wind entgegen. Nur die eine machte es umgekehrt.
Da schlich eine Katze an durch das Gebüsch, erspähte die Vögel, prüfte den Wind, der ihr günstig war, und duckte sich zum Sprung.
Die eine sah sie. «Gefahr! Flieht!» schrie sie. Da stob der ganze Möwenschwarm auf.
«Du bist ein ekelhafter Individualist», schimpften sie die eine, mit der sie gemeinsam davonflogen.
Kurt Kauter (1973)

Freitag

Vom wahren Gegner fährt grenzenloser Mut in dich.
Franz Kafka (1920)

Samstag

Lenken Sie Ihre Aufmerksamkeit auf die Atembewegung, und lassen Sie sich bewusst werden, wie sehr diese Bewegung Sie mit Ihrem Rhythmus prägt.

Schenken Sie dieser Atembewegung Vertrauen: Der Atem ist die Lebensportion, die Ihnen Moment für Moment neu geschenkt oder zugemutet wird.

Trauen Sie dem Atem zu, dass er für Ihr Leben genügt. Auch wenn der Atem – vor dem Gegner oder in einer erschreckenden Situation – vielleicht kurz aussetzt, ist sein Fluss doch stärker. Denn der Atem meint Ihr Leben.

Bleiben Sie mit Ihrer Aufmerksamkeit bei der Atembewegung.
PW (1998)

Barmherzigkeit

Esau und Jakob

Sie kommen. Zwanzig Jahre sind es her, seit er in die Fremde geflohen ist. Ob ich ihn noch erkenne? Damals war er weich und glatt, ein Nesthocker, der kaum aus dem Zelt kam, ein Zärtling, der seine Gedanken pflegte, und ein Muttersöhnchen, das mit Rebekka unter einer Decke steckte. – Esau steht kerzengerade und blickt gespannt einer heranrückenden Menschenmenge entgegen.

Dort stehen sie. Was, wenn er immer noch derselbe Wildling ist? Über und über mit rötlichen, borstigen Haaren war er bedeckt, als hätte er ein Fell wie die Tiere, denen er ständig nachjagte. Man sah ihn nur abends vorbeihuschen, wenn er Isaak stolz seine Beute brachte, Vaters Liebling, weil er der Erstgeborene war und schon so tapfer. Aber jetzt sind wir eine Generation weiter. – Jakobs Augen wechseln nervös von seinen Leuten zu den vielen Fremden, auf die sie langsam zugehen.

Aber verschlagen war er, mein lieber Zwillingsbruder! Wie er mir meine Rechte als Erstgeborener abgeluchst hat, als ich müde heimkam, einfach abgekauft mit einem Teller Linsen, weil ich nichts als Hunger hatte! Und wie sie später, er und Rebekka, mich um den Segen unseres blinden und sterbenden Vaters betrogen! Lauschten hinter dem Vorhang, stahlen meine Kleider und beriefen sich auf Gott! Verschlagen war er, hinterlistig und abgefeimt. Ich hätte ihn umbringen können. – Mit finsterer Miene späht Esau, ob er seinen Bruder schon erkennen kann.

In der Wildnis war er ein abgebrühter Jäger, zu Hause aber arglos wie ein Kind. Das wird jetzt anders sein. Ob er mir die Geschichte mit den Linsen noch nachträgt? Und die unheilvolle Sache mit Vaters Segen? Ob er ahnt, wie ich dafür büssen musste. Mutter schickte mich Hals über Kopf in die Fremde, aus Angst vor Esaus Rache und für ein paar Jahre, wie sie meinte. Es waren zwanzig. Arbeiten musste ich und wurde betrogen und musste wieder arbeiten und hatte immer noch starke Feinde. Aber was zählt das vor
69 Esau? – Unsicher mustert Jakob die vielen Männer, denen er mit seinen Leuten immer näherkommt.

Offenbar ist er vorsichtig geworden, oder ist das am Ende wieder eine List? Als seine Boten zu mir kamen, war ich überrascht: Mein «Knecht» sei er, wolle mit Sack und Pack zurückkehren und bitte um meine «Gnade». Ich blieb nicht, wo ich war, sondern rief vierhundert Bewaffnete zusammen, um ihm entgegenzuziehen. Das ist sicherer. Unterwegs kam die nächste Überraschung, als wir auf mehrere grosse Herden stiessen. Das sei ein Geschenk von Jakob, der mein «Knecht» sei und sich mit mir «versöhnen» wolle. Er sei schon unterwegs. – Esau steht in einer Reihe mit seinen Söldnern. Sie sind für jeden Fall gewappnet. Den Bruder kann er jetzt erkennen.

Ob ihm meine Tiere gefallen? Zweihundert Schafe und zweihundert Ziegen, dazu Böcke und Widder, auch von den Kamelen, Kühen und Eseln die besten. Das muss ihm doch gefallen haben. Aber er war ein grosser Jäger. Ob er da mein Geschenk verstanden hat? Immerhin liess er meine Hirten unbehelligt. Aber mit vierhundert Mann wolle er aufbrechen, berichteten meine Boten. - Jakob ist jetzt so nahe herangekommen, dass er die Kinder zu den Müttern schickt und den Zug mit der Hand zum Stehen bringt. Die Phalanx der Bewaffneten wirkt bedrohlich. In ihrer Mitte macht er Esau aus.

Es wird still. Niemand redet mehr. Esaus Söldner warten auf einen Befehl. Jakobs Leute blicken gespannt auf ihren Herrn. Es knistert in der Luft. Irgendwo schreit ein Habicht. Da löst sich Jakob aus der Menge und geht langsam auf Esau zu. Er verneigt sich siebenmal, so tief er kann und wie es Brauch ist vor Königen und Göttern. Esau aber, der Bruder, gibt seinen Söldnern das Zeichen, die Waffen abzulegen. Er tritt auf Jakob zu, umarmt ihn, küsst ihn. Nach zwanzig Jahren weinen sie.

Dann hätten sie ihre Leute einfach stehen lassen, erzählt man sich, und seien zu zweit in der Macchia verschwunden. Esau habe Jakobs Geschenk schliesslich doch noch angenommen und ihm dafür einige seiner Söldner zur Begleitung mitgegeben, damit ihm nichts zustosse, bis er wieder zu Hause sei.

MK nach Genesis 32,1-22; 33,1-20 (1998)

Es gibt keinen Bruder in der Familie
ausser einem Bruder, der barmherzig ist.
Phibis (1.Jh. v. Chr., Ägypten)

Leg ab deinen Wurfspeer, lass deinen Pfeil.
Gib Luft dem, der in Atemnot ist.
Sinuhe (20.Jh. v. Chr., Ägypten)

Montag

Das Erbarmen - kann es den Sinn haben, unser Urteil aufzulösen? Oder hat es nicht eher den Sinn, daß das Erbarmen uns über das Urteil, ohne es aufzulösen, hinausführte zum zweiten Teil der Aufgabe: zum Handeln, und wie sollte ein Handeln, das nicht aus einem Urteil kommt, jemals eine wirkliche Hilfe sein? Hilfe bedeutet Veränderung im Sinne einer Erkenntnis; beides im Maße unseres Vermögens –
Max Frisch (1946)

Dienstag

Zwischen dem Chaos der Vergangenheit und der
Not unserer Wohlfahrt,
Kein nennenswerter Unterschied.

Chaos bleibt Chaos,
Not bleibt Not.

Beidem ist nur
Die Liebe gewachsen:

Weil sie alletag den Mut aufbringt,
Über die Schwermut der Logik hinweg,
Gegen jede Wahrscheinlichkeit zu handeln.
Franz Fassbind (1975)

Mittwoch

Wundert Sie die Einreihung der Barmherzigkeit unter die Tapferkeit? – Verbinden Sie mit Barmherzigkeit eher Schwäche und Weichheit? – Ist das Wort für Sie nur im religiösen Bereich verwendbar? – Welche Bilder der Barmherzigkeit treten vor Ihre Augen? – Kommen Ihnen nur Frauen in den Sinn oder auch Männer? – Wem würden Sie einen Tapferkeitsorden «pour le mérite» verleihen? – Steht die Barmherzigkeit über oder unter der Gerechtigkeit? – Gehört sie nur in den privaten oder auch in den öffentlichen Bereich? – Kann es das geben: einen barmherzigen Politiker, eine barmherzige Geschäftsfrau, einen barmherzigen General? – Welches Gewicht geben Sie den Sachzwängen? – Oder haben die einfach ihr Gewicht? – Wem wünschen Sie, er sollte mal einen «barmherzigen Samariter» brauchen? – Ist Ihnen einer begegnet? – Was kostet Barmherzigkeit?
MK (1998)

Donnerstag

Der beschenkte Dieb

Eines Nachts schlich ein Dieb in die Behausung eines Mannes von reiner Seele. Er suchte und suchte, aber wie sehr er sich auch abmühte und in jeden Winkel spähte und kroch: da war nirgends etwas, das er hätte stehlen und fortschleppen können. Ratlos und außer Atem stand der Einbrecher da. Sein Herz schnürte die Enttäuschung zusammen, und sein Gesicht war der Spiegel seiner Traurigkeit.

Nun hatte aber der Fromme, der dort wohnte, nicht geschlafen, sondern heimlich den Dieb und dessen vergebliches Suchen beobachtet. Als er jetzt des Räubers Verzweiflung bemerkte, übermannte ihn Mitleid. Ja, ihm war, als sei das Leid dieses fremden Bösewichts sein eigenes, und sein Erbarmen wurde so stark, daß er schließlich den kleinen Teppich, auf dem er zu schlafen pflegte, mit beiden Händen ergriff, ihn unter seinem Leib hervorzog und dem Dieb als Geschenk vor die Füße warf:

Sie, die den Weg zu Allah einschlagen,
können selbst der Feinde Trauer nicht ertragen.
Wann, mein Freund, kannst du von dir das sagen?
Du lerne erst, den Nächsten nicht zu plagen!
Scheich Saadi (1292)

Freitag

Binde dich an das Gebet des Armen,
und du wirst an Gott haften.
Rabbi Jechiel Michal von Zloczow (18.Jh., Buber)

Samstag

Lassen Sie sich zur Ruhe kommen.

Vergegenwärtigen Sie sich eine Situation, in der Ihnen etwas Gutes geschah (ob zufällig oder bewusst, ob im grossen oder kleinen Stil, ist unwichtig!). Vergegenwärtigen Sie sich Ihre innere Reaktion auf diese Erfahrung: Überraschung, Freude, Dankbarkeit ...

Betrachten Sie Ihre Reaktion als Gebet.

Vergegenwärtigen Sie sich eine Situation, in der dank Ihnen jemandem etwas Gutes geschah. Vergegenwärtigen Sie sich die innere Reaktion der beschenkten Person: Überraschung, Freude, Dankbarkeit ...

Auch dies ein Gebet.

Bleiben Sie innerlich offen für all die Gebete, die sich jetzt irgendwo ereignen.
PW (1998)

Gehorsam

Isaak

Was nicht alles über meine Geschichte geschrieben worden ist! Generationen von Schriftgelehrten haben ihre wertvollen Papyri beschriftet, christliche Lehrer und Schüler ihre Pergamente gefüllt, Professoren verschiedener Fakultäten dicke Folianten verfasst, Dichter sich in tragischen Versen ergangen, zeitgeistsichere Vielschreiber und Besserwisser ihre Sudelhefte bekleckst. Sogar der grosse Kant konnte nicht an meiner Geschichte vorbei. Als wären sie allesamt dabei gewesen, all die Deuter, Ausleger und Schlaumeier ...
Ich war dabei! Und wir waren nur zu viert: mein Vater Abraham, ein Engel, ein Schafbock und ich. Sonst niemand.

Und was ihnen nicht alles eingefallen ist! Erst waren sie ganz für diese Geschichte: Um die schier übermenschliche Tugend des gehorsamen Stammvaters gehe es; um Abrahams vorbildliche Glaubensgewissheit; um eine Prüfung seines Gehorsams; oder um eine verborgene Vorbereitung auf das Opfer Jesu Christi. – Dann waren sie ganz dagegen: Solch blinder Kadavergehorsam sei von aufgeklärten Menschen nicht mehr zu fordern; es könne gar nicht Gottes Stimme gewesen sein, die da zur Abschlachtung des einzigen Sohnes aufgefordert hat, denn Gott garantiere das moralische Gesetz und breche es nicht; die Geschichte sei eine typische Interessensgeschichte, mit der die Mächtigen ihre Macht erhielten und sich dazu auf Gott beriefen. – Heute streiten sie sich wissenschaftlich: Die typische Legende von der Entstehung eines Heiligtums liege da vor; eine Geschichte zur Ablösung des Menschenopfers durch das Tieropfer; eine Heldenerzählung, in der Abraham wie Odysseus durch erschütternde Abenteuer zum vorbildlichen Ahnherrn gestählt werde. – Und dann noch die Zeitgeister: Ein Vater beseitige seinen Sohn, bevor der ihn entthrone, und bemühe Gott dafür, um sich zu entlasten; ein alter Initiationsritus liege vor, durch den der heranwachsende Sohn vom Vater in die anforderungsreiche Aufgabe des Mannseins eingeführt werde; eine typische Männergeschichte zur Erhaltung patriarchaler Vormachtstellungen. Als ob sie alles selbst beobachtet hätten ...

Ich war dabei! Aber für mich haben sie sich nicht interessiert. Ich bin für sie ja nur das Opfer, der Gegenstand, ein Objekt. Um Abraham ist es ihnen gegangen und natürlich um Gott. Nach mir hat keiner je gefragt. Ausser Rembrandt, ja, ausser dem Maler, der die Feinheiten liebte, den dünnen Strich und die erleuchtete Szene. Rembrandt stellt mich aufrecht neben meinen Vater: Ich erinnere mich gut. Wir waren frühmorgens aufgebrochen. Zwei Knechte trieben den Esel mit dem Brennholz. Mein Vater nahm mich bei der Hand und ging mit mir voraus. Wir dachten alle an ein Opfer, wunderten uns aber, dass wir zwei ganze Tage laufen mussten. Am dritten Tag liessen wir die Knechte mit dem Esel zurück. Ich trug das Holz, mein Vater sein Messer und den Zunder. Da frug ich ihn, wo denn das Opfertier wäre, und er erklärte mir, Gott würde es uns zeigen. Dieses kurze Gespräch, das ich auslöste, hat Rembrandt skizziert.

Und dann sein grosses Gemälde, auf dem Abraham sein Messer fallen lässt, weil ein Engel ihm in den Arm fällt: Wir waren angekommen, Abraham baute rasch den Altar und legte das Holz obenauf. Da kam der Augenblick, der mein Leben verändert hat. Es war nicht die Tat, die Abraham getan hätte, sondern die Tat, die er wirklich tat, mir die Hände zu fesseln und die Augen zuzuhalten. Und es war nicht die Forderung Gottes, die erfüllt worden wäre, sondern das Wort des Engels, das ich wirklich hörte: «Nun weiss ich, dass du Gott respektierst.» Natürlich bekam ich einen Schock, und niemand, der nicht selbst zwischen Leben und Tod gestanden ist, kann empfinden und sich vorstellen, was in mir vorgegangen ist. Ich will davon schweigen. Rembrandts Bild spricht am besten davon. Es achtet mein Schweigen.

Nachher fand sich ein wilder Schafbock, der sich mit seinen Hörnern im Gestrüpp verfangen hatte, das Opfertier, das Gott uns zeigte. Mein Vater, der nicht weniger als ich gelitten hatte, gab diesem Ort einen treffenden Namen: «Gott lässt sich sehen.» Und damit war der Engel gemeint, seine Tat und sein Wort.

Die Veränderung in meinem Leben hat mit meinem Vater zu tun: Er respektierte mich, und er respektierte Gott. Das war seine Tapferkeit. Mir ging auf, dass wahre Tapferkeit nicht darin besteht, sich selbst als Herr über Leben und Tod zu gebärden, sondern darin, allein Gott als Herrn über Leben und Tod zu respektieren. Solcher Gehorsam ist nicht blind, sondern sehend. Er hat Gott gesehen. Dafür sind mir damals die Augen aufgegangen.

Ob das wohl jemandem mal einfallen wird? Ob einer das mal schreiben wird?

MK nach Genesis 22,1-14.19 (1998)

Wer sich nichts sagen läßt, wird nichtssagend.
Hans Kestranek (1957)

Montag

Es gibt zweierlei Gehorsam. Man kann der Schwerkraft gehorchen oder dem Verhältnis der Dinge. Im ersten Fall tut man das, wozu die Einbildungskraft treibt, die jede Leere auszufüllen sucht. Dem kann man dann, oft sogar mit dem Anschein der Wahrheit, jede Namensbezeichnung, mit einbegriffen die des Guten und Gottes, anheften. Schaltet man das Treiben der Einbildungskraft und ihre scheinhaften Erfüllungen aus und richtet man seine Aufmerksamkeit auf das Verhältnis der Dinge, dann erscheint eine Notwendigkeit, der man unmöglich nicht gehorchen kann. Bevor man nicht so weit gelangt ist, hat man weder einen Begriff von der Notwendigkeit noch das Gefühl des echten Gehorsams. (...)
Ausspruch des bretonischen Schiffsjungen, als ein Journalist ihn fragte, wie er dies zuwege gebracht habe: «Hat halt sein müssen!» Reinster Heroismus. Er findet sich unter dem Volke häufiger als anderwärts.
Der Gehorsam ist der einzige reine Beweggrund, der einzige, der in keinem Grade den Lohn der Tat einschließt und alle Sorge um den Lohn dem Vater anheimstellt, der im Verborgenen ist und der ins Verborgene sieht.
Vorausgesetzt, daß man einer Notwendigkeit gehorche und keinem Zwang.
Simone Weil (1952)

Dienstag

Traum der Könige
Kapitell in der Kathedrale Autun zu Matthäus 2,12

Dieser Zeigefinger
79 der Traum
klug wie die Schlange
weist er
die Könige
fort
von den Stätten der List

unter dem achtblättrigen Stern
folgt
der Entscheid
am Morgen früh
wird
das Traumbild
besiegelt
stirbt
die Zukunft
nicht.
Magdalena Rüetschi (1992)

Mittwoch

Wo haben Sie zuletzt das Wort «Gehorsam» gelesen? – In einem Zusammenhang, mit dem Sie nichts zu tun haben wollen? – Haben Sie «Kadavergehorsam» miterlebt? – Sind Sie selbst in Ihrer Kindheit mit Gehorsamsforderungen geplagt worden? – Wie denken Sie heute darüber? – Welcher Gehorsam ist nicht blind? – Kann «Gehorsam» mehr meinen als «bürgerliche Tugenden» wie Ordnung, Pünktlichkeit oder Sauberkeit? – Wer fordert Gehorsam? – Wer hat auch ein Recht, Gehorsam zu fordern? – Ist er eine Notwendigkeit für das gesellschaftliche Zusammenleben? – Was halten Sie von alten Institutionen, die Gehorsam fordern? – Welchen modernen Systemen sind wir gehorsam, ohne es recht zu bemerken? – In wieviele gefällige Kleider kann falscher Gehorsam schlüpfen? – Wo finden Sie Gehorsam richtig, angemessen und notwendig? – Ist richtiger Gehorsam eine Frage individueller Phantasie?
MK (1998)

Donnerstag

Wenn Platero in der Dämmerung vom Felde heimkehrt mit seiner Last herbstlicher Pinienzweige, verschwindet er fast unter dem weichen, matten Grün. Sein Schritt ist kurz und eng wie der des Zirkusfräuleins auf dem Seil, fein und spielerisch. Als ob er gar nicht ginge. Mit gespitzten Ohren macht er den Eindruck einer Schnecke in ihrem Haus.

Die grünen Äste, die, als sie noch Leben hatten, die Sonne, die Finken, den Wind, den Mond und die Raben beherbergten, fallen armselig auf den weißen Staub der trockenen Pfade im Zwielicht. Eine kalte malvenfarbene Süße verklärt alles. Und wie im vergangenen Jahre auch, beginnt auf dem Felde, das sich dem Dezember nähert, die sanfte Demut des beladenen Esels uns göttlich zu erscheinen.

Juan Ramón Jiménez (1917)

Freitag

Wir wolln uns gerne wagen,
in unsern Tagen
der Ruhe abzusagen,
die's Tun vergißt.
Wir wolln nach Arbeit fragen,
wo welche ist,
nicht an dem Amt verzagen,
uns fröhlich plagen
und unsre Steine tragen
aufs Baugerüst.
Nikolaus Ludwig von Zinzendorf (1736)

Lenken Sie Ihre Aufmerksamkeit auf die Atembewegung und lassen Sie sich bewusst werden, wie sehr diese Bewegung «von aussen» kommt: Sie können den Atem zwar gestalten und für kurze Zeit unterbrechen. Die Bewegung als solche können Sie aber im Wesentlichen nicht beeinflussen. Ihre Lebensbewegung: Schenken Sie ihr ein Ja.

Ohne die Aufmerksamkeit auf den Atem aufzugeben, stellen Sie sich innerlich auf den Strom ein, der Ihnen in den vergangenen Wochen und Monaten als Ihr Leben zugeflossen ist, Ihr Leben mit seinem «fröhlichen Sichplagen».

Wenn es für Sie richtig ist, dehnen Sie das dem Atem geschenkte Ja auch auf Ihren Lebensstrom aus.
PW (1998)

Geistesgegenwart

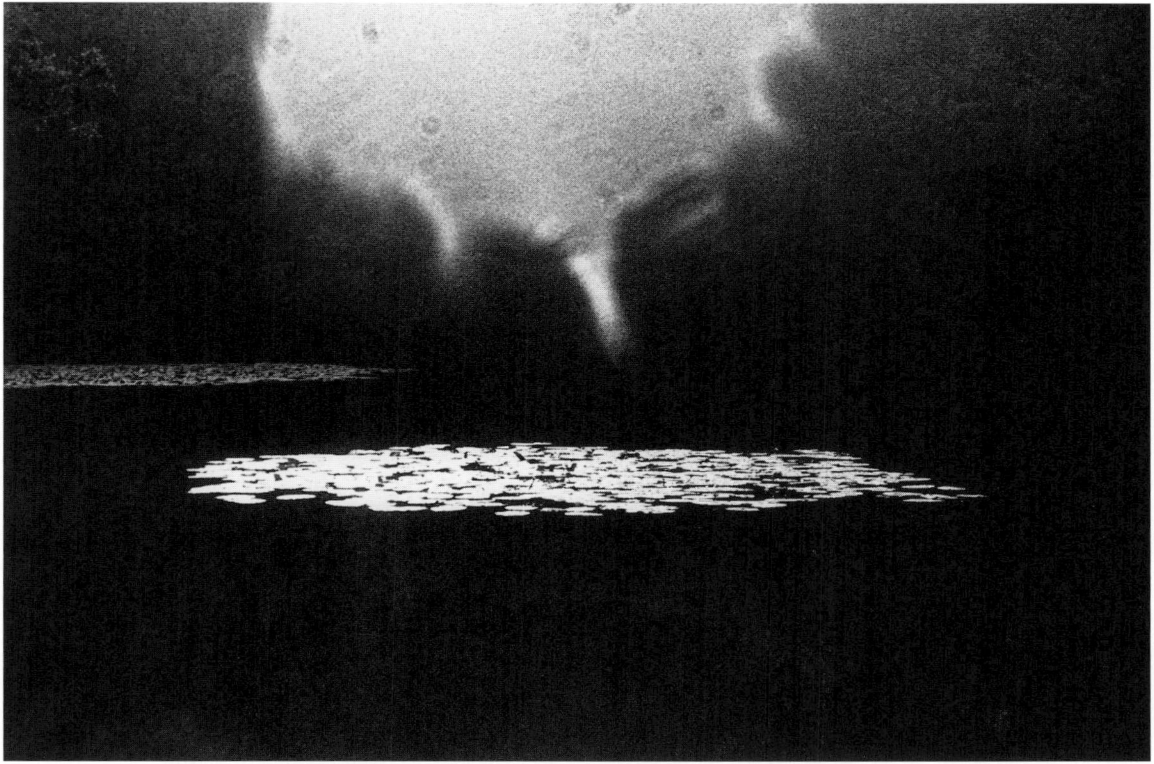

Kairos

Ein Mann kam nach Olympia. Er war aufgeregt und müde. Korinth hatte ihn geschickt. Er durfte als Wettläufer an den Olympischen Spielen teilnehmen und sollte seine Heimatstadt würdig vertreten. Vier Tage war er unterwegs gewesen. Den Anmarsch hatte er als Probe seiner körperlichen Verfassung genutzt. Jetzt war er da, aber viel zu angespannt, um sich erst auszuruhen.
Er erkundete das Gelände des Heiligtums. Zeus zu Ehren ruhten die Waffen. Friedlich kamen die jungen Leute der Städte und Staaten zusammen. Überall liefen sie herum, aufgeregt wie er. In drei Tagen würde er ihnen seine Schnelligkeit beweisen. Den alten Olivenbaum beim Tempel des Zeus bestaunte er, voll Hoffnung, den Kranz aus seinen heiligen Zweigen nach Korinth tragen zu können.
Er kam zum Eingang ins Stadion. Voll Ehrfurcht verneigte er sich vor einem Altar, der dort stand.
«Wer bist wohl du?», murmelte er, als er wieder aufblickte und die Statue auf dem Altar gewahrte, gross wie ein Mensch.
«Ich bin Kairos, der alles bezwingt», hörte er die Statue sagen und wunderte sich.
«Und warum läufts du auf den Zehenspitzen», getraute er sich zu fragen.
«Ich, der Kairos, laufe unablässig.»
«Warum hast du Flügel an den Füssen?»
«Ich fliege wie der Wind.»
Da er ihm seelenverwandt schien, bohrte er mutig weiter: «Und warum trägst du ein spitzes Messer in deiner Rechten?»
«Um die Menschen daran zu erinnern, dass ich spitzer bin als die Spitze und pünktlicher als der Punkt.»
Jetzt wollte er alles wissen: «Warum fällt dir eine Haarlocke in die Stirn?»
«Damit mich ergreifen kann, wer mir begegnet.»
«Und warum bist du am Hinterkopf kahl?»
«Wenn ich erst einmal mit fliegendem Fuss vorbeigeglitten bin, kann mich von hinten keiner mehr erwischen und halten, so sehr er sich auch mühte.»
Das gab ihm zu denken. Drei Tage blieben ihm noch, die Worte des Kairos zu verstehen. Er hatte bis dahin noch manche Gelegenheit, die Statue am Eingang des Stadions zu betrachten. Ihm dämmerte, dass sie mit dem Kranz zu tun haben musste, den er im Wettlauf erringen wollte.
Und es gelang ihm. Nur dies eine Mal. Vier Jahre später fasste ein anderer die Gelegenheit beim Schopf.
MK nach Poseidippos von Pella (1994)

Wenn die Zeit kommt, in der man könnte,
ist die vorüber, in der man kann.
Marie von Ebner-Eschenbach (1880)

Montag

Jeder Mensch, der im Gespräch erzählt, was ihm über den Weg gekommen ist, glaubt er im Grunde nicht, daß es in einem Zusammenhang stehe, was immer ihm begegnet? Dabei wäre es kaum nötig, daß wir, um die Macht des Zufalls zu deuten und dadurch erträglich zu machen, schon den lieben Gott bemühen; es genügte die Vorstellung, daß immer und überall, wo wir leben, alles vorhanden ist: für mich aber, wo immer ich gehe und stehe, ist es nicht das vorhandene Alles, was mein Verhalten bestimmt, sondern das Mögliche, jener Teil des Vorhandenen, den ich sehen und hören kann. An allem übrigen, und wenn es noch so vorhanden ist, leben wir vorbei. Wir haben keine Antenne dafür; jedenfalls jetzt nicht; vielleicht später. Das Verblüffende, das Erregende jedes Zufalls besteht darin, daß wir unser eigenes Gesicht erkennen; der Zufall zeigt mir, wofür ich zur Zeit ein Auge habe, und ich höre, wofür ich eine Antenne habe. Ohne dieses einfache Vertrauen, daß uns nichts erreicht, was uns nichts angeht, und daß uns nichts verwandeln kann, wenn wir uns nicht verwandelt haben, wie könnte man über die Straße gehen, ohne in den Irrsinn zu wandeln? Natürlich läßt sich denken, daß wir unser mögliches Gesicht, unser mögliches Gehör nicht immer offen haben (...), aber wir erleben keine, die nicht zu uns gehören. Am Ende ist es immer das Fälligste, was uns zufällt.
Max Frisch (1949)

Dienstag

Licht

87 Manchmal trifft man einen, der ist wie ein Licht.
Und man trifft ihn nicht zweimal im Leben.
Und man weiß. Nur *einmal* dieses Gesicht.
Und man denkt: Das darf es nicht geben,
Daß man einen Menschen verlor,
Ehe man ihn gefunden,
Und kein *Danach* und kein *Davor* ...
Dieses Licht ist für immer entschwunden.
Geheimer Speicher Erinnerung,
Empfangs- und Sendezentrale:
In einer anderen Dämmerung
Verwandelt er die Signale,
Die auf uns gekommen von einem Gesicht,
Das wir nur einmal gesehen,
Zurück in Wärme und in Licht.
Und das hilft uns die Nacht überstehen.
Eva Strittmatter (1975)

Mittwoch

Kennen Sie das wunderbare Gefühl, im richtigen Moment das Richtige gesagt oder getan zu haben? – Haben Sie sich auch schon geärgert, den entscheidenden Augenblick um Sekunden verpasst zu haben? – Was ist in Ihnen am Werk, wenn sie ganz «da» sind? – Wie sind Sie selbst dann beteiligt? – Glauben Sie an den äusseren Zufall? – An die innere Intuition? – Haben Sie Instinkt? – Begegnet Ihnen zuweilen der Geist Gottes? – Kennen Sie die Begeisterung? – Wer blitzt, wenn Sie einen Geistesblitz haben? – Wer gibt ein, wenn Sie eine Eingebung haben? – Gibt es für Sie Geheimnisse, die Sie mit guten Gründen gar nicht enthüllen wollen? – Brauchen Sie Tapferkeit, um die Gelegenheit beim Schopf zu packen? – Wenn Sie erlebte Momente der Geistesgegenwart nochmals erleben könnten, welche wären das? – Macht Sie die Erinnerung daran tapfer?
MK (1998)

Donnerstag

Als Yves Montand, begleitet von seiner Gattin Simone Signoret, in den Vereinigten Staaten weilte, um mit Marilyn Monroe zu filmen, meldete sich eines Tages telephonisch der Multimillionär N. und ersuchte den Künstler, gegen ein Honorar von tausend Dollar auf N.'s Geburtstagsparty zu singen. Montand war einverstanden, und der reiche Mann schloß etwas hochnäsig: «Ich möchte Sie nur gleich bitten, Mister Montand, nach Ihrer Darbietung mein Haus wieder zu verlassen. Es ist in meinen Kreisen nicht üblich, mit Leuten von der Bühne oder vom Film zu verkehren.»
«Das ändert natürlich die Sachlage», antwortete Yves Montand. «Wenn ich nicht gezwungen bin, mich mit Ihren Gästen zu unterhalten, will ich mich gerne mit 500 Dollar begnügen!»
Hermann Schreiber (1961)

Freitag

89

Wo ein Begeisterter steht, ist der Gipfel der Welt.
Joseph von Eichendorff (1812)

Samstag

Lenken Sie Ihre Aufmerksamkeit auf die Atembewegung. Lassen Sie sich bewusst werden, wie sehr die Atembewegung Sie prägt: ihr Rhythmus, ihr Tempo, ihr Schwung.

Während Ihre Aufmerksamkeit weiterhin dem Atem gehört, sinnen Sie darüber nach, dass in mehreren Sprachen unseres Kulturkreises dasselbe Wort je nach Zusammenhang bedeuten kann: Luft – Atem – Geist – Seele – Leben.

Geniessen Sie Ihren Atem in dieser vielfältigen Fülle, und variieren Sie den Ausdruck «begeistert» in der Aussage von Joseph von Eichendorff.
PW (1998)

Besonnenheit

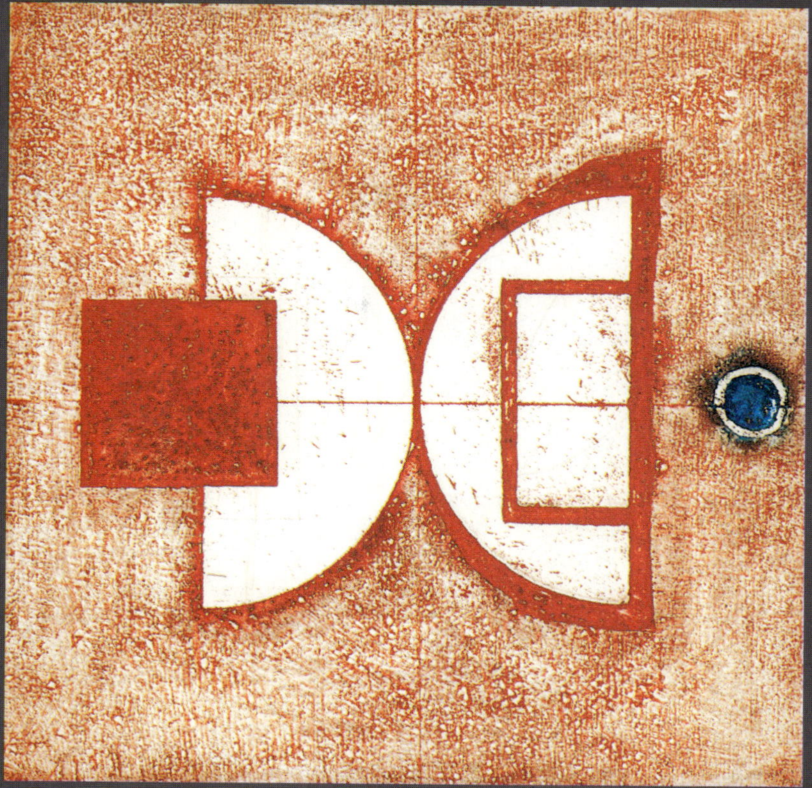

Besonnenheit

Die Tugend, die im Griechischen «sophrosyne» heisst, konstituiert sich unter den härtesten Bedingungen:
Im platonischen Konzept wirkt sie in der untersten Seelenschicht, im Bereich des Triebhaft-Sinnlichen, wo die Lüste und Leidenschaften wohnen, die von ihrem Wesen her zu Mass- und Grenzenlosigkeit und zur Ausdehnung ihrer Herrschaft auf die andern Seelenanteile tendieren. Ordnung und Harmonie können hier nur dann zustande kommen, wenn es gelingt, diese ungebärdigen Seelenkräfte unter Kontrolle zu bringen. Der sophrosyne geht daher ein Kampf voraus. In der antiken Philosophie, besonders in der Stoa, und später in deren christlichen Varianten, vollzieht sich der Umgang mit den triebhaft-sinnlichen Strebungen in Metaphern des Kriegs: Da gilt es, gegen Versuchungen «gewappnet» zu sein, da darf man sich von seinen Begierden nicht «überwältigen» lassen, da muss man mit seinen Leidenschaften «ringen» und seine Affekte «besiegen». Nach antiker Auffassung besteht ein solcher Sieg allerdings nicht in der Unterdrückung oder gar Abtötung der Begierden, sondern in ihrer Bändigung und Lenkung. Der angestrebte Zustand ist nicht Reinheit, sondern Beherrschung, und das heisst – da ja sowohl Sieger als Besiegte in der gleichen Brust wohnen: Selbstbeherrschung. Was sophrosyne meint, ist also wesentlich geprägt durch einen Dualismus von beherrschender Vernunft und beherrschtem Trieb; Platons prägendes Bild dafür ist der Wagenlenker, der das wilde und auseinanderstrebende Gespann seines Gefährts fest im Zügel hält.
Diese Tugend, die später als «temperantia» in die mittelalterlichen Tugendsysteme einging und in personifizierter Gestalt Krug und Fackel trägt, wird im Deutschen nicht selten Mässigkeit genannt. Man kann sich allerdings fragen, ob dieses Wort im heutigen Sprachgebrauch die Sache noch trifft: Zu sehr ist seine Bedeutung auf Zurückhaltung beim Essen und Trinken reduziert, zu nahe steht es für heutiges Empfinden der Mittelmässigkeit, mit der wiederum ein wohltemperierter, alle Höhen und Tiefen ängstlich meidender kleinbürgerlicher Lebensstil assoziiert wird, der weit entfernt ist von den kühnen, eher aristokratischen Vorstellungen, die sich ursprünglich mit dieser Tugend verbanden. Anderseits sind gerade diese ur-

sprünglichen Vorstellungen ganz entscheidend vom Begriff des Masses geprägt: Alle Ordnung beruht nach griechischer Auffassung auf dem Mass, «medén agan» («nichts zu sehr») stand schon als eines der Worte der sieben Weisen am Apollotempel in Delphi. Als geordnete Verfassung des begehrend triebhaften Seelenteils ist die sophrosyne bei Platon wesentlich unbestimmt durch die Einsicht ins rechte Mass an Strenge im Umgang mit den Affekten; bei Aristoteles, der ohnehin alle Tugenden als mittleren Weg zwischen zwei Extremen begreift, garantiert sie zusammen mit der enkrateia (der Beherrschtheit) das richtige Mass zwischen Überschwang und Unempfindlichkeit. Als «Zucht und Mass» möchte darum Josef Pieper in seiner Neuinterpretation der scholastischen Tugenden die dritte Kardinaltugend verstanden haben.

Das Alte Testament weiss nichts von einer zwei- oder dreischichtigen Seele. Das hebräische Wort, das für gewöhnlich mit «Seele» übersetzt wird, meint in seiner Grundbedeutung die Kehle, den Ort also, wo Hunger und Durst – im erweiterten Sinn: das Begehren überhaupt – entstehen. Die ganze Seele also, nicht nur ein Teil von ihr, ist Begehren, der ganze Mensch ist grundsätzlich als ein begehrliches Wesen verstanden. Entscheidend für die Lebensführung ist daher nicht, ob es gelingt, das Begehren durch Zucht und Mass zu beherrschen, sondern die Frage, wohin das Begehren zielt, wonach das Herz begehrt und die Seele dürstet, ob nach dem lebendigen Gott oder nach dem Abgott. Um eine solche Spannung zwischen einem Leben aus dem Unverfügbaren und einem Leben aus dem Verfügbaren geht es auch im Neuen Testament, wenn Paulus von «Geist» und «Fleisch» spricht, und nicht – wie oft eben von antiken Denkgewohnheiten her unterstellt wird – um den Gegensatz von Vernunft und Trieb. Mass und Unmass erhalten so wesentlich andere Akzente. Das Unmass besteht nach biblischer Auffassung nicht in einem «Zu sehr», sondern grundsätzlich im Wunsch, sein zu wollen wie Gott (und dieser Wunsch entstammt – wenn denn schon unterschieden werden soll – viel eher einer geistigen als einer triebhaften Seelenschicht: der Turmbau von Babel jedenfalls war kein Fest der Sinne, sondern ein intellektuelles Projekt), und das Mass besteht nicht darin, dass ich Herr meiner Begierden bin, sondern in der Besinnung darauf, wer der Herr meines Begehrens ist. Wenn wir uns hier der Überlieferung anschliessen, in welcher die dritte Kardinaltugend Besonnenheit heisst, so deshalb, weil auch im modernen Sprachgebrauch Besonnenheit eine Haltung meint, die auf der Fähigkeit beruht, nicht den Trieben Einhalt zu gebieten, sondern im Treiben innezuhalten, um sich zu besinnen, wohin es uns treibt.

gzd (1999)

1 März

Gelassenheit

Ein Katzensprung

Koffer und Rucksack waren gepackt, die Rechnungen bezahlt, Papiere und Tickets griffbereit verstaut. Wir waren bereit, und während wir uns noch von Niki, unserer freundlichen Wirtin, verabschiedeten, hupte unten auf der Landstrasse schon das Taxi. «Buon viaggio», tönte es hinter uns, «welcome» vor uns, und kaum hatte der Fahrer den Kofferraum zugeklappt, ging es los zum Hauptort der Insel. Hinter schwarzen Dieselschwaden entschwanden «unser Haus, unsere blaue Bucht», unser herbstliches Ferienidyll auf Kalymnos.
In anderen Taxis sassen andere Touristen, späte Geniesser leerer Strände und ausgebleichter Landschaften, die nun wie wir das Schiff nach Kos nehmen würden, um von dort in den feuchten Herbst des Nordens zurückzufliegen und wieder an ihren Schreibtischen zu landen. Die Saison war zu Ende. Seit Tagen schon pfiff der Boreas durch die Tavernen. Eine nach der anderen waren sie zugegangen. Überall standen Stapel weisser Plastikstühle. Menütafeln klapperten im Wind.
Wir erreichten den Hafen, zahlten das Taxi und suchten den Anlegeplatz der kleinen Personenfähre. In einer halben Stunde würde sie fahren. Es war ja nur ein Katzensprung. Doch über der Menge der pünktlich versammelten Urlauber lag Gemurmel in allen Zungen. Nach einer Weile war es klar: Der Wind sei zu stark. Keine Fähre würde auslaufen. Wann die Hafenpolizei wieder freie Fahrt erteilen könne, sei ungewiss. Vielleicht am Abend.
Warten. Die Kaphenions der Strandpromenade waren gefüllt. Der Garsoni musste sich allenthalben an Koffern und Taschen vorbeischlängeln. Frappés, einer, zwei, drei, wurden getrunken, schwarzer Kaffee mit dem obligaten Wasser, an gewissen Tischen Bier in beachtlichen Mengen. Zähflüssig rannen die Stunden dahin. Warten. Wir wechselten uns ab. Mal ging Katharina die Häuserzeilen ab, um noch ein Mitbringsel zu entdecken, mal nahm ich den Photo, um das eine oder andere Motiv festzuhalten. Wer im Kaphenion sass, hatte das Gepäck und die Fähre im Auge. Warten.

Am Nachmittag wuchs die Unruhe. Die Kaffeehäuser leerten sich. Einige Urlauber gingen einfach an Bord, suchten sich eine gemütliche Ecke, packten Proviant aus, schrieben die letzten Karten. Andere breiteten ein letztes Mal ihre Badetücher aus, auf dem blanken Beton der Mole. Vielleicht liess sich die fleissig erworbene Ferienbräune noch um einige Faktoren vertiefen.

Einen sah ich, der schleppte fortwährend seinen Koffer hin und her, mal zur Telephonzelle, wo er wohl irgendwo anrief, um neue Dispositionen zu treffen, mal zum Büro der Hafenpolizei, wo er vor einem stoisch dreinblickenden Beamten gestikulierte. Dann wieder blieb er abrupt stehen, zückte seine Agenda, machte sich Notizen, schüttelte den Kopf und zog weiter, denn beim Schiff war der Kapitän aufgetaucht. Dessen Achselzucken sagte alles. Der Mann mit dem Koffer zog weiter zur Tafel mit den Verordnungen für den Hafen. Sein Anzug für Kloten und die erste Sitzung im Business Center hob sich ab im Panorama des Inselhafens.

Es hatte schon eingedunkelt, als die Nachricht wie ein Lauffeuer über die Molen kam: Die Hafenpolizei hatte unserem Schiff das Auslaufen erlaubt. Katharina und ich nahmen Platz unter vielen entspannten und zufriedenen Gesichtern aus Nordeuropa. Der Flug am anderen Morgen schien gesichert. Nur die griechischen Frauen und Männer, die kaum zum Flughafen mussten, sondern eher Verwandte auf Kos besuchen wollten, blieben voll merkwürdiger Unruhe.

Das Rätsel löste sich, nachdem unser Boot das Hafenbecken verlassen hatte. Immer noch wühlte Boreas mit Lust in seiner Ägäis. Poseidon durchfurchte weiterhin das Meer. Und die Gorgonen hoben höhnisch grinsend ihre abscheulichen Häupter aus der Flut. Die griechischen Frauen sassen eng aneinandergelehnt und schnüffelten entsetzt an mitgebrachten Zitronenhälften, während ihre Männer sich todesmutig nach draussen begaben. Von dort drangen die Antworten strapazierter Mägen herein. Die versammelte Schar gebräunter Nordländer sass gebannt auf ihren Plätzen.

Auch unsere Hände klammerten sich an den Sitz, auch unsere Füsse suchten den Ausgleich zur Dünung. Und als ich einmal durch die Scheibe in die Schwärze der Nacht starrte und dabei die Lichterkette von Kos beständig vom oberen zum unteren Fensterrand sinken und steigen sah, beschloss ich, doch lieber den meditativen Blick nach innen zu wagen.

Wir kamen an. Die Mole von Kos sah an jenem Abend eine schweigsame Menge später Urlauber, die auf unsicheren Füssen ins nächste Hotel zogen. Der Flug anderntags verlief nach Plan.

MK (1988)

Von sich zurückzutreten wie ein Maler von seinem Bilde – wer das vermöchte!
Christian Morgenstern (1908)

Wonach man jagt, das bekommt man nicht;
aber was man werden läßt, das fliegt einem zu.
Pinchas von Korez (18.Jh., Buber)

Montag

Die Gelassenheit betrifft den Menschen auch in seinem Verhältnis zu sich selber. Will er gelassen werden, dann muß er von sich selber lassen, sich selber loslassen. Das besagt: Er muß den heftigen Wünschen und Begehrungen entsagen, die stürmischen Leidenschaften beschwichtigen, den unmäßigen Traurigkeiten Einhalt gebieten, den vorwitzigen Verstand zum Schweigen bringen, das eigene Ich hintanhalten, das Herz stille machen. In diesem Sinne hängt die Gelassenheit mit der Entsagung zusammen. Immer wieder freilich empört sich das Selbst und will sein ihm vermeintlich zustehendes Recht haben; immer wieder wollen wir uns selber in unserer Eigensucht in den Vordergrund des Interesses drängen. So fällt uns die Gelassenheit nicht unversehens zu; sie ist vielmehr die Sache einer das ganze Leben hindurch währenden Übung.
Wilhelm Weischedel (1976)

Dienstag

Ziehende Landschaft

99

Man muß weggehen können
und doch sein wie ein Baum:
als bliebe die Wurzel im Boden,
als zöge die Landschaft und wir ständen fest.
Man muß den Atem anhalten,
bis der Wind nachläßt
und die fremde Luft um uns zu kreisen beginnt,
bis das Spiel von Licht und Schatten,
von Grün und Blau,
die alten Muster zeigt
und wir zuhause sind,
wo es auch sei,
und niedersitzen können und uns anlehnen,
als sei es an das Grab
unserer Mutter.
Hilde Domin (1959)

Mittwoch

Kennen Sie Menschen, die auffällig häufig von Gelassenheit reden? – Wie denken Sie im stillen darüber? – Können Sie fünf gerade sein lassen? – Ist es nicht absurd, zu jemandem, der in der Tinte sitzt, von Gelassenheit zu reden? – Hätten Sie da auch schon gerne mal Ohrfeigen verteilt? – Haben Sie Ihre Agenda im Griff, oder ist es eher umgekehrt? – Wollen Sie überall und jederzeit erreichbar sein? – Ist Ihnen die unausgesprochene Angst bekannt, im Leben etwas zu verpassen? – Womit würden Sie Ihr Lebenstempo vergleichen? – Was bringt Geduld? – Können Sie von sich selbst zurücktreten? – Als Sie es letztmals versuchten, was ist Ihnen dabei an sich selber aufgefallen? – Helfen Ihnen Übungen in Gelassenheit, die Sie sich selbst verordnen? – Brauchen Sie Leitbilder dafür? – Was stünde in Ihrem «Tagebuch einer Schnecke»?
MK (1998)

Donnerstag

Der Hut und der Fisch

Ein Fisch fand einmal einen Hut in seinem Teich. Der Hut hing an einem Ast, der aus dem Wasser ragte. Der Wind hatte den Hut übers Wasser geweht, der Ast hatte ihn aufgefangen. Da hing er nun.

«Du Armer», sagte der Fisch zum Hut. «Das ist eine wirklich schlimme Lage, in die du geraten bist. Ich wünschte, ich könnte dir helfen.»

«Ach was», erwiderte der Hut und lachte, «du brauchst mich nicht zu bemitleiden. Ich find's lustig! Ich habe zwei wirklich komische Jahre hinter mir. In einem Hutladen wurde ich an einen Bankdirektor verkauft. Der trug mich acht Monate. Dann vergaß er mich in einem Kaffeehaus. Dort hing ich einige Wochen, dann schenkte mich der Kaffeehausbesitzer einem Landstreicher. Der Landstreicher verlor mich auf einem Feld. Dort fand mich ein Bauer, und der stülpte mich auf den Kopf einer Vogelscheuche. Sechs Monate verbrachte ich auf der Vogelscheuche, und heute früh nahm mich der Wind mit und lud mich hier ab. Also ich find's wunderbar. Richtig abenteuerlich ist das!»

«Dein Gemüt möchte ich haben!» sagte der Fisch bewundernd. Da kam wieder ein Windstoß und riß den Hut von dem Ast. Hoch hinauf in die Luft wurde er geweht, dann verschwand er hinter einer Baumgruppe. Der Fisch tauchte nachdenklich unter.

Erwin Moser (1995)

101

Die Schnecke baut ihr Haus nicht,
sondern es wächst ihr aus dem Leib.
Georg Christoph Lichtenberg (1770)

Samstag

Lassen Sie sich zur Ruhe kommen (im Sitzen, Stehen oder Gehen).

Vergegenwärtigen Sie sich – wenn möglich anhand eines gefundenen Schneckenhauses –, wie ein Schnekkenhaus allmählich wächst, mitwachsend den Leib der Schnecke umschliesst und schützt.

Malen Sie sich aus, wie eine Schnecke, im Gegensatz zu uns Menschen, von ihrem Haus sprechen würde ...

Wenn es in Ihrem Lebensbereich noch möglich ist, achten Sie auf «gewachsene» Wohnungen: Schnekkenhäuser, Muschelschalen, Federn. Und falls Sie auf ein Exemplar stossen, das Ihnen gefällt und nicht mehr bewohnt ist, nehmen Sie es zur genaueren Betrachtung nach Hause.
PW (1998)

Verschwiegenheit

Jiphtach

Mein Vater ist ein grosser Mann. Alles ist gross an
ihm. Er war ein gefürchteter Bandenführer im Lande
Tob, nachdem die Leute von Gilead ihn verstossen
hatten, weil er ein Bastard war. Er war ein geschickter
Händler, als sie ihn reumütig zurückholen mussten,
weil sie keinen guten Heerführer hatten. Und jetzt ist
105 er ein anerkanntes Haupt der Gileaditer, ein weiser
Führer ihrer Soldaten, ein wortgewaltiger Unterhänd-
ler im Streit mit Ammon. Alles ist gross an ihm, auch
sein Mund.

Bevor sie dann doch gegen Ammon zogen, muss er seinen Mund weit aufgerissen und ein grosses Gelübde getan haben. Für den Fall, dass Gott, sein Name sei gelobt, ihm den Sieg gewähren würde. Für den Fall, dass die Ammoniter in seine Hand gegeben würden. Dann wolle er, Jiphtach, mein Vater, den, der ihm aus seinem Haus heraus entgegenkomme, opfern. Als Brandopfer für seinen Gott, sein Name sei gelobt.

Ich war es. Ich, die den Flügeln unserer Tür einen Stoss gab, dass sie aufgingen. Ich, die den Frauen voranzog, dass wir das Siegeslied sängen mit Handpauken und Reigentanz. Ich war es, die mein Vater als erste sah. Da schwieg er. Seine Siegermiene verfiel. Seine Feldherrnpose brach zusammen. Sein Schlachtengewand ging in Fetzen zu Boden. Mein grosser Vater lag vor mir, trauerte und schwieg. Lange lag er da, nackt im Staub der Strasse. Als hätte es einen Toten gegeben, als wäre Trauerzeit statt Siegesfeier.

Auch unsere Handpauken schwiegen, und unser Reigen war erstarrt.

«O meine Tochter», klagte er endlich: «Du bist es, die mich in die Knie zwingt? Du, die mich besiegt? O meine Tochter! Ich habe vor Gott meinen Mund aufgetan. Ich kann nicht zurück. O meine Tochter!» Da spürte ich, dass er mich liebte.

Seither weiss ich, dass er ein Gelübde getan hat. Ein grosses Gelübde, zu gross für den grossen Jiphtach. Einen schweren Stein hat er geworfen. Und der Stein ist ins Rollen geraten. Und jetzt rollt er seinen eigenen Weg. Mich wird er überrollen.

«Gesagt ist gesagt!», sprach ich ruhig. «Du hast vor Gott, sein Name sei gelobt, deinen Mund aufgetan. Nun tu, wie du versprochen hast.»

Mein Vater ist ein grosser Mann. Alles ist gross an ihm, auch sein Mund. Einen schweren Stein hat er ins Rollen gebracht. Für diesen Stein war er zu klein. Und doch weiss ich jetzt, dass Jiphtach, mein Vater, mich liebt.

MK nach Richter 11,30-39 (1996)

Der Specht befragt die Bäume;
Die hohlen sprechen laut.
Erwin Strittmatter (1967)

Montag

Scham ist wohl ein Gefühl der Profanation. Freundschaft, Liebe und Pietät sollten geheimnisvoll behandelt werden. Man sollte nur in seltenen, vertrauten Momenten davon reden, sich stillschweigend darüber einverstehen. Vieles ist zu zart, um gedacht, noch mehreres um besprochen zu werden.
Novalis (1798)

Dienstag

107

Verschwiegenheit

Ich lege an ein Schloß,
mit wohlbedachten Sinnen,
Zu schließen Herz und Mund,
und was nur bleibt darinnen,
Bringt keinem Schaden nicht.
Der ist ein rechter Mann,
Der Herz und Sinn in die
Vernunft einschließen kann.
Tobias Lucanus (1661)

Mittwoch

Wann fällt Ihnen der Spruch vom goldenen Schweigen am ehesten ein? – Im Blick auf andere oder auf Sie selbst? – Tut es Ihnen weh, sich auf die Zunge zu beissen? – Wann ist Reden Gold und Schweigen Silber? – Wie schwer tragen Sie an Geheimnissen? – Worin unterscheiden sich Verschweigen und Verschwiegenheit? – Was ist beredtes Schweigen? – Wieviel Schweigen braucht echte Partnerschaft? – Was wird erst in der Verschiegenheit vernehmbar? – Verhalten Sie sich gerne taktisch? – War Ihr Schweigen auch schon einträglich? – Wem würden Sie sofort den Rat geben zu schweigen? – Wem, endlich mal zu reden? – Fällt Ihnen das Schweigen heute leichter als früher? – Gelingt Ihnen besonnenes Dosieren? – Können Sie in Gesellschaft auf Ihren Satz warten? – Denken Sie beim Schweigen an Ihren Satz oder hören Sie zu? – Haben Sie durch Verschwiegenheit Freunde gewonnen oder verloren?
MK (1997)

Donnerstag

2 März

108

Die beiden Fässer

Es waren einst zwei Fässer: eines kam
voll Wein daher,
das andre leer,
wobei das erste hübsch im Schritt und still und zahm
sich trollte,
das andre sprungweis rollte,
so daß das Pflaster donnernd grollt' und widerhallte,
und Staub aufwallte,
und scheu beiseit sich drängte, wer vorbeigehn wollte,
weil einem jeden wurde angst und bang.
Jedoch bei allem lauten Klang –
an Nutzen überwog das erste Fäßchen lang.

Wenn einer immer viel erzählt, wie sehr er tüchtig,
dann ist's meist nicht so wichtig.
Die wirklich Fähigen sind leis und schweigsam meist;
durch seine Werke wirkt ein überlegner Geist,
und liebt es, seine Pläne zu erfüllen
im stillen.

Iwan A. Krylow (1843)

Freitag

Acción final

No sé con qué decirlo,
porque aún no está hecha
mi callada palabra.
Juan Ramón Jiménez (1936)

Letzte Tat

Ich weiss nicht wie es sagen,
denn noch immer hab ich es nicht:
mein schweigsames Wort.

Samstag

Lassen Sie sich zur Ruhe kommen. Lassen Sie in Ihrem Körper eine tiefe Stille entstehen.

Vertiefen Sie diese Stille, indem Sie auf den regelmässigen Rhythmus des Atems achten.

Versuchen Sie sich gut wahrzunehmen, und lenken Sie Ihre Aufmerksamkeit auf jene Stelle des Körpers, die Ihnen die stillste, schweigsamste zu sein scheint. Versuchen Sie zu horchen: Diese schweigsamste Stelle hält ein Wort für Sie bereit.

Wenn andere Worte und Sätze sich einstellen, verabschieden Sie sie. Warten Sie auf das Wort, das leuchtet.

Wenn Sie Zeit haben, stellen Sie jene leuchtenden Worte zusammen, die Sie in den vergangenen Jahren begleitet haben.
PW (1998)

Langsamkeit

Die Entdeckung der Zeit

113

Noch war Gottes Welt da, einfach da. Noch hatte kein Glaser eine Sanduhr geblasen, kein Glöckner eine Stunde geschlagen, kein Sterngucker einen Kalender entworfen.

Noch war die Welt da, wie sie war. Mit den Vögeln des Himmels und den Fischen im Meer, mit dem Gewürm, das im Boden kroch nach seinen Arten, den Tieren des Feldes, die aufnahmen, austrugen und warfen nach ihren Arten. Und mit den Menschen, deren Zahl bereits so gross geworden war, dass sie begannen, die Welt zu füllen.

Noch war die Zeit nicht angebrochen, sondern ganz tief in der Welt versteckt, und keiner vernahm ihr Ticken.

Da sprach Gott: «Es ist nicht gut, dass der Mensch ohne Zeit sei. Ich will sie hervorholen und sie ihm eröffnen. Denn die Zeit ist reif. Und der Mensch ist nicht Gott!» Und Gott machte seine Zeit sichtbar.

Von da an wurden die schönen Töchter des Menschen ihrer Zeit gewahr, und die grossen Söhne sahen ihre Grösse. Aber sie entdeckten auch die Schatten der Augen, wie sie wuchsen, die Falten der Mundwinkel, wie sie sich vertieften, den Silberglanz des Haars, der ihnen ihre Jahre zeigte. Sie entdeckten das Altern und den Wandel der Schönheit und die Beugung der Grösse. Sie entdeckten den Hauch der Vergänglichkeit, den vorher nur Abel erlebt hatte.

Da beklagten sie sich und schrien zu Gott: «Warum wurden wir geboren? Nur um zu vergehen?»

Gott aber hatte seine Welt immer noch gern, auch die gezeitigte Welt. Und er liebte die besondere Schönheit ihrer zeitlichen Spuren. Darum sprach er: «Eure Lebenszeit sei 120 Jahre. Und sie sei rund wie der Kreis des Jahres und schön wie der Lauf der Gestirne und ganz wie die endlose Uhr.»

Und so geschah es: Die Menschen richteten sich ein in der Zeit. Sie lernten ihre Masse und spürten den Preis ihrer Masslosigkeit. Sie erfuhren den runden Augenblick, den schönen Moment, die Ganzheit im Nu. Und das erinnerte sie gelegentlich an die Zeit vor der Zeit.

Sie nannten das Glück.

MK nach Genesis 6,1-4 (1996)

Wer seiner Zeit nur voraus ist,
den holt sie einmal ein.
Ludwig Wittgenstein (1930)

Montag

Der Langsame

Im Zeitalter blinder Beschleunigungen begegnet Gott unter dem Aspekt der Langsamkeit. «Langsamer Mann» war Oskar Loerkes Bezeichnung für Jesus:
«Schon brennt die Welt, langsamer Mann,
im Aufgehn deiner Wunde.
Dann kommst du selbst, langsamer Mann,
heran aus ihrem Grunde.»
Und bei E. M. Cioran lese ich jetzt: «Solange der Mensch im Schlepptau Gottes war, kam er langsam voran, so langsam, daß er es nicht einmal wahrnahm. Seit er in niemandes Schatten mehr lebt, beeilt er sich und klagt darüber und würde alles geben, um den einstigen Rhythmus wiederzufinden.»
Kurt Marti (1979)

Dienstag

Aquellos veranos

Lentos veranos de niñez
Con monte y mar, con horas tersas,
Horas tendidas sobre playas
Entre los juegos de la arena,
Cuando el aire más ancho y libre
Nunca embebe nada que muera,
Y se ahondan los regocijos
En luz de vacación sin tregua,
El porvenir no tiene término,
La vida es lujo y va muy lenta ...
Jorge Guillén (1962)

Jene Sommer

Langsame Sommer der Kindheit
mit Berg und Meer, mit glatten Stunden,
Stunden ausgestreckt an Stränden
zwischen den Spielen im Sand,
da die Luft, weiter und freier,
niemals etwas durchtränkt, das stirbt,
und die Genüsse tiefer werden
in ununterbrochenem Ferienlicht,
die Zukunft hat keine Grenze,
Überfluss ist das Leben und geht sehr langsam ...

Mittwoch

Wann haben Sie letztmals einen Schatten wandern sehen? – Welche Geschwindigkeit hat Ihr Denken? – Kann Ihr Empfinden mit Ihrem Denken Schritt halten? – Wann fällt Ihnen auf, dass Sie sich selbst voraus sind? – Worin sind Sie sich hinterher? – Geben Sie Ihren Begabungen Zeit? – Welche Augenblicke würden Sie gerne wiederholen? – Spüren Sie den Kuss der Muse? – Wieviel Mobilität brauchen Sie wirklich? – Haben Sie schon einmal Zeit verschenkt? – Worin unterscheiden sich in Ihrem Empfinden Langeweile und Langsamkeit? – Was bedeutet Ihnen Zeitvertreib? – Kennen Sie einen langsamen Film? – Kommt Ihnen eine Musik in den Sinn, bei der Sie die Zeit vergessen? – Erlauben Sie sich das Kinderspiel am Strand? – Marschieren Sie oder laufen Sie? – Welche Zeitsymbole sind Ihnen die liebsten?
MK (1997)

Donnerstag

Der verachtete Rat

Man darf nie weniger geschwind tun, wenn etwas geschehen soll, als wenn man auf die Stunde einhalten will. Ein Fußgänger auf der Basler Straße drehte sich um und sah einen wohlbeladenen Wagen schnell hinter sich hereilen. «Dem muß es nicht arg pressieren», dachte er. – «Kann ich vor Torschluß noch in die Stadt kommen?» fragte ihn der Fuhrmann. – «Schwerlich», sagte der Fußgänger, «doch wenn Ihr recht langsam fahrt, vielleicht. Ich will auch noch hinein.» – «Wie weit ist's noch?» – «Noch zwei Stunden.» – «Ei», dachte der Fuhrmann, «das ist einfältig geantwortet. Was gilt's, es ist ein Spaßvogel. Wenn ich mit Langsamkeit in zwei Stunden hineinkomme», dachte er, «so zwing ich's mit Geschwindigkeit in anderthalber und hab's desto gewisser.» Also trieb er die Pferde an, daß die Steine davonflogen und die Pferde die Eisen verloren. Der Leser merkt etwas. «Was gilt's», denkt er, «es fuhr ein Rad vom Wagen?» Es kommt dem Hausfreund auch nicht darauf an. Eigentlich aber, und die Wahrheit zu sagen, brach die hintere Achse. Kurz, der Fuhrmann mußte schon im nächsten Dorf über Nacht bleiben. An Basel war nimmer zu denken. Der Fußgänger aber, als er nach einer Stunde durch das Dorf ging und ihn vor der Schmiede erblickte, hob er den Zeigfinger in die Höhe. «Hab' ich Euch nicht gewarnt», sagte er, «hab' ich nicht gesagt: Wenn Ihr langsam fahrt!»

Johann Peter Hebel (1811)

117

Zeit urbar machen.
Georg Christoph Lichtenberg (1773)

Samstag

Lassen Sie sich zur Ruhe kommen. Lassen Sie in Ihrem Körper eine tiefe Stille entstehen.

Vertiefen Sie diese Stille, indem Sie auf den regelmässigen Rhythmus des Atems achten.

Versuchen Sie als inneres Bild zu sehen: eine weite Landschaft, Steppe, Wälder; so liegt die Zeit vor Ihnen, Sie können sie gestalten, rhythmisieren, «urbar machen».

Versuchen Sie sich unter diesem Bild den kommenden Tag als einen offenen Zeitraum zu vergegenwärtigen: Er wartet auf Ihre Gestaltung.

Nehmen Sie sich heute Zeit, in eigenen Sätzen zu skizzieren und zu beschreiben, wie dies aussehen könnte: einen Tag urlangsam und ganz bewusst zu verbringen.
PW (1998)

Achtsamkeit

Elia

Der Prophet war müde und leer. Er fühlte sich wie ein ausgebranntes Holzscheit. Eine kleine Erschütterung nur, und er würde zu einem Häuflein Asche zerfallen. Elia wollte nicht mehr. Allzeit hatte er grobes Geschütz aufzufahren, überall musste er harte Worte ausrichten. Und immer wird der Esel geschlagen, wenn sein Sack nicht gefällt. Elia war es leid, der Esel zu sein.

Er machte sich gen Süden davon, liess in Beersheva 120
seinen Gehilfen zurück und zog einen Tag lang mitten hinein in die menschenleere Wüste. Keinem etwas sagen, niemanden sehen, nichts hören, das brauchte er, und die grosse Einöde und Leere war der willkommene Spiegel seiner Seele. Vergeblich wie das Leben, das hier nur lebte, um rasch zu vergehen, kam auch er sich vor: «Es ist genug, Gott!», rief er ins Nichts hinein, «Nimm mein Leben, das nicht mehr vermag als meine Väter!»

Als es Abend wurde, legte er sich unter einem Ginsterstrauch schlafen. Er träumte wirr. Zweimal schien ihm, ein Engel hätte ihn berührt, und eine Stimme blieb ihm im Ohr: «Steh auf und iss, denn dein Weg ist noch weit.» Am anderen Morgen kam ihm die Erinnerung an seinen Traum, und im gleichen Moment fielen seine Augen auf eine Schale mit geröstetem Brot und einen Krug mit frischem Wasser. Sie mussten schon lange neben seinem Kopf gestanden haben.

Das Leben ging weiter. Elia zog davon und irrte viele Tage lang kreuz und quer durch ein unermessliches Niemandsland. Zuletzt stand er vor einem grossen Berg, und er fragte sich, ob dies wohl der «Gottesberg» wäre, von dem man sich uralte Geschichten erzählte, oder das Ziel, das ihm die Stimme im Traum beschieden hatte. Brot und Wasser jedenfalls waren aufgebraucht. «Es ist genug, Gott!», rief Elia den Berghang hinan. «Lass dich blicken, Gott der harten, groben Worte!»

Für die Nacht suchte er eine Höhle am Fuss des Berges und legte sich schlafen. Wieder träumte er wirr. Und wieder meinte er, eine Stimme zu hören: «Was erwartest du hier, Elia?» Ein Streiten erhob sich im Traum, zwischen ihm, der zu lang schon Gottes Esel war, und Gott, der ihm nur schwere Säcke aufband. Was aber vom Traum blieb, war ein einziger Satz: «Geh hinaus und tritt vor den Gottesberg!» Als er anderntags erwacht war, trieb ihn dieser Splitter der Nacht hinaus vor den mächtigen Berg.

Da schleuderte der Berg plötzlich Asche aus sich heraus, gewaltig quellende Wolken türmten sich auf, ein Sturm erhob sich, und in Windeseile waren der Berg und seine Umgebung in undurchdringliches Grau gehüllt. Elia erstarrte. «So bist du», schrie er, doch er war es nicht. Nach dem Aschesturm kam das Erdbeben. Steine tanzten, Felsen stürzten, Hänge rutschten, und in endlosen Sekunden trieben gewaltige Erschütterungen Risse in den Boden. Elia klammerte sich an einen Baum. «Auch so bist du!», schrie er, doch er war es nicht. Auf das Erdbeben folgte der Feuerfluss. Bäche glühend roter Lava krochen die Hänge herab, vereinigten sich zu Flüssen, verbrannten und schmolzen alles, was ihnen im Weg war, und wälzten sich mit gewaltiger Hitze in die Ebene vor. Elia rettete sich auf einen Felsen. «Und so bist du auch!», schrie er, doch er war es nicht.

Lange sass er dort. Der Aschesturm legte sich, das Erdbeben ebbte ab, der Feuerstrom erkaltete. Elia rührte sich nicht. Da spürte er auf seiner heissen Wange das Flüstern eines leisen Windes. Elia nahm seinen Umhang und verhüllte sein Gesicht. «So bist du?», murmelte er.

Nach einer unbestimmten Zeit der Stille machte sich Elia auf den Rückweg, vorsichtig, denn nun verstand er die Sprache der Luft, der Erde und des Feuers, und gemächlich, denn der zarte Gesang des Windes begleitete ihn. Er spürte verborgene Quellen auf, die seinen Durst stillten, und fand wilde Feigen und wilden Wein, die ihn köstlich nährten. Er sah, wie selbst die grosse Leere lebte, und das erfüllte ihn.

MK nach 1.Könige 19,1-18 (1998)

Sogar eine Tasse Tee wird dich zu einer «Antwort» zwingen, wenn du sie trinkst.
Idries Shah (1970)

Montag

«Ich weiß überhaupt nicht, was das ist: glücklich sein. Ich weiß nur, daß ich es sehr wichtig finde, soviel wie möglich hören und sehen und riechen zu können, daß meine Sinnesorgane möglichst gut funktionieren.» – «Wie meinst du das?» – «In diesem Frühjahr ging ich an einer ungemähten Straßenböschung entlang. Ganz hohes Gras. In der Spitze einer fast ausgewachsenen Segge sang ein Feldschwirl. Ich konnte ihn sehr gut sehen, meistens sieht man sie nämlich nicht, sondern hört sie nur. Aber das Verrückte war, daß ich ihn zwar sah und auch sah, daß er sang, denn er sperrte seinen Schnabel weit auf, aber ihn nicht hören konnte. Sein Gesang ist sehr hoch, wie das Zirpen einer Grille, und mein Gehör hat mittlerweile so nachgelassen, daß ich ihn nicht mehr hören kann. Siehst du, damals fühlte ich mich wirklich unglücklich – weil mir eine Möglichkeit der Wahrnehmung abgeschnitten war.» – «Könnte ich den Feldschwirl noch hören?» – «Bestimmt, aber verstehst du, worauf ich hinauswill? Eigentlich lebt man immer in der Vergangenheit oder in der Zukunft, nie in der Gegenwart, nie im Augenblick selbst. Der Moment muß Größe bekommen, man muß sehen können, daß die Schatten der Morgensonne anders sind als die der Mittagssonne, hören können, daß Insekten im Frühling anders summen als im Herbst.»
Maarten 't Hart (1978)

Dienstag

Das scheue Licht

Kein Geheimnis
ist greifbar
mit habsüchtiger Hand
weder der Sternenglanz
am Himmel noch
sein Widerschein
im See und
niemals
die Liebe
das scheue Licht
zwischen uns.
Magdalena Rüetschi (1992)

Mittwoch

Worauf achten Sie bei der Vorbereitung eines Festmahls? – Beeinflusst Ihre Achtsamkeit die Qualität des Zusammenseins? – Welche Sprache spricht eine Farbkombination, eine Speisefolge, eine Sitzordnung? – Lassen Sie sich lieber von Konventionen und Empfehlungen leiten oder von Ihrer persönlichen Art der Achtsamkeit? – Welche Echos löst Achtsamkeit aus? – Was bedeutet es Ihnen, dass Sie, so wie Sie sind, einzig sind auf der Welt? – Hat schon mal jemand nur durch die Art seines Zuhörens Gedanken aus Ihnen hervorgeholt, von denen Sie nichts ahnten? – Können Blicke verwandeln? – Wie reagieren Sie auf Unachtsamkeit? – Was wünschen Sie dem Unachtsamen? – Wenn Sie in der Grundschule «Achtsamkeit» als Fach einführen könnten, was stünde im Unterrichtsplan? – Ein achtsamer Politiker, eine achtsame Naturwissenschaftlerin, eine achtsame Managerin, woran sind sie zu erkennen?
MK (1998)

Donnerstag

Der Knabe und die Schlange

Ein Knabe, in der Meinung, einen Aal
zu fangen, packte eine Schlange, und vor Schrecken
blieb ihm der Schrei im Halse stecken.
Die Schlange maß ihn scharf ein übers andre Mal,
und sprach:
«Hör, willst du fernerhin so töricht bleiben,
so nimmt man deine Keckheit nicht stets so bequem.
Für diesmal geht's dir durch;
doch künftig schau, mit wem
du Scherz willst treiben.»
Iwan A. Krylow (1843)

Freitag

125

Verachte keinen.
Halte nichts für unmöglich.
Ein jeder hat seine Stunde.
Und jedes Ding seinen Ort.
Ben Azzai (3.Jh., Shapiro)

Samstag

Lassen Sie sich zur Ruhe kommen. Lassen Sie in Ihrem Körper eine tiefe Stille entstehen.

Vertiefen Sie diese Stille, indem Sie auf den regelmässigen Rhythmus des Atems achten.

Verbinden Sie mit dem Ausatmen – als gedachten oder innerlich gesprochenen Klang – ein Ja: Ja zum konkreten Atemzug, Ja zur Stunde, die hinter Ihnen liegt, Ja zu den Dingen, die Ihnen einfallen.

Beobachten Sie, ohne zu werten, in welchen Momenten es Ihnen leicht fällt und in welchen Momenten es Ihnen schwer fällt, dieses Ja zu sprechen.
PW (1998)

Gerechtigkeit

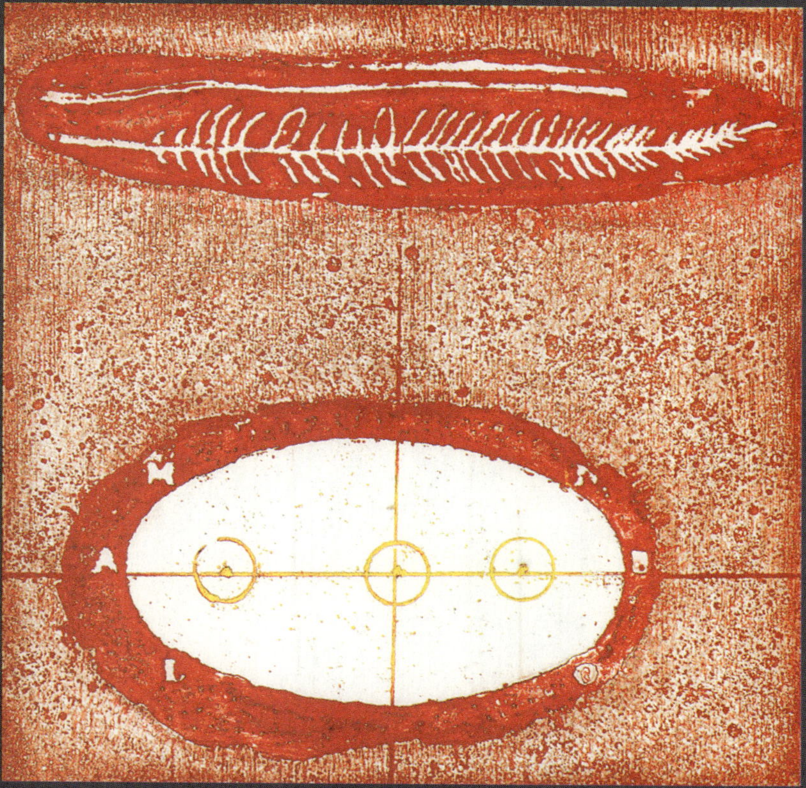

Gerechtigkeit

In der bildenden Kunst ist sie von allen vier Kardinaltugenden die beliebteste. Da tritt sie nicht nur, wie es sich schickt, im Reigen ihrer Schwestern auf, sondern häufig auch allein, im Giebel, über dem Portal oder auf dem Brunnenstock, erkenntlich auf den ersten Blick an ihren drei Attributen: Waage, Schwert und Augenbinde. Sie wägt ab: Argument gegen Argument, Anspruch gegen Anspruch, Schuld gegen Schuld, und sie entscheidet: Recht oder Unrecht, Freispruch oder Strafe, und beides tut sie ohne Ansehen der Person. So kennt man die Gerechtigkeit, und so versteht man sie noch heute: als die Tugend, die gefordert ist, wo immer im menschlichen Zusammenleben unterschiedliche Interessen aufeinanderprallen.

Damit ist zugleich auch angesprochen, worin sich die Gerechtigkeit grundsätzlich von den drei andern Kardinaltugenden unterscheidet und weshalb sie so selbständig auftreten kann: Ihr fehlt zum einen der Charakter des Fakultativen, Freiwilligen, den wir der Tugend zubilligen; sie ist nicht empfohlen, erwünscht oder gefragt, sondern verlangt; man kann sie im Unterschied zu Weisheit, Tapferkeit oder Besonnenheit auch juristisch und staatlich einfordern. Und sie kann zum zweiten nicht wie Weisheit, Tapferkeit oder Besonnenheit von einzelnen für sich allein geübt werden, sondern muss sich in der Beziehung zu andern bewähren; «iustitia est ad alterum», die Gerechtigkeit hat es mit dem andern zu tun. Beides zusammen begründet noch einen dritten Unterschied: Was für das Zusammenleben der Menschen erforderlich ist, muss durch Institutionen garantiert werden, Gerechtigkeit ist deshalb nicht nur von Personen, sondern auch von Gesetzen, Ordnungen oder Strukturen gefordert, sie manifestiert sich nicht nur in der Gesinnung, sondern auch in den Verhältnissen. Die Gerechtigkeit fällt also in mehr als einer Hinsicht aus dem Rahmen des geltenden Tugendbegriffs. Das ist bei Platon so, bei Aristoteles und erst recht im biblischen Denken.

In Platons Konzept ist die Gerechtigkeit keiner der drei Seelenschichten zugehörig, sondern als regulatives Prinzip dafür verantwortlich, dass jeder Seelenteil und die ihm zugewiesene ordnende Kraft zu ihrem Recht kommen und damit ihrerseits in Ordnung sind. Die Gerechtigkeit schafft also auf höherer Ebene im Konzert der Tugenden, was die Besonnenheit auf niedrigerer Ebene im Konzert der Triebe leistet: sie sorgt für das rechte Mass und bewirkt so die Harmonie der Seele. Gerecht ist der Mensch, wenn er mit sich selbst in Ordnung ist.

Bei Aristoteles ist die Gerechtigkeit die «vollkom-
129 mene Tugend», weil sie das, was sie ist, zugleich auch schafft und weil sie «den andern gegenüber» zur Anwendung kommt. Mit dieser Charakterisierung hat Aristoteles die Gerechtigkeit aus dem platonischen Elfenbeinturm herausgeholt und in den gesellschaftlichen Bereich hineingestellt. Seine Unterscheidung einer ausgleichenden Gerechtigkeit, die Gleichheit schafft, indem sie allen direkt das Gleiche gibt (gleiches Vergehen – gleiche Strafe), und einer austeilenden Gerechtigkeit, die Gleichheit schafft, indem sie allen proportional zu ihrer faktischen Ungleichheit Ungleiches gibt (niedriges Einkommen – niedrige Steuern, höheres Einkommen – höhere Steuern), ist bis heute nicht überholt; was allerdings, auch bis heute, immer wieder zur Diskussion steht, ist die Frage, wo die eine und wo die andere Gleichheit gerecht ist.

Im biblischen Denken schliesslich nimmt die Gerechtigkeit eine derart zentrale Stellung ein, dass von ihr nicht einmal mehr als einer höchsten Tugend, sondern als einem höchsten Lebenswert gesprochen werden muss. Höchsten Lebenswert im Alten Testament hat nicht das, was einer absoluten Idee entspricht, sondern was Gemeinschaftsverhältnisse beständig macht und erhält. Gerecht ist darum nicht, wer einer sittlichen Norm genügt, sondern wer den besonderen Ansprüchen, die eine Beziehung stellt, gerecht wird. Da Menschen in vielerlei Beziehungen leben, gibt es auch vielerlei Weisen, gerecht zu sein, sie alle aber sind gehalten und durchdrungen von der Gerechtigkeit der einen Beziehung, die über allen menschlichen Beziehung steht: dem Bund Gottes mit seinem Volk. Dieser ist von Gott gestiftet, und darum ist Gerechtigkeit zuallererst Gottes eigene Gerechtigkeit, das, was von seiten Gottes seit der Schöpfung zur Gestaltung und Erhaltung dieser Beziehung «geboten» wurde, und erst in zweiter Linie die Gerechtigkeit des Volkes oder des einzelnen, die darin besteht, «das Gebotene» anzuerkennen: sich darüber zu freuen, daran festzuhalten und sich darauf zu verlassen. Das gilt auch für das Neue Testament, auch wenn dort unter dem «Gebotenen» nicht das Gebot, sondern die Gnade verstanden wird. Hier wie dort beruht die Gerechtigkeit, die «gute Beziehung», auf einem Angebot und nicht auf einer Leistung.

gzd (1999)

Nüchternheit

Ham und Noah

Was hätte ich denn machen sollen! Wegsehen vielleicht, die Augen verschliessen? Oder einfach so tun, als hätte ich nichts gesehen? Wo er doch zu sehen war wie sonst nie!

Ham legt sein Rebmesser zur Seite, mit dem er ge- 132
dankenversunken an einer Rute herumgeschnitzt hat. Er muss aufpassen. Seine Brüder dürfen ihn nicht beim Faulenzen erwischen.

Das war ein verrückter Anblick! Der Alte im Vollrausch. Der grossen Flut war er entkommen, Noah, der bekannte Landmann. Entronnen dem Schaukeln und Schwanken, dem Stampfen der Holzkiste im endlosen Meer, dieser ungeheuren Bodenlosigkeit. Er, der Bauer, dessen Füsse festen Boden liebten. Unerwartet nüchtern hatte er das ganze Unternehmen geführt, besorgt um die gerechte Verteilung der knappen Räume, der Nahrung.

Ham vergisst sich und seine Arbeit. Er ist wieder in der Kiste, spürt die Dünung, sieht seinen Vater auf Deck, die Beine zum Ausgleich des Seegangs leicht gespreizt.

Aber der kleinen Flut, der erlag er, der nüchterne Noah, der immer alles im Blick hatte und jedem das Seine zukommen liess. Der bodenständige Seefahrer, der seine Söhne hierhin beordert und dorthin befohlen hatte und sich selbst nie gehen liess. Im bodenlosen Weindusel versank er, der Held der Flut, den alle nur bewunderten. Still und heimlich tauchte er ab.

Ham muss sich ducken. Weiter hinten hört er seine Brüder miteinander reden. Erst als er sie nicht mehr versteht, richtet er sich wieder auf, in der Rechten das
133 Rebmesser.

Ein verrückter Anblick! Sein runzliger Wurm. Schlaffheit im Schlaf und nichts von Mannespracht. Bodenlose Ermüdung und bar jeder Stärke. Die Beine leicht gespreizt, das Gewand verrutscht, der entblösste Patriarch! Hätte ich das nicht geniessen sollen, das Bild nicht auskosten, ihn nicht zur Neige trinken, diesen verrückten Augenblick?

Hams Rechte krampft sich ums Messer, dass die Knöchel erblassen. Von den Brüdern ist nichts mehr zu hören. Ham hebt das Haupt.

Als ich ihn so vor mir sah, dies mächtige Häuflein, da hätte ich ihn fassen können, meinen Tag draus machen, seine Herrschaft antreten. Hab ich aber nicht. Nur gegafft hab ich, ich weiss nicht, wie lang. Und es den andern gesagt, Sem und Japhet, die er auch unter seinem Befehl hatte. Das hätte ich nicht tun sollen!

Hams Blick schweift müde durch die winterdürren Stöcke. Der Frühling drückt schon im Saft und macht die Augen prall. Geile Tropfen saften heraus. Bald werden sie Blüten treiben und ins Laub schiessen.

Einfach gescholten haben sie mich, statt den seltenen Spass zu teilen. Was ich da getan hätte! Getan? Nur gegafft habe ich, sonst nichts. Sie nahmen sein Gewand, legten es sich auf die Schultern, gingen rückwärts, um ja nichts zu sehen, die Guten, Harmlosen, Einfältigen. Und warfen es über ihn, der immer noch bodenlos schlief, weinselig weit weg. Zur Ehre des Vaters, meinten sie.

Ein Erdbrocken trifft Hams Schulter. Die scharfe Herrenstimme des Bruders reisst ihn aus der Erinnerung. Hier werde gearbeitet, tönt es von oben herab. Faulenzen könne er am Abend, wenn er mit seiner Reihe endlich fertig sei. Ham macht sich beflissen an die Arbeit.

Verrückt! Nach der grossen Flut hatte sich alles so gut angelassen. Der Vater legte seinen Weinberg an, wir Brüder versorgten die Tiere und Saaten. Aber nach Noahs kleiner Flut wurde alles anders. Dass ich ihn klein gesehen hatte, im Rausch ertappt und mich am Anblick geweidet ... Was hätte ich denn tun sollen? Knecht solle ich sein, schrie er, ausser sich vor Zorn, als er wieder nüchtern war, Knecht meiner Brüder.

MK nach Genesis 9,18-25 (1996)

Was auf Vollendung Anspruch erhebt,
gehört nicht mehr zur Sache
Elazar Benyoëtz (1992)

Montag

Man vernarre sich nicht in Rollen, die man Andere spielen sieht, auch wenn man sie für schöner und interessanter halten mag als die eigene. Man spiele diese und nur diese! Ein echter Chorist ist besser als ein falscher Heldentenor, ein ehrlicher Schüler besser als ein vermeintlicher Meister auf eigene Faust – ganz abgesehen davon, daß es vor Gott keine guten und weniger guten Rollen gibt, sondern nur die richtigen, die eben die sind, die er einem Jeden zugeteilt hat.
Karl Barth (1951)

Dienstag

Stickmuster-Spruch fürs Kopfkissen

Sobald man beginnt,
Gespenster zu sehen,
Und spärlich bekleidet
Spazierenzugehen,
Von Türmen zu sinken,
Im Bad zu ertrinken,
– Sobald man sich duzt
Mit Dämonen und Drachen,
Empfiehlt es sich, schleunigst
Aufzuwachen.
Mascha Kaléko (vor 1945)

Mittwoch

Würden Sie, wenn der Tag beginnt, am liebsten im Bett bleiben, die Decke über den Kopf ziehen und weiterschlafen? – Oder allenfalls auch weiterträumen, sofern es liebliche Träume sind? – Stellen Sie sich dem neuen Tag gerne? – Sind Sie gespannt darauf, was er bringen wird und wie er es bringen wird? – Falls Sie zur Bettdecke neigen: Wie ziehen Sie sich tagsüber aus der Affäre? – Hilft Ihnen ein guter Schluck Wein, eine Schachtel Pralinen, die Lieblingsserie am Fernsehabend? – Apropos Abend, und Sie schauen auf den Tag zurück: Sind Sie schnell einmal zufrieden mit dem, was gelaufen ist? – Oder sind Sie nie zufrieden? – Können Sie sich vorstellen, dass Sie am selben Tag grossartig und komisch waren? – Werden Sie sich selbst gerecht oder nur selbstgerecht?
PW (1998)

Donnerstag

Hund und Pferd

Ein Hund sprach spöttisch einst zu einem Pferd, 136
das sich mit ihm im Dienst desselben Meisters plagte:
«Du spielst dich wichtig auf,
doch bist du nicht viel wert;
kein Schade wäre es, wenn man vom Hof dich jagte.
Ein großes Werk, den Wagen ziehn, den Pflug!
Und damit tust du dir wahrhaftig schon genug?
Und damit willst du dich im Ernst
mit mir vergleichen?
Nicht tags, nicht nachts darf ich vom Dienste weichen.
Tagsüber bin ich Hüter bei der Herde drauß,
und nachts bewache ich das Haus.»
«So ist's, dem ist nichts beizufügen – »
das Pferd zum Hunde spricht's –
« – als höchstens etwa das: würd ich nicht pflügen,
was hättst du überhaupt dann zu bewachen? Nichts.»
Iwan A. Krylow (1843)

Freitag

Es gibt kein schlechtes Wetter,
wenn ich nicht schlecht bekleidet bin.
Erwin Strittmatter (1967)

Samstag

Stille und Wachheit nach innen und nach aussen. Sammeln Sie sich, indem Sie auch den Raum, in dem Sie sich befinden, in die Sammlung miteinbeziehen.

Wie war es im vergangenen Urlaub: Waren Schlechtwettertage Tage im Haus beziehungsweise verlorene Tage? Oder waren Sie entsprechend ausgerüstet?

Sind Sie ein Mensch, der kritisiert, allenfalls grollt und schmollt, oder richten Sie sich den Umständen entsprechend ein?

Ein Grundsatz der buddhistischen Zen-Mönche lautet: Jeder Tag – ein guter Tag! Könnten Sie einen solchen Grundsatz auf Ihren Alltag übertragen, oder widersteht er Ihnen? Klingt ein solcher Satz für Sie anpasserisch oder herausfordernd? Verkosten Sie ihn innerlich.
PW (1998)

Unbestechlichkeit

Die Mär von der Gerechtigkeit

Es war einmal ein junger Mensch, der wagte sich ins grosse Leben hinaus. Er wollte alles richtig machen. Er hatte Ideale.
Vor allem gerecht wollte er sein, wenigstens er. Er war schon alt genug, um zu wissen, dass gerecht zu sein bedeuten würde, auf dem Hochseil zu gehen. Aber er

hatte Mut. Er wollte aufs Seil. Also ging er zu einer alten weisen Frau. Die gab ihm eine Stange.

«Die Stange der Gerechtigkeit», sagte sie, «sie wird dich halten, solange du sie hältst.»

Kaum hatte der junge Mensch die Stange zur Hand genommen, und sie lag ihm gut in der Hand, und er hatte sie sicher im Griff, da stürmte er auch schon davon. Schnurstracks aufs Seil ging sein Weg. Jetzt war er oben. Und es ging ganz gut.

«Nicht nach links schauen», hatte die weise Frau ihm noch zugerufen. «Auch nicht nach rechts. Immer gerade aus. Immer aufs Ziel zu. Immer aufrecht.»

Doch eines hatte der junge Mensch vergessen: Er hatte seine Ohren nicht verstopft. Und vieles bekam er zu hören.

Lockende Stimmen drangen herauf, schmeichelten ihm und klangen verführerisch: «Du bist gut, sehr gut! Keiner kann das wie du. Und du kannst noch viel mehr aus dir machen. Lass dich fallen. Wir fangen dich auf. Du sollst es bequem haben bei uns. Schenk uns deinen Schwung. Verkauf uns deinen Mut. Wir geben dir Geld. Sei nicht dumm, sonst macht's ein anderer. Es soll dein Schaden nicht sein. Wir bauen dich auf, wir werden dich zu etwas machen. Du wirst wer sein. Sieh uns an, wie wir heute dastehen. Wir haben Erfahrung. Nur keine falsche Bescheidenheit. Skrupel lohnen sich nicht. Lass dich nur fallen!»

Auf der anderen Seite hingegen wisperte es traurig und leer herauf: «Müh dich nicht. Früher oder später wirst du von selber fallen. Einst waren wir wie du. Aber es lohnt sich nicht. Du verbrennst dir nur die Finger, holst dir einen blutigen Kopf. Auslachen werden sie dich, dich nicht ernst nehmen. Deine Ideale in Ehren, aber sie werden nichts verändern, nichts bewirken. Nur verdampfen wie dein Schweiss. Niemand ist deine Mühe wert. Du wirst dich verzehren für nichts. Und am Ende stehst du allein. Lass dich fallen. Wir bergen dich und trösten dich. Wir haben Erfahrung und Verständnis.»

O die Stimmen von beiden Seiten! Die säuselnden und wispernden Stimmen aus der Tiefe! Daran hatte er nicht gedacht! Sie liessen ihn zittern. Brachten ihn mehr und mehr ins Schwanken. Noch balancierte er, aber nicht mehr aufrecht. Und wirklich, nach einiger Zeit entglitt ihm die Stange, und er fiel. Doch niemand war da. Keiner half. Der Abgrund blieb leer und still.

Er hatte Glück im Unglück. Nach einiger Zeit erholte er sich von seinem Sturz. Wütend und gebückt humpelte er zu der weisen Frau.

«Du hast mir nicht gesagt, dass ich die Ohren verstopfen muss!» Sie aber sagte nur: «Gegen die Stimmen gibt es kein Mittel. Man muss die Stange ihnen zum Trotz halten. Und aufrecht bleiben dabei.»

MK (1995)

Wenn du nun Almosen gibst,
soll deine linke Hand nicht wissen,
was deine rechte tut.
Matthäus 6,3 (Bibel)

Montag

Ein Mann, der sich von allen lächerlichen Vorurteilen freigemacht und durch Erfahrung sowohl wie durch Philosophie die vollkommene, aufrichtige und dauernde Überzeugung gewonnen hat, daß Vermögensunterschiede für das Glück eine geringere Rolle spielen, als man sich gewöhnlich einbildet, ein solcher Mann stuft seine Hochachtung nicht nach dem Zinseinkommen seiner Bekannten ab.
David Hume (1777)

Dienstag

soviel aber
lernte auch ich:

nicht alles glauben
nicht alles schlucken
nicht alles tun

sie lügen wie gedruckt
sie lügen wie am bildschirm

sei dir zu gut
sei dir zu schade
es geht um dein leben!
Kurt Marti (1987)

Mittwoch

Gibt es für Sie unbestrittene Fachleute, Personen, denen sie alles abkaufen? – Gibt es für Sie Menschen, vor denen Sie, natürlich unsichtbar, leicht in die Knie gehen, wenn Sie ihnen gegenüberstehen, ihnen zuhören oder mit ihnen sprechen? – Gibt es Vorgesetzte, die es Ihnen leicht und selbstverständlich machen, die Rolle einer untergeordneten Person einzunehmen? – Gibt es Untergebene, die es Ihnen leicht und selbstverständlich machen, Entscheide und Anordnungen zu treffen, ja stellvertretend für diese Leute zu denken? – Gibt es jemanden, mit dem Sie sich gern in einer grösseren Öffentlichkeit zeigen würden? – Gibt es jemanden, mit dem Sie sich in der Öffentlichkeit nie zeigen würden? – Gibt es eine bestimmte Geldsumme, und Sie lassen mit sich reden?
PW (1998)

Donnerstag

Der Bauer und der Wassermann

Einem Bauer fiel das Beil in den Fluß, er setzte sich bekümmert ans Ufer und weinte.
Das hörte der Wassermann; der Bauer tat ihm leid, und er brachte aus dem Fluß ein goldenes Beil. «Dein Beil», sagte er. Der Bauer sagte: «Nein, nicht meins.» Der Wassermann zeigte ihm ein anderes, ein silbernes Beil. Der Bauer sagte wieder: «Das ist nicht mein Beil.» Jetzt brachte der Wassermann das richtige zum Vorschein. Der Bauer sagte: «Das ist mein Beil.» Der Wassermann schenkte ihm alle drei.
Zu Hause zeigte der Bauer die Beile seinen Nachbarn und erzählte, wie es zugegangen war.
Da kam ein anderer Bauer auf den Gedanken, es genauso zu machen. Er ging an den Fluß, warf absichtlich sein Beil ins Wasser, setzte sich ans Ufer und weinte. Der Wassermann brachte das goldene Beil hervor und fragte: «Dein Beil?» Der Bauer war hoch erfreut und rief: «Meins, meins!» Aber der Wassermann gab ihm weder das goldene noch das, welches er ins Wasser geworfen hatte.
Leo N. Tolstoi (o. A.)

Ehrlich sein: einsam sein.
Max Frisch (1950)

Samstag

Stille und Wachheit nach innen und nach aussen. Sammeln Sie sich, indem Sie auch den Raum, in dem Sie sich befinden, in die Sammlung miteinbeziehen.

Wenn Sie eine Stille gefunden haben, in der Sie verweilen können, vergegenwärtigen Sie sich – bewusst und zufällig – Personen aus Ihrem Freundes- und Bekanntenkreis. Erspüren Sie sie: Gibt es unter ihnen einsame Menschen?

Erspüren Sie: Was sind die Gründe, weshalb die einzelnen einsam sind. Zählt zu den Gründen auch die Ehrlichkeit?

Vergegenwärtigen Sie sich die Personen ein weiteres Mal: Wer von ihnen würde Sie für einen einsamen Menschen halten. Aus Ehrlichkeit?
PW (1998)

Grossmut

Joseph

Erster Abend in Ägypten. Palastareal des Pharao. Haus des Obersten der Leibwache.
Ich bin jetzt siebzehn. Mein Herr hat mich den Kaufleuten abgekauft, die mich nackt aus der Zisterne gezogen hatten. Meine Brüder hatten mich hineingeworfen, weil ihnen meine Träume unheimlich waren. Alle ausser dem Ältesten wollten mich töten. Vater muss denken, ich wäre tot. Aber ich lebe und bin ab heute ein Sklave. Mein Herr ist ein hoher Beamter des Pharao. Sein Haus ist gross. Ein Gefängnis gehört auch dazu.

Erster Abend im Amt. Palastareal des Pharao. Mein eigenes Haus.
Ich bin jetzt zweiundzwanzig. Ab heute bin ich nicht mehr Sklave. Der Pharao hat mich zum Wesir über das Land Ägypten ernannt. Er hat mir persönlich seinen Siegelring angesteckt, das Amtsgewand umgehängt und die Beamtenkette angelegt. Ich kann seinen zweiten Staatswagen benutzen, wenn ich im Land unterwegs bin. Ich habe Sondervollmachten, die Vorratshaltung fürs ganze Reich zu organisieren. Vor einigen Jahren hatte ich im Gefängnis der Leibwache zwei hohe Gefangene zu betreuen. Deren Träume konnte ich treffend deuten. Der eine von ihnen hat mich dem Pharao empfohlen. Aufgrund seiner Träume habe ich ihm zur vorsorglichen Vorratshaltung von Nahrungsmitteln geraten. Dies ist nun meine Aufgabe. Von Zuhause habe ich immer noch nichts gehört.

Im zweiten Jahr der Dürre. Zentraler Kornspeicher der Hauptstadt. Abends im Kontor.
Ich bin jetzt einunddreissig. Unsere Vorratshaltung hat

sich bewährt. Die Versorgung Ägyptens funktioniert trotz der anhaltenden Dürre. Wir können sogar an Ausländer verkaufen. Vor drei Tagen waren bis auf einen alle meine Brüder da. Sie erkannten mich nicht. Ich sprach Ägyptisch und zog einen Dolmetscher bei. Vater lebt. Er hat sie zum Einkauf von Korn geschickt. Ich verfuhr hart mit ihnen. Ich verhörte sie und liess sie unter dem Verdacht der Spionage vorläufig festsetzen. Heute habe ich ihnen Korn gegeben und sie bis auf einen ziehen lassen. Der bleibt im Gefängnis, bis
149 sie zum Beweis ihrer Ehrlichkeit mit dem jüngsten zurückkehren.

Im vierten Jahr der Dürre. Empfangssaal in meinem Privathaus. Abends.
Ich bin jetzt dreiunddreissig. Sie sind tatsächlich wiedergekommen. Alle meine Brüder waren heute bei mir, auch der jüngste. Den gefangenen, der zwei Jahre ausharren musste, habe ich sofort kommen lassen. Meinen Hausverwalter habe ich angewiesen, in meinen Privaträumen ein festliches Mahl auszurichten. Wir hatten ein reichhaltiges Mittagessen. Von Vater haben sie mir ein Geschenk übergeben. Vater lebt. Es ging mir nahe, dies zu hören und sie alle zu sehen. Ich habe aber nur Ägyptisch geredet. Sie erhielten genügend Korn. Den Hausverwalter beauftragte ich, meinen persönlichen Silberbecher in den Sack des Jüngsten zu schmuggeln. Ich muss wissen, wie sie sich verhalten. Morgen früh werden sie aufbrechen.

Einen Tag später. Wieder im Empfangssaal meines Hauses. Spät in der Nacht.
Wie verabredet ist mein Hausverwalter ihnen zwei Stunden später nachgejagt. Sie hätten keinen Silberbecher mitgenommen. Der solle sterben, bei dem er einen fände, und alle anderen wollten dann Sklaven sein. Bald standen sie wieder alle vor mir. Sie waren sehr erschüttert. Ich solle sie zu meinen Sklaven machen. Da überkam es mich. Ich schickte die Höflinge hinaus. Fünfzehn Jahre zogen vor meinen Augen vorüber. Vaters Gesicht, der Mordversuch, die Zisterne, die Kaufleute, der Verkauf, die Sklavenjahre, die Empfehlung, die Bestallung. Ich konnte nicht reden. Erst so lange keine Nachricht, dann das plötzliche Auftauchen meiner mörderischen Brüder. Als sie mich so weinen sahen, machten sie ungläubige Gesichter. Da sagte ich ihnen auf Hebräisch, dass ich ihr Bruder Joseph sei. Es blieb lange still. Erst als ich jeden umarmt hatte, wich die Spannung. Wir hatten uns viel zu erzählen. Es war ein langer Abend, der schönste Tag in meinem Leben. Morgen ziehen sie nach Hause. Ich habe ihnen reichlich mitgegeben. Auch einen Gruss an unseren alten Vater.
MK nach Genesis 37-45 (1998)

Was ist der Mensch,
daß er nicht alles hingeben sollte –
um des Menschen willen!

Christian Morgenstern (1909)

Montag

Das entscheidendste und vielleicht das schönste Ergebnis, das Einsicht und Menschenerfahrung bei einem Mann von hohen und seltenen Geistesgaben zeitigen, ist, daß er jeder größeren ausgesprochenen Schwäche, Kleinheit, Albernheit, Unwissenheit, Dummheit, Schlechtigkeit, Lasterhaftgkeit und anderen Mängeln, angeborenen wie erworbenen, seinen Mitmenschen gegenüber nachsichtig wird, zumal wenn er vorher hartherzig gewesen ist; ferner, daß er jetzt auch geringe Vorzüge und Verdienste zu schätzen weiß, während seine früheren Grundsätze ihn gelehrt hatten, sie zu verachten und zu übersehen, ihnen nie ein Wort der Anerkennung zu gönnen und sie gewissermaßen mit allem Unvollkommenen in einen Topf zu werfen; kurzum, daß er jetzt zu einer respektvollen Haltung neigt, sich das Tadeln abgewöhnt und beinahe vergißt, daß er damit zum Gegenteil von dem geworden ist, was er einmal war. Dem mag man entnehmen, wie wenig die Menschen taugen, und sich ein Urteil darüber bilden, was echter Wert und echte Tugend eigentlich sind.

Giacomo Leopardi (1832)

Dienstag

Noch bist du da

Wirf deine Angst
in die Luft

151 Bald
ist deine Zeit um
bald
wächst der Himmel
unter dem Gras
fallen deine Träume
ins Nirgends

Noch
duftet die Nelke
singt die Drossel
noch darfst du lieben
Worte verschenken
noch bist du da

Sei was du bist
Gib was du hast
Rose Ausländer (1976)

Mittwoch

Kennen Sie einen Menschen, an dem Sie sich orientieren, wenn Sie selber um Grossmut ringen? – Was genau macht diesen Menschen grossmütig, und weshalb ist genau dieses Verhalten in Ihren Augen vorbildlich? – Falls Sie niemanden haben, an dem Sie sich in Sachen Grossmut orientieren können, wie formulieren Sie sich ein grossmütiges Verhalten, zum Beispiel Ihrem Partner beziehungsweise Ihrer Partnerin gegenüber? – Kindern gegenüber? – Arbeitskollegen und -kolleginnen gegenüber? – Ist Ihnen bewusst, wo die Grenzen Ihrer Grossmut liegen? – Waren Sie auch schon überrascht, auf die Grenzen dieser Grossmut zu stossen? – Können Sie sich eine grossmütige Politik vorstellen? – Was kostet sie, und wer bezahlt, wenn die Politik nicht grossmütig ist?
PW (1998)

Donnerstag

«Ich habe ‹Scheißbulle› gesagt.»
Es folgte ein langes Schweigen, indes der feine, rötliche Regen weiterfiel und eisige Nacht herrschte. Endlich sprach der Wachtmeister:

«Sowas sollten Sie nicht sagen ... Nein, wirklich und wahrhaftig, sowas sollten Sie nicht sagen. In Ihrem Alter müßten Sie eigentlich vernünftiger sein ... Gehen Sie weiter.»
«Warum verhaften Sie mich nicht?» fragte Crainquebille.
Der Wachtmeister schüttelte den Kopf unter seiner nassen Kapuze und meinte:
«Wenn wir alle Besoffenen einsperren wollten, die sagen, was sie nicht sagen sollten, hätten wir viel zu tun! ... Und was wäre damit gewonnen?»
Crainquebille war wie erschlagen von dieser großmütigen Verachtung. Lange blieb er betäubt und schweigend im Rinnstein stehen. Ehe er weiterging, versuchte er eine Erklärung:
«Ich hab Sie nicht gemeint, als ich ‹Scheißbulle› gesagt hab. Ich hab eigentlich überhaupt keinen gemeint, als ich es gesagt hab. Es war nur so ein Einfall.»
Der Wachtmeister erwiderte mit gestrenger Nachsicht:
«Ob es ein Einfall oder sonstwas war, ganz egal, sowas sagt man nicht. Wenn ein Mann seine Pflicht tut und viele Strapazen auf sich nimmt, soll man ihn nicht mit überflüssigen Worten beleidigen ... Ich wiederhole: Gehen Sie weiter.»
Crainquebille senkte den Kopf und schritt mit hängenden Armen durch den Regen in die Dunkelheit.
Anatole France (1901)

Eine Frau verkauft auf der Straße einen Hundertmarkschein für fünfundneunzig Mark. Der Geldschein ist echt. Die Passanten machen einen Bogen um die Frau. 15 Minuten später muß sie im Präsidium sehr schwierige Fragen beantworten.
Wolf Wondratschek (1969)

Stille und Wachheit nach innen und nach aussen. Sammeln Sie sich, indem Sie auch den Raum, in dem Sie sich befinden, in die Sammlung miteinbeziehen.

Wenn Sie eine Stille gefunden haben, in der Sie verweilen können, vergegenwärtigen Sie sich einen der letzten Tage und was Sie an diesem Tag beschäftigt hat.

In welchem Verhältnis standen Geben und Nehmen zueinander?

Malen Sie sich aus: Wie hätte der Tag ausgesehen, wenn der Gebe-Teil noch grösser beziehungsweise wenn der Nehme-Teil noch grösser gewesen wäre?

Sie haben die Chance, mit der Frau von der Hundertmarkschein-Aktion sprechen zu können: Welche Fragen möchten Sie ihr stellen?
PW (1998)

Augenmass

Salomo

Salomo sitzt in Akten vertieft auf seinem Thron. Vor dem Audienzsaal sind keifende Frauenstimmen zu hören, dazwischen ein unwirscher Männerton. Plötzlich springt die Tür auf. Zwei Frauen dringen ein. Der Leibgardist versucht vergeblich, sie zu halten.

LEIBGARDIST *heftig:* Nein, das geht doch nicht! Der König ist beschäftigt. Geht euch ordentlich anmelden! Raus! Ich sage es zum letzten ...

JAEL *sich losreissend und zu Salomo:* Hör mich an, Herr! Du musst mich ...

SILPA *wütend:* Hure, schweig, verdorbenes Stück.

LEIBGARDIST: Ruhe! *energisch* Ruhe, sage ich. Dort stellt euch auf, wenns denn sein soll. *Und zu Salomo gewendet, der belustigt zugeschaut hat* Melde gehorsamst: zwei Weiber aus der Unterstadt. Gehorsamst: Liessen sich nicht abwimmeln, Herr. Waren mit der Kanzlei nicht zufrieden. Gehorsamst: Wollten zu dir, Herr. *still zu sich selbst* Liederliches Volk!

SALOMO *gelassen:* Ist schon gut. Lass sie reden. *Blättert weiter in seinen Akten.*

SILPA *sich vorbeugend und heftig gestikulierend* Also, das war so. Ich schlafe. Denke an nichts Böses. Und da kommt dieses Ding an mein Bett ...

JAEL: Sie lügt, Herr, sie lügt. Ich war es, die geschlafen hat. Sie war es, diese elende Lügnerin, die an mein Bett gekommen ist.

SALOMO *von seinen Akten aufblickend:* Was ist denn eigentlich geschehen?

JAEL: Mein Kind ist tot, mein liebes Kind *heult.*

SILPA: Von wegen. Mein Kind ist tot, mein Kind, an dem ich so schwer getragen habe. Und das ich so schwer geboren habe *heult noch heftiger.*

SALOMO *interessierter und seine Schriften zur Seite legend:* Also, ihr habt beide ein Kind. Und beide sind tot. Wieso aber wohnt ihr zusammen. Wo sind eure Männer? *beruhigend* Lasst uns doch noch mal von vorn anfangen!

SILPA *barsch:* Mit Männern ist bei uns nicht viel zu machen.

JAEL *eher verlegen:* Umgekehrt. Wir arbeiten und wohnen in der Unterstadt. In der Absteige. Dirnen sind wir. Und die Väter unserer Kinder kennen wir nicht. Aber ein Kind hat jede von uns bekommen. Erst ich, dann die da.

SALOMO: Und jetzt sind beide tot? Was kann ich da noch für euch tun?

SILPA: Eben nicht. Ihr Kind ist tot. Draufgelegen ist sie, die Kuh. Totgedrückt hat sie's.

JAEL *erzürnt:* Nein, ihr Kind ist tot. Und da ist sie, ist sie einfach mit ihrem toten Kind an mein Bett gekommen, an mein Bett. Und da hat sie einfach, hat die Kinder vertauscht. Und ich, ich hab nichts gemerkt davon, in der Nacht, im Schlaf.

SILPA *hart:* Genau umgekehrt wars. Als ich aufstand, um es zu stillen. Da, erst da merkte ich, dass es nicht mehr lebte.

JAEL *verzweifelt:* Kein Wort ist wahr, Herr! *sich vor Salomo auf die Knie werfend* Glaub ihr nicht! Sie verdreht alles! *heftig jammernd* O, mein schönes Kind.

SALOMO *nachdenklich:* Also ein lebendes und ein totes Kind. Beide fast gleich alt. Beide Frauen im sel-
157 ben Haus. Beide ... *Seine Worte versinken im Gejammer der beiden Frauen.*

SALOMO *plötzlich befehlend zum Leibgardisten:* Geh, und lass die beiden Kinder holen! Und bring mir mein Schwert!

LEIBGARDIST *überrascht und verdutzt:* Beide Kinder? Und dein Schwert, Herr?

SALOMO *deutlich:* Was fragst du noch! Geh und erfülle meine Anweisungen!

LEIBGARDIST *strammstehend:* Zu Befehl, Herr! *ab*

SALOMO *zu den immer noch greinenden Frauen:* Ihr seid doch Kolleginnen. Könnt ihr euch nicht verständigen? Wart zusammen schwanger, habt zusammen geboren. Und jetzt das ...? Eine von euch lügt.

SILPA: Sie ist es, die lügt. Immer lügt sie. Gerade neulich wieder hat sie ...

JAEL: Ist ja gar nicht wahr! Du hast mir mein Kind gestohlen. Gerade so, wie du letzthin deinen Freier bestohlen hast.

SALOMO *sich wieder seinen Akten zuwendend:* Schweigt! Wir werden sehen. *Eine kleine Pause tritt ein, während der die Frauen sich wütend anblicken und in stummer Gestik beschimpfen.*

LEIBGARDIST *atemlos, das Schwert unter dem linken Arm, auf dem rechten das lebende Kind, in einem Korb das tote:* Mein Herr. Die verlangten Objekte!

SALOMO *erhebt sich:* Gib mir mein Schwert! *Es geschieht.* Halt das Kind! Ich will es zerteilen. *Zu den Frauen gewendet, das Schwert zum Streich erhoben* So bekommt jede von euch ein halbes lebendes Kind!

JAEL *in hellem Entsetzen:* Nein, Herr, nein. Nur das nicht, um Himmels willen. Gib es der da, damit es lebt. Ja, wenigstens das! Bitte, Herr, bitte! *will Salomo in den Arm fallen, der das Schwert hält.*

SILPA *eher kühl:* Wieso nicht? So hat keine von uns etwas. Schlag zu!

SALOMO *sich wieder setzend und das Schwert neben den Thron legend:* Diese *auf Jael zeigend, die ihren Kopf mit ihrem Gewand verhüllt hat* diese ist die Mutter des lebenden Kindes! *zum Leibgardisten* Gib es ihr, denn aus ihren Worten spricht die Liebe der Mutter. *Jael empfängt das Kind und drückt es an ihren Busen.* Und du, Frau *an Silpa* lerne, traurig zu sein!

MK nach 1.Könige 3,16-27 (1995)

Der Geist ist daran zu erkennen, daß er zu wählen weiß; aber noch klarer ist der Nicht-Geist zu erkennen daran, daß er scheußlich wahllos ist
Peter Handke (1982)

Wo keine Distanz ist, wird alles dämonisch.
Friedrich Georg Jünger (1949)

Montag

Zart und genau

Zart und genau: das sind ästhetische Kategorien. Nicht weniger sind es theologische. Vor allem sind es Kategorien einer Gerechtigkeit, die göttlich zu nennen erlaubt ist, weil ihr Recht nicht dem Willen entspringt, «ein jeweiliges Machtverhältnis zu verewigen» (Nietzsche), sondern dem Willen, zart und genau zu sein, d.h. den Menschen, den Dingen zutiefst gerecht zu werden.
Kurt Marti (1979)

Dienstag

Der reißende Strom wird gewalttätig genannt
Aber das Flußbett, das ihn einengt
Nennt keiner gewalttätig.

Der Obstbaum, der kein Obst bringt
Wird unfruchtbar gescholten. Wer
Untersucht den Boden?

Der Ast, der zusammenbricht
Wird faul gescholten, aber
Hat nicht Schnee auf ihm gelegen?
Bertolt Brecht (1937)

Mittwoch

Genauigkeit: Ist dieser Begriff für Sie «genau» umschrieben, oder besitzt er für Sie unterschiedliche Nuancen? – Was bedeutet es zum Beispiel für Sie, mit den Händen genau zu sein? – Mit der Nase genau zu riechen? – Mit den Augen genau zu sehen? – Mit den Ohren genau zu hören? – Falls es Unterschiede zwischen diesen «Genauigkeiten» gibt: Kennen Sie dafür andere Worte? – Kennen Sie die Erfahrung, einen anderen Menschen genau zu kennen? – Macht diese Erfahrung Sie jeweils glücklich, oder stimmt sie Sie traurig? – Haben Sie sich von diesem anderen Menschen schon einmal erzählen lassen, welche Empfindungen es bei ihm auslöst, von Ihnen genau erkannt zu werden? – Wissen Sie um jemanden, der annimmt, er oder sie würde Sie genau kennen? – Betrachten Sie das als eine Chance?
PW (1998)

Donnerstag

4 April

Freitag

Der Löwe, der fliegen wollte

Es war einmal ein Löwe, der beneidete einen Adler um seine Flügel. So ließ er dem Adler eine Botschaft zukommen, in der er ihn zu sich bat, und als der Adler zur Löwenhöhle kam, sagte der Löwe: «Ich will mit Dir tauschen. Gib mir Deine Flügel und ich gebe Dir meine Mähne.» «Hör auf, Bruder,» sagte der Adler, «ohne Flügel kann ich nicht mehr fliegen.» «Na, und wenn schon,» sagte der Löwe, «ich kann auch nicht fliegen und trotzdem bin ich der König der Tiere. Ich bin König der Tiere geworden, weil ich eine so wundervolle Mähne habe.» «Gut,» sagte der Adler, «aber gib mir erst die Mähne.» «Komme nur ein bißchen näher, damit ich sie Dir aushändigen kann.» Der Adler kam näher, und der Löwe schlug ihn mit seiner großen Tatze nieder und hielt ihn fest am Boden. «Raus mit den Flügeln,» knurrte er. So nahm der Löwe dem Adler die Flügel, behielt aber seine Mähne. Der Adler war eine ganze Zeit verzweifelt, dann kam ihm eine Idee. «Ich wette mit Dir, daß Du nicht von dem großen Felsen da drüben herunterfliegen kannst,» sagte der Adler. «Wer?» sagte der Löwe, «Ich?» Und er trottete auf die Spitze des Hügels hinauf und sprang herunter. Sein Gewicht war natürlich viel zu schwer, als daß die Adlerflügel ihn zu tragen vermocht hätten und überdies wußte er nicht, wie man fliegt, da er es zuvor nie versucht hatte. So stürzte er am Fuße des Felsens nieder und stand sofort in Flammen. Der Adler kletterte hastig auf ihn zu, nahm ihm seine Flügel wieder ab und nahm auch die Löwenmähne an sich, die er sich um Hals und Schultern hing. Wie er zum Felsennest zurückflog, in dem er mit seinem Weibchen lebte, beschloß er, sie anzuführen. Er steckte seinen Kopf, den er mit des Löwen Mähne geschmückt hatte, ins Nest herein und machte mit einer fürchterlich tiefen Stimme «RRRRRR». Sein Weibchen, das ohnehin schon sehr nervös veranlagt war, griff in die Schreibtischschublade nach einer Pistole und schoß ihn nieder, denn sie dachte, er sei ein Löwe. *Moral:* Gestatte nervösen Frauen nie den Zugriff zu einer Pistole, ganz gleich, wie du angezogen bist.

James Thurber (1939)

Wahre Augenmaß in deinen Geschäften
und befasse dich mit der Realität.
Sei bescheiden gegenüber jedermann.

Wenn du die Realität ignorierst,
wird man auch dich ignorieren.

Arbeitest du in der Realität,
wird die Wirklichkeit selbst dich belohnen.

Was ist der Lohn der Wirklichkeit?
Ein Leben ohne Illusion.
Rabbi Meir (3.Jh., Shapiro)

Stille und Wachheit nach innen und nach aussen. Sammeln Sie sich, indem Sie auch den Raum, in dem Sie sich befinden, in die Sammlung miteinbeziehen.

Wenn Sie eine Stille gefunden haben, in der Sie verweilen können, vergegenwärtigen Sie sich eine der letzten Stunden.

Lassen Sie, genährt durch Ihre Erinnerung, die Realitäten dieser Stunde in allen Einzelheiten, die Sie wahrgenommen haben, nochmals ablaufen. Achten Sie auf Ihre Sinneseindrücke, und verzichten Sie auf wertende Kommentare.

Schauen Sie genau und liebevoll auf den «Film» dieser Stunde.
PW (1998)

Liebe

Liebe

«Nun aber bleibt Glaube, Hoffnung, Liebe, diese drei; am grössten aber unter diesen ist die *Liebe*.» Mit diesem Vers endet in der Bibel das «Hohelied der Liebe» (1.Korinther 13), und weil die Liebe «am grössten» ist, beginnt mit ihr in diesem Buch die Trias der «theologischen Tugenden». Doch wie wurde aus der Liebe eine Tugend?

Paulus liess das geradezu lyrische Kapitel über die Liebe mit Absicht dem nicht weniger bekannten Kapitel über das Zusammenspiel der Begabungen in der Gemeinde (1.Korinther 12) folgen. Die junge Christengemeinde der Stadt Korinth, an die Paulus seinen Brief schrieb, war zwar mit vielerlei Begabungen gesegnet, aber dieser Reichtum hatte zu Gruppenbildungen, zu Streit, Neid und Eifersucht geführt, weil die Begabten ihre Gaben weniger fürs Wohl des Ganzen und mehr fürs eigene Prestige eingesetzt hatten. So wollte Paulus mit seinem Lob der Liebe klarmachen, dass die schönste Begabung ohne die Liebe ihren Sinn verliert, dass sie mit der Liebe aber eine Orientierung am Wohl des Nächsten gewinnt und dass die Liebe bleibt, wenn die Begabungen ihre Aufgaben erfüllt haben. - So gab bereits Paulus dem Kapitel über die Liebe einen ethisch motivierten Ort: Erst in der Haltung der Liebe dienen die Begabungen auch wirklich dem Guten.

Nachdem der römische Kaiser Theodosius in der *Spätantike* das Christentum zur alleinigen Staatsreligion erklärt hatte, war es der Mailänder Bischof Ambrosius (339-397), der im Bemühen, das ethische Erbe der Antike zu erhalten und christlich nutzbar zu machen, die Haupttugenden Platons erstmals als die «vier Kardinaltugenden» bezeichnete. Sein Zeitgenosse Augustin (354-430) stellte dann ganz im Sinne des Paulus die Liebe den antiken Tugenden voran. Wiederum von 1.Korinther 13 ausgehend liess Gregor der Grosse (540-604) den vier «antiken Tugenden» (prudentia, temperantia, fortitudo, iustitia) die drei «theologischen Tugenden» folgen (caritas, fides, spes). Isidor von Sevilla pries die drei (um 600) als «summae virtutes»: als höchste Tugenden.

Damit war die Symbolzahl Sieben erreicht, die in der Gedankenwelt und Kunst des *Mittelalters* eine bedeutsame Rolle spielte: Die Siebenzahl der Tugenden entsprach den sieben Gaben des Geistes (Jesaja 11,2), den sieben Bitten des Unservaters (Matthäus 6,9-13), den sieben Seligpreisungen (Matthäus 5,3-11). Auf die «weltliche» Vierzahl nach dem Modell der vier Himmelsrichtungen, folgte die «geistliche» Dreizahl nach dem Modell der Trinität Gottes. Dabei wurde die Siebenerfolge durchaus als ansteigende Linie gedacht, zuweilen auch als «Tugendleiter», vergleichbar der Leiter in Jakobs Traum (Genesis 28,12). Damit waren die antiken Tugenden christianisiert und in den gedanklichen Kosmos des Mittelalters integriert. Später dann liess sich der Bereich der Ethik mit den «septem virtutes» als den Künsten des Lebens dem Bereich der Wissenschaft mit den «septem artes» als den Künsten des Wissens gegenüberstellen.

Ihren Abschluss fand die Entwicklung mit *Thomas von Aquin* (1225-1274), der alle weiteren Tugenden ins Schema der vier Kardinaltugenden einordnete und so sämtliche Tugenden den drei theologischen Tugenden unterstellte, in der Meinung, durch die Rechtfertigung würden auch sie wie Liebe, Glaube und Hoffnung zu einem Vermögen, das dem Gerechtfertigten vom Heiligen Geist «eingegossen» sei: Durch die Liebe als der Grundform jeder Tugend könne der Fromme gute Werke üben und mit ihnen seine Rechtfertigung vor Gott erhalten. – Thomas hatte eine ungeheure Wirkung: populär in Katechismen, die bis ins 20. Jahrhundert die Erziehung geprägt haben, künstlerisch in der Gegenüberstellung der «Sieben Tugenden» und «Sieben Laster», die bald schon als die «Sieben Todsünden» bekanntes Gemeingut wurden, vor allem aber ethisch in der nachhaltigen Moralisierung des Tugendbegriffs, der in Verbindung mit dem Gedanken der Werke, die durch sie zu vollbringen seien, aus der schönen Begabung mit Liebe allzuoft eine zwanghafte Verpflichtung zu «Liebeswerken» werden liess.

Die *Reformation* besann sich auf den Geschenkcharakter der Liebe und strich den Verdienstcharakter der Liebeserweise: Liebe ist «das erste Gebot von allen» (Markus 12,28-34), ein dem Menschen vom Schöpfer gegebenes Vermögen (1. Johannes 4,1-16), eine Stiftung Gottes. Ich kann lieben, weil ich geliebt bin. Liebend kann ich in Beziehung treten zu mir, zum Nächsten, zur Gemeinschaft und zur Schöpfung.

In der *Kunst* trägt die personifizierte «caritas» eine Krone, hält eine Schale mit Brot oder ein Füllhorn mit Früchten in ihren Händen, hat ein flammendes Herz in sich oder fröhliche Kinder um sich herum: Liebe ist eine Haltung, die zum Leben taugt.

MK (1998)

Ruhe

1 Mai

Denk mal, am Mahlstein!

Die Sonne war am Untergehen; der Sabbat stand bevor. Das elterliche Haus, welches ich mit meiner Schwester Maria bewohnte, war gross. Wir hatten alle Hände voll zu tun: Putzen, Backen, Sabbatvorbereitungen. Da drang ein Raunen von der Gasse ins Haus: «Jesus kommt durch unsern Fleck.» So wahr ich Martha heisse, Nägel mit Köpfen mache als perfekte Hausherrin, so klar war der Fall! Ich holte sogleich noch einen Sack Mehl in die Küche und liess zwei Schafe schlachten. Kurz darauf sass die ganze Gesellschaft, Jesus mit Jüngern und Frauen, im Innenhof. Ich stand stolz in der Küche, knetete den Teig; alles lief auf Hochtouren, ich auch, voll im Element. Und schon rollte das Wallholz über den grossen Teig und plättete ihn.

Plötzlich war es ganz still. Ein flüchtiger Blick in den Innenhof: Jesus sprach, und alle hörten zu. Maria sass zu seinen Füssen und hing an seinen Lippen. Das Wallholz fiel mir aus der Hand. Ich packte es und stürzte mit ihm und Mehl an Kleid und Händen hinaus; ich platzte in die Ruhe hinein: «Kümmert's dich nicht, Meister, dass Maria die ganze Arbeit mir überlässt?»

Langes, betretenes Schweigen. Dann Jesus: «Martha, Martha!» Wie wohl mir das tat. Endlich hörte ich wieder einmal meinen Namen, sogar zweimal. Nun würde ich zu meinem Recht kommen; die Sache war ja peinlich klar. «Du kümmerst dich und sorgst um vieles.» Das war ein Kompliment! Dann schwieg er lange. War es ein Kompliment? Das Wort wurde mir auf einmal wie das Mehl, welches ich nun an Kleid und Händen entdeckte; am liebsten wollte ich es los werden. Dann sagte er noch einmal: «Du kümmerst dich und sorgst um vieles; aber nur eines tut not! Maria ...» Das Wallholz fiel zum zweiten Mal, und ich stürzte ins Haus. Das hatte mir den Rest gegeben, dieses «Maria ...».

Viel später brach die Gesellschaft auf, Maria kam hinein. Ich ging ihr aus dem Weg. Diesmal brauchte ich die Ruhe des Sabbats. Aber Friede kehrte nicht ein

Sonntag

zwischen uns. Tagelang schwieg ich meine Schwester an. Wochen später, auch an einem Freitag, mahlte ich Korn. Mein Blick ruhte auf dem sich drehenden Mühlstein. Da durchfuhr es mich wie ein Blitz. Das war es! Was auf einer drehenden Scheibe aussen ist, das wird durch die Fliehkraft noch mehr nach aussen gezogen. Um da standzuhalten, braucht es viel Energie. Was aber in der Mitte ist, das findet leicht Halt und Ruhe trotz des Getriebes ringsum.

Das ist es! All unsere Kümmernis und Besorgtheit ist
169 eine zentrifugale Kraft. Not tut das eine: Konzentra-
tion, Leben aus einer Mitte. Wenn mein Schwerpunkt auf der Drehachse des Lebens ruht, dann bin ich im Gleichgewicht. Dann schöpfe ich Kraft, statt mich zu erschöpfen. War das ein Sabbat nach diesem Nachmittag! Für mich der erste in meinem Leben, ein Ruhetag! Ich begann in Maria, wie sie vor den Füssen Jesu sass und an seinen Lippen hing, diese Konzentration zu sehen und in dieser Konzentration meine ureigene Sehnsucht.

Seither spüre ich meiner Mitte nach. Ich versuche: zu lachen, wo mir ums Lachen ist; zu weinen, wo ich traurig bin; zu meinen, was ich sage; zu sagen, was ich denke; zu tun, was not tut; mich treffen zu lassen von dem, was mich mir und andern näherbringt.

Ich sehe mich auch anders. Früher war ich stolz auf meine Dienstbeflissenheit. Heute sehe ich darin einen Schafspelz, hinter dem Martha lauert. «Martha» heisst «Herrin». Ich war Herrin im Kleid der Dienerin. Wer sich selbst erniedrigt, der will erhöht werden. Hat wohl Jesus das gemeint, als er so eindringlich «Martha, Martha!» zu mir sagte?

Schliesslich sprang ich über meinen Schatten, begann mit Maria wieder zu reden. Sie erzählte mir, worüber Jesus gesprochen hatte. Er sei nicht gekommen, um sich bedienen zu lassen, sondern um zu dienen. Wir schauten einander an. Und wir mussten auf einmal lachen.

Er sagt also Ja zu mir, unabhängig von meinen Verdiensten. Das ist sein Dienst. Wo mein Leben sich um dieses Ja dreht, da wird alles anders. Da mache ich natürlich immer noch Nägel mit Köpfen. Aber ich helfe, weil andere es brauchen – und nicht ich. Und wo ich es brauche, da lasse ich mir helfen.

Manchmal gerate ich wieder in die alte Hektik. Dann tadle ich mich leise: «Martha, Martha!» Und finde ich den Dreh wieder, dann lobe ich mich leise: «Martha Maria».

Martha: das war mein Schattendasein aussen am Rand, vielbekümmert, vielbesorgt. Maria: das ist das gute Teil, Leben aus der Mitte, aus dem Ja. Hoffentlich bleibt das ein Stück von mir. Schliesslich sind wir ja Schwestern!

ff nach Lukas 10,38-42 (1998)

1 Mai

Ruhe ist die Kraft, die mir ermöglicht,
der Gewalt des Lebens standzuhalten.
Erwin Strittmatter (1967)

Montag

Eine kleine Frist völliger Gelöstheit. Für einmal durch nichts aus dem Stuhl hochgerissen. Hände und Hirn ohne Antrieb. Alle Absicht verlernt. Hingegeben an das Tröpfeln der innern Rinnsale, die noch weit davon entfernt sind, Gedanken zu sein. Das quillt und rinnt und hat weder Zweck noch Ziel: Schauplätze, Stimmen, bewegte Figuren, Landschaften, Töne ... Alles flüchtig und ungreifbar, jedoch gleichzeitig von höchster Präsenz.

Die Hände im Schoß, bin ich unterwegs. Vor oder zurück zählt nicht. Entferntestes rückt heran, Ränder berühren sich. Alle Wege, scheint es, führen zum Sammelpunkt dieses unbewachten Augenblicks, der einholt ohne Netze und erntet, wo er nicht gesät hat. Die Zeit ist ohne Hinten und Vorn, Geschichte und Vorausträume haben nur *ein* Gesicht, vielmehr etwas, von dem man glaubt, daß es gleich als Gesicht hervortreten wird: überblickbar, erkennbar, entzifferbar. Doch Festhalten gilt nicht; das Zupacken und Habhaftwerden gehört zur anderen Welt. In dieser hier, wo Sammlung und Zerstreuung dasselbe meint, strömt es durch weit geöffnete Türen herein und hinaus und hindurch, und auch vorüber ist nicht verloren.
Margrit Baur (1981)

Dienstag

171

Mondnacht

Es war, als hätt der Himmel
Die Erde still geküßt,
Daß sie im Blütenschimmer
Von ihm nun träumen müßt.

Die Luft ging durch die Felder,
Die Ähren wogten sacht,
Es rauschten leis die Wälder,
So sternklar war die Nacht.

Und meine Seele spannte
Weit ihre Flügel aus,
Flog durch die stillen Lande,
Als flöge sie nach Haus.
Joseph von Eichendorff (1837)

Mittwoch

Wie stellen Sie sich das vor: «Liebesruhe im hohen Rohre hinter dieser Welt»? (Lasker-Schüler) – Hat Sie die Kombination «Ruhe und Ordnung» auch schon aus der Ruhe gebracht? – Wo ist der Ort, an dem Sie leicht zur Ruhe kommen können? – Brauchen Sie den Schlaf als Fluchtweg? – Welche intensive Aktivität bringt Sie zur Ruhe? – Fällt es Ihnen schwer, etwas auf sich beruhen zu lassen? – Wie reagieren Sie auf Menschen, die Ruhe ausstrahlen? – Wie lange halten Sie Ferien aus? – Was taten Sie letztes Mal, als Sie das Schweigen nicht mehr aushielten? – Gäbe es andere Möglichkeiten? – Kennen Sie das Gefühl eines tiefen inneren Friedens? – Sehnen Sie sich manchmal nach ewiger Ruhe? – Wie fühlt sich das an? – Noch einmal: Wie stellen Sie sich das vor: «Liebesruhe im hohen Rohre hinter dieser Welt»? (Lasker-Schüler)
ff (1998)

Donnerstag

Der Glockenspielständer

Khing, der Meister der Holzarbeiter, schnitzte einen Glockenspielständer. Als es vollendet war, erschien das Werk allen, die es sahen, als sei es von Geistern geschaffen. Der Fürst von Lu fragte den Meister: «Welches ist dieses Geheimnis in deiner Kunst?»
«Euer Untertan ist nur ein Handwerker», antwortete Khing, «was für ein Geheimnis könnte er besitzen? Und doch ist da etwas. Als ich daranging, den Glokkenspielständer zu machen, hütete ich mich vor jeder Minderung meiner Lebenskraft. Ich sammelte mich, um meinen Geist zur unbedingten Ruhe zu bringen. Nach drei Tagen hatte ich allen Lohn, den ich erwerben könnte, vergessen. Nach fünf Tagen hatte ich allen Ruhm, den ich erwerben könnte, vergessen. Nach sieben Tagen hatte ich meine Glieder und meine Gestalt vergessen. Auch der Gedanke an Euren Hof, für den ich arbeiten sollte, war geschwunden. Da sammelte sich meine Kunst, von keinem Außen mehr gestört. Nun ging ich in den Hochwald. Ich sah die Formen der Bäume an. Als ich einen erblickte, der die rechte Form hatte, erschien mir der Glockenspielständer, und ich ging ans Werk. Hätte ich diesen Baum nicht gefunden, ich hätte die Arbeit lassen müssen. Meine himmelsgeborene Art und die himmelsgeborene Art des Baumes sammelten sich darauf. Was hier Geistern beigemessen wurde, ist darin allein gegründet.»

Tschuang-Tse (3.Jh. v. Chr.)

Den tiefen Frieden im Rauschen der Wellen,
den wünsche ich dir.

Den tiefen Frieden im schmeichelnden Wind,
den wünsche ich dir.

Den tiefen Frieden über dem stillen Land,
den wünsche ich dir.

Den tiefen Frieden unter den leuchtenden Sternen,
den wünsche ich dir.

Den tiefen Frieden vom Sohne des Friedens,
den wünsche ich dir.
Irisch (o. A.)

Lassen Sie sich still werden, indem Sie in einer Sitzhaltung, in der Sie sich wohlfühlen, Ihren Körper erspüren. Lassen Sie sich im Körper ankommen und zur Ruhe kommen.

Wiederholen Sie innerlich jene Elemente des Segensgebetes, die Sie angesprochen haben.

Spüren Sie dem Frieden nach, der hier vermittelt wird; es ist ein Friede, der von Gegebenheiten lebt: Wellen, Wind, Landschaft, Sternen, Jesus Christus. Welche dieser Gegebenheiten ist für Sie ein Friedenselement? Schenken Sie ihr Raum.

Und schenken Sie jenen Gegebenheiten Raum, die in diesem Moment zu Ihrem Frieden beitragen.

Verteilen Sie diesen Frieden in Ihrem ganzen Körper, in Ihrem ganzen Wesen.
PW (1998)

Nächstenliebe

Entgrenzung

Ich hielt meine Tochter nicht mehr aus; Monate, Jahre lag sie herum auf ihrem Lager. Dabei wollte ich, aus ihr würde, was ich nicht werden konnte; und nun raubte sie mir nachts den Schlaf, wälzte sich, als ob ein Dämon sie ritte – und am Tag nichts als Vorwürfe. Sie tat nichts, sie ass nicht, sie war nicht mehr sie selber. Ich hatte es ertragen, verheimlicht. Eines Tages riss mir der Nerv. Ich ging einfach. Weg aus dem Haus, aus dem Dorf, verirrte mich in die nahe Kleinstadt, streunte durch die Strassen – wie eine herrenlose Hündin. Man starrte mich an. Es gibt einen Grad von Verzweiflung, wo man aufhört, sich zu schämen, sich zu entschuldigen.
Und dann kam der Zusammenprall mit ihm. Auch er, so erfuhr ich später, hatte kein Glück mit seiner Familie; sie hielt ihn für irre. Auch er galt nichts da, wo er herkam, in seiner Vaterstadt. Aber er war nicht kleben geblieben wie ich. Schon als Zwölfjähriger – während einer Wallfahrt mit seinen Eltern nach Jerusalem – soll er dort geblieben sein, wo er sich daheim fühlte, im Tempel. Als junger Mann dann brach er mit dem, was

galt, ging in die Wüste, seinen Weg zu finden. Er fand einen neuen Vater, den im Himmel – eine neue Mutter, die göttliche Liebe, die so weit ist wie der Himmel über der Wüste. Und er fand seinen Auftrag, Weg für diese Liebe zu sein. Bald war er in aller Munde, bis zu uns nach Sidon. Aber in aller Herzen war er beileibe nicht: in Jerusalem verlacht mit dem Dialekt aus dem randständigen Galiläa, den Frommen zu offen, den Liberalen zu feurig und hautnah, den Widerstandskämpfern untaktisch naiv, den Wundersüchtigen nicht spektakulär genug, der Obrigkeit ein Unruhestifter. Ausgerechnet auf ihn stiess ich.

«Wie die kreischt – hysterische Ziege!» zischte einer seiner Anhänger. «Wirft sich dem Meister noch vor die Füsse, wie eine Hündin! Eine heidnische Frau einem jüdischen Manne!» Ja, ich habe mich hingeworfen – und geschrien habe ich wie ein Kind: «Erbarme dich meiner, erbarme dich meiner!» Und schon stach mich das Gewissen jeder Mutter, und ich röchelte den Nachsatz: «Meine Tochter wird von einem Dämon schwer geplagt.» Jesus schwieg einfach. «Fertige sie ab, denn sie schreit uns nach!» sagte ein anderer Jünger. Jesus schwieg. Und ich schnaubte und hechelte nach Hilfe.

Endlich öffnete er seinen Mund: «Ich bin nur zu den verlorenen Schafen des Hauses Israel gesandt.» Das war ein Hammer. Denn genau das konnte ich selber nicht: mich abgrenzen von jenen, die auf meinem Gewissen herumtrampelten – auch von meiner Tochter nicht. Vor lauter Mutter war ich selber ein Niemand. Wo beginne denn ich? Wo? «Erbarme dich meiner, erbarme dich meiner!» Und er: «Es ist nicht recht, den Kindern das Brot zu nehmen, und es vor die Hunde zu werfen.» Das war der zweite Schlag aus seinem Mund. Hunde nannte man uns Heiden, uns Ausländer. Doch dieses «Hunde!», es biss mich plötzlich nicht mehr; es reizte mich vielmehr auf; es reizte mich, zu schnauben, zu hecheln, zurückzubellen wie eine Furie: «Meister, auch die Hunde zehren von den Brosamen, die vom Tisch ihrer Herren fallen.» Ich starrte ihm lange ins Gesicht. Es hellte sich auf wie der Mittag. «Frau, dein Glaube ist gross.»

Warum war er vorerst so schroff zu mir? Wollte er mich aus der Fassung bringen, damit ich zu mir selber komme; wollte er mich anstacheln – zum Stolz? Oder hat er selber durch mich die Fassung verloren, sich zurückerinnert an den weiten Himmel über der Wüste, der sich nicht nur über ein Land und ein Volk wölbt?

Daheim wurde alles anders. Meine Tochter entspannte sich, die Vorwürfe nahmen ab, sie kriegte wieder Appetit auf Leben. Und ich brauchte mein Herz nicht mehr an sie zu hängen, ich hatte einen andern gefunden.

ff nach Matthäus 15,21-28 (1998)

Was ohne Lieb ist Stinckt

Mensch komstu ohne Lieb /
so steh nur bald von fern:
Was nicht nach liebe reucht /
das stinckt fůr GOtt dem HErrn.
Angelus Silesius (1657)

Montag

Du sollst dir kein Bildnis machen

Es ist bemerkenswert, daß wir gerade von dem Menschen, den wir lieben, am mindesten aussagen können, wie er sei. Wir lieben ihn einfach. Eben darin besteht ja die Liebe, das Wunderbare an der Liebe, daß sie uns in der Schwebe des Lebendigen hält, in der Bereitschaft, einem Menschen zu folgen in allen seinen möglichen Entfaltungen. Wir wissen, daß jeder Mensch, wenn man ihn liebt, sich wie verwandelt fühlt, wie entfaltet, und daß auch dem Liebenden sich alles entfaltet, das Nächste, das lange Bekannte. Vieles sieht er wie zum ersten Male. Die Liebe befreit es aus jeglichem Bildnis. Das ist das Erregende, das Abenteuerliche, das eigentlich Spannende, daß wir mit den Menschen, die wir lieben, nicht fertigwerden: weil wir sie lieben; solang wir sie lieben. Man höre bloß die Dichter, wenn sie lieben; sie tappen nach Vergleichen, als wären sie betrunken, sie greifen nach allen Dingen im All, nach Blumen und Tieren, nach Wolken, nach Sternen und Meeren. Warum? So wie das All, wie Gottes unerschöpfliche Geräumigkeit, schrankenlos, alles Möglichen voll, aller Geheimnisse voll, unfaßbar ist der Mensch, den man liebt –
Nur die Liebe erträgt ihn so.
Max Frisch (1946)

Dienstag

Ausblick

Liebe und Roheit, zwei Schiffe, sie fahren
Über den Ozean der Zeit.
Die Roheit kommt abhanden mit den Jahren,
Die Liebe bleibt in Ewigkeit.
Peter Hacks (1974)

Mittwoch

Haben Sie schon einmal gedacht, die Nächsten könnten auch die Nachkommen sein? – Haben Sie einen persönlichen Feind, an dem sie wachsen können? – Oder bräuchten Sie einen? – Können Sie sich vorstellen, dass Gott uns näher ist als wir uns selber? – Wussten Sie, dass das Gebot der Nächstenliebe nicht christlicher, sondern jüdischer Herkunft ist? – Empfinden Sie dem jüdischen Glauben gegenüber auch Nächstenliebe? – Können Sie den Menschen, mit dem Sie am längsten und nächsten verbunden sind, wirklich noch mit Herz lieben? – Oder haben Sie sich einfach aneinander gewöhnt? – Hat Nächstenliebe für Sie auch eine erotische Dimension? – Ist Linie, Konsequenz und Strenge auch eine Form der Nächstenliebe? – Woran merken Sie, dass Sie auch sich selber lieben? – Sind Sie eher liebesfähig oder liebenswürdig? – Lieben Sie lieber oder lassen Sie lieber lieben? – Wie verstehen Sie das, dass wir unsere Feinde lieben sollten? – Wer war gestern Ihr Nächster oder Ihre Nächste?
ff (1998)

Donnerstag

Die unsichtbaren Bücher

Tetsugen, ein Schüler des Zen, machte sich an eine gewaltige Aufgabe: den Druck von siebentausend Kopien der Sutren, die bis dahin nur in Chinesisch verfügbar waren.

Er reiste kreuz und quer durch Japan, um Geld für dieses Projekt zu sammeln. Einige reiche Leute spendeten wohl an die hundert Goldstücke, aber meistens bekam er nur kleine Münzen von Bauern. Tetsugen sprach jedem Spender den gleichen Dank aus, ungeachtet der Höhe der Spende.

Nach zehn langen Jahren des Umherreisens hatte er endlich die für das Unternehmen nötige Summe zusammen. Gerade zu dieser Zeit trat der Fluß Uji über die Ufer, und Tausende waren ohne Nahrung und Unterkunft. Tetsugen gab alles Geld, das er gesammelt hatte, diesen armen Leuten.

Dann begann er von neuem, Gelder zu sammeln. Wieder dauerte es mehrere Jahre, bis er die benötigte Summe hatte. Da brach im Land eine Epidemie aus, und wieder gab Tetsugen das gesammelte Geld den Opfern.

Er nahm von neuem seine Reise auf und zwanzig Jahre später wurde sein Traum, die Schriften auf Japanisch drucken zu lassen, wahr.

Der Druckstock dieser ersten Ausgabe der Sutren ist im Obaku Kloster in Kyoto ausgestellt. Die Japaner erzählen ihren Kindern, Tetsugen habe im ganzen drei Ausgaben der Sutren drucken lassen, die ersten beiden seien unsichtbar und weit wertvoller als die dritte.

Anthony de Mello (1988)

Liebe schließt noch das Ausgeschlossene ein
Elazar Benyoëtz (1992)

Samstag

Lassen Sie sich still werden, indem Sie in einer Sitzhaltung, in der Sie sich wohlfühlen, Ihren Körper erspüren. Lassen Sie sich im Körper ankommen und zur Ruhe kommen.

Vergegenwärtigen Sie sich eine Person, die Ihnen lieb und wichtig ist.

Wiederholen Sie von Zeit zu Zeit während des Ausatmens innerlich ein Wort oder einen einfachen Satz, der diese Zuneigung zum Ausdruck bringt.

Stellen Sie sich vor, wie Ihre Zuwendung einen Raum schafft, der Sie und die geliebte Person schützend umschliesst.

Vermutlich fallen Ihnen ungewollt nun auch andere Personen ein. Bleiben Sie bei Ihrem Wort oder Satz, und versuchen Sie den Raum der Zuneigung offen zu halten – auch für diese Personen.
PW (1998)

Freundschaft

Amphion und Zethos

Vor sehr langer Zeit, als sich die Götter noch häufiger unter die Menschen mischten, lebte in Theben eine junge Frau. Sie war die Tochter des Regenten Nykteus und von solcher Schönheit, dass Polyxo, ihre Mutter, ständig auf der Hut sein musste, um sie vor unliebsamen Nachstellungen zu schützen. Aber gegen die berüchtigten Lustanwandlungen des grossen Zeus war auch sie machtlos. Der Gott setzte sich die Maske eines Waldgeistes auf, näherte sich Antiope in den Gärten der alten thebanischen Burg, und um die Jungfernschaft des Mädchens war es geschehen. Aus Angst vor dem Zorn ihrer Eltern, die bereits Pläne mit ihr hatten, floh Antiope auf die Burg eines benachbarten Königs.

Ihr Vater Nykteus allerdings verfiel wegen der Untat des Zeus und der Flucht seines Kindes so sehr in Trauer, dass er Selbstmord beging. Vorher aber übertrug er die Regentschaft über Theben seinem Bruder und verpflichtete ihn, seine Tochter heimzuholen und angemessen zu bestrafen.

Lykos, der Onkel der Antiope, erfüllte den Auftrag seines Bruders rasch und mit grosser Härte. Er holte seine Nichte mit Waffengewalt aus der benachbarten Königsburg und führte sie in Fesseln ab. Unterwegs aber, in einem hochgelegenen Gebirgsdorf, kam Antiope nieder und gebar zwei Knaben, die sie Amphion und Zethos nannte. Lykos nahm ihr die Säuglinge weg und hätte sie wohl getötet, wenn nicht Zeus im Spiel gewesen wäre. So setzte der grausame Onkel die beiden Knaben einfach aus und überliess sie in den unwegsamen Bergen ihrem Schicksal. Antiope aber schleppte er mit, um sie in Theben einzukerkern und den Quälereien Dirkes, seiner nicht minder bösen Frau, auszuliefern.

Amphion und Zethos hatten das Glück der Unschuldigen. Am selben Tage noch hörte ein Hirte das erbarmungswürdige Geschrei der Knaben. Er nahm sich der beiden Findlinge an, brachte sie in seine Hütte, gab ihnen frische Ziegenmilch und zog sie auf. Amphion und Zethos lernten durch ihn, was notwendig ist zum Leben und was das Leben schön macht. Sie wuchsen heran, übten sich in den täglichen Verrichtungen der Hirten, hörten die alten Geschichten und Gesänge und liebten ihren Ziehvater, als gäbe es keinen anderen.

Nach vielen Jahren gelang es Antiope, sich aus ihrem Kerker in Theben zu befreien und Dirkes Grausamkeiten zu entrinnen. Sie floh in die Berge und gelangte, todmüde und entkräftet zwar, bis zur Hürde, in der Amphion und Zethos gerade die Schafe und Ziegen versorgten. Die beiden jungen Männer luden Antiope in ihre väterliche Hütte ein, gaben ihr Wasser und Wein, brieten ein Lamm und liessen sie erst einmal schlafen. Anderntags kamen sie und der Hirte ins Gespräch, und als die beiden älteren einander ihr Leben berichteten, stellte sich heraus, dass Antiope ihre Söhne, Amphion und Zethos ihre Mutter gefunden hatten.

Die starken jungen Männer waren durch den Bericht der Mutter so angestachelt, dass sie nach einigen Wochen den Weg nach Theben wagten. Es gelang ihnen, Lykos zu töten und Dirke, auf einen Stier gebunden, in die Einöde zu treiben. Das Königtum von Theben aber, das ihnen nicht nur zustand, sondern von der Bevölkerung auch zugebilligt wurde, übernahmen sie auf eine noch nie gesehene Weise: Sie teilten es nicht auf, sondern führten es beide fort. Das eine Königreich Theben hatte zugleich zwei brüderlich und freundschaftlich verbundene Könige.

Amphion, der schon als Kind bei den abendlichen Geschichten und Liedern des Hirten nicht eingeschlafen war wie sein Bruder, sondern immer gespannt zugehört und weitere Geschichten verlangt hatte, war um die Kunst, die Bildung, die Philosophie Thebens besorgt. Er spielte selbst auf der Lyra, führte die lydische Tonart ein und erweiterte das viersaitige Instrument um drei neue Saiten. So bezaubernd konnte er spielen, dass sich die Steine, als man eine neue Stadtmauer baute, von selbst zu festen Bastionen fügten. Zethos hingegen, der sich bereits früher unermüdlich um das Wohl der Herde gekümmert, mit List und Stärke wilde Tiere in Schach gehalten oder auf dem Viehmarkt die besten Preise ausgehandelt hatte, während sein Bruder zeichnete, brachte Thebens Wirtschaft und Verwaltung in Gang.

Theben blühte und wurde ein Vorbild für viele umliegende Städte. Der Hirte aber, den die beiden Könige weiterhin «Vater» nannten, stand der königlichen Hofhaltung vor, und Antiope war zuständig für die Gärten der neuen Burg.

MK nach Apollodor und Hygin (1998)

Wehre das Böse mit dem ab, was besser ist, und schon wird der, zwischen dem und dir Feindschaft herrschte, wie ein guter Freund werden.
Sure 41,34 (Koran)

Wer ist ein Held unter den Helden? Derjenige, der seinen Feind zu seinem Freund macht.
Aboth Rabbi Nathan 23 (Midrasch)

Montag

Eigentliche Freundschaft kann nicht sein ohne Einigung; und wo die ist, da macht sie sich gern und von selbst. So sind Leute, die zusammen Schiffbruch lei- 186
den, und die an eine wüste Insel geworfen werden, Freunde. Nämlich das gleiche Gefühl der Not in ihnen allen, die gleiche Hoffnung und der eine Wunsch nach Hülfe einigte sie; und das bleibt oft ihr ganzes Leben hindurch. Einerlei Gefühl, einerlei Wunsch, einerlei Hoffnung einigt; und je inniger und edler dies Gefühl, dieser Wunsch und diese Hoffnung sind, desto inniger und edler ist auch die Freundschaft, die daraus wird.
Aber, denkst Du, auf diese Weise sollten ja alle Menschen auf Erden die innigsten Freunde sein? Freilich wohl! und es ist meine Schuld nicht, daß sie es nicht sind.
Postskript. Es gibt einige Freundschaften, die im Himmel beschlossen sind und auf Erden vollzogen werden.
Matthias Claudius (1782)

Dienstag

Dankschreiben

Mein Saum, sagte sie,
sei lose und holte
Nähzeug, der Faden schlüpfte
flink durchs Nadelöhr,
mit ihrer ruhigen Hand
hat sie sich
um meinen Rocksaum bemüht.
Liebe Freundin,
sehr sanft hast du
mich getröstet.
Gertrud Wilker (1981)

Mittwoch

Wer gehört für Sie zu jenen Freunden und Freundinnen, welche man an einer Hand abzählen kann? – Gewinnen Sie auch neue Freundschaften? – Wann die letzte? – Welches sind Ihre drei wichtigsten Erwartungen an eine Freundschaft? – Enttäuschen Sie eher oder werden Sie enttäuscht in Freundschaften? – Wäre das auch veränderbar? – Wie nahe beieinander oder wie weit auseinander liegen für Sie Partnerschaft, Freundschaft, Kollegialität? – Was tun Sie, wenn Sie Ihren Partner um eine Freundschaft beneiden? – Gibt es bestimmte Muster? – Lieben Sie sich selber genug, um einen Freundschaftsdienst anzunehmen? – Können Sie sich Jesus als Freund vorstellen? – Was bedeutet es für Sie, dass im Lateinischen «Freund» (hospes) und «Fremder» (hostis) die gleiche Wurzel (hosti) haben, die zudem verwandt ist mit dem deutschen Wort «Gast»? – Haben in Ihren Freundschaften auch Zorn und Ärger Platz? – Können Sie sich in guter Freundschaft auch einmal «vergessen»? – Verändern Freundschaften die Gesellschaft?
ff (1998)

Donnerstag

3 Mai

Das zweckmäßige Wir

«Nur mit äußerster Not bin ich dem Wolfsrudel ent- 188
kommen», sagte der junge Moschusochse, noch nach Atem ringend. «Schaut nur her!»

Die andern sahen seine Wunden und den zerfetzten Pelz.

«Mir ging es ebenso», sagte ein zweiter.

«Auch mich hätten sie um ein Haar erledigt», ein dritter.

«Angreifbar sind wir», meinte der älteste von ihnen, «solange jeder von uns für sich alleine kämpft. Laßt uns fest zusammenstehen, dann werden wir unbezwingbar.»

Beim nächsten Angriff der Wölfe stellten sie sich dicht aneinander: Leib an Leib, die Hörner dem Feind zugewandt; eine lebendige Burg.

Sie wurden nicht einmal gefährdet.

Kurt Kauter (1973)

Freitag

Meine liebe Freundin,
als ich vor fünf Tagen aus dem hintersten Szechwan zurückkehrte, fand ich Ihren Osterbrief vor, der wie eine sehr sanfte Brise bei mir eintrifft. Unnütz, Ihnen zu versichern, daß ich mich seit Monaten ständig mit dem sehr klaren Gedanken trage, Ihnen zu schreiben. Doch dabei ist es auch geblieben! ... Danke für das Photo. Und vor allem Dank für Ihre Freundschaft und Dank für die Ruhe und Heiterkeit, die Sie mit dieser Freundschaft ausstrahlen. Was sind Sie doch etwas Kostbares und Seltenes!, und wie gerne möchte ich doch nach so langer Zeit bei Ihnen ein wenig neue Kräfte sammeln!
Pierre Teilhard de Chardin (1934)

Lassen Sie sich still werden, indem Sie in einer Sitzhaltung, in der Sie sich wohlfühlen, Ihren Körper erspüren. Lassen Sie sich im Körper ankommen und zur Ruhe kommen.

Vergegenwärtigen Sie sich einen Freund oder eine Freundin. Verweilen Sie in der inneren Zuwendung.

Wiederholen Sie von Zeit zu Zeit während des Ausatmens langsam die Worte: Du bist etwas Kostbares und Seltenes! Verkosten Sie diese Worte, und achten Sie darauf, wie sich Ihr innerer Bezug zum Freund oder zur Freundin verändert.

Möglicherweise stellen sich mit der Zeit andere Worte ein, Worte, die speziell für Ihre Freundschaft stimmig sind. Wiederholen Sie dann Ihre Worte, langsam, von Zeit zu Zeit, während des Ausatmens.
PW (1998)

Treue

Alkyone und Keyx

In der griechischen Landschaft Thessalien lebten vor bald dreitausend Jahren der König Keyx und die Königin Alkyone. Sie hatten sich sehr gern und hielten es kaum aus, länger getrennt zu sein.
Eines Tages aber musste Keyx eine lange Reise unternehmen. Seinem Königreich drohte Gefahr, und er wollte sich in einem Tempel beraten lassen, was er tun sollte. Weil der Tempel aber weit weg lag, musste er mit dem Schiff übers Meer. Da wurde Alkyone sehr traurig, denn Keyx konnte sie nicht mitnehmen auf die gefährliche und beschwerliche Reise. Wenn der Mond zum zweiten Mal wieder voll werde, sei er wieder da, sagte er zu ihrem Trost und gab ihr noch einen langen Kuss, bevor er an Bord ging.
Lange noch sah er Alkyone weinend am Ufer stehen. Lange noch winkten sie sich zu, während seine starken Ruderer das Schiff aufs offene Meer brachten. Das Land wich zurück, und Alkyone wurde immer kleiner. Keyx aber behielt sie vor Augen, wie er sie zuletzt gesehen hatte, und als der Wind heftiger wurde, kamen ihm ihre Warnungen wieder ins Ohr. Alkyone war nämlich die Tochter eines Windwarts, und so kannte sie die plötzlich hereinbrechenden Stürme und

hatte Keyx mehr als einmal am Ärmel gefasst, um ihn zurückzuhalten. Vergeblich.

Jetzt war er auf dem offenen Meer. Die Nacht zog auf und mit ihr der Sturm. Zuerst knatterte das Segel noch lustig im Wind, doch bald musste es eingezogen werden. Schwere Brecher rollten seitwärts heran. Hastig wurden die Ruderluken verstopft. Andere mussten bereits Wasser schöpfen. Das Meer kochte. Die Gischt riss einzelne schon über Bord. Die Taue knarrten und rissen. Krachend schlug der Mastbaum aufs Schiff.
193 Riesige Wellenberge warfen es hin und her, und am Ende des bösen Spiels begrub die grösste der Wogen das willenlos tanzende Schiff.

Keyx hielt sich an einem zersplitterten Balken. In die schäumende Wildnis hinein schrie er nach Alkyone. Doch er wusste sein Ende. Zuletzt erflehte er nur dies von den Göttern: Dass sie seinen Körper dorthin treiben liessen, wo er seine Frau zuletzt gesehen hatte.

Unterdessen war Alkyone von Unruhe geplagt, lief hierhin und dorthin, beriet sich mit dieser und jenem und flüchtete sich zuletzt ins Heiligtum der Göttin. Die wusste schon, was geschehen war, und riet Alkyone, zur Höhle des Schlafgotts zu wandern. Von ihm sollte sie sich erbeten, dass ihr Keyx im Traum begegnete.

So machte sich Alkyone unter Tränen auf, wanderte zum Hain der ewigen Stille, überschritt das Bächlein des Vergessens, beruhigte sich beim blutroten Mohn des Schlafes und erhielt in der nachtdunklen Höhle des Morpheus, was ihr gebrochenes Herz begehrte: das Versprechen, Keyx noch einmal zu sehen.

Wieder zu Hause, kam ihr der Traum, der die traurige Gewissheit brachte: Keyx, der Geliebte, der Ertrunkene, der Ersehnte, zum Greifen nahe und doch nicht zu fassen.

Am anderen Morgen ging Alkyone, zerschlagen im Innern und zitternd, zum Strand, dorthin, wo sie ihn letztmals lebend gesehen hatte. Und wirklich, zur selben Zeit trieb ein Leichnam heran, kam langsam, aber stetig näher. Als Alkyone ihn erkannte, begann ihr Herz zu springen, zu hüpfen, zu flattern, erst schwer und dann immer leichter. Und schon war sie nicht mehr am Boden, schon war sie in der Luft, schon bei ihm, und er bereits nicht mehr im Wasser, bereits nicht mehr leichenstarr, bereits belebt. Beide erkannten einander, flatterten in wilder Liebe, schwangen sich empor und zogen davon, zwei bunte Vögel.

Immer noch sind sie herrlich anzusehen: Ihre Rücken leuchten türkis, am Bauch tragen sie ein rötliches Braun, und am grossen Kopf streckt sich ein spitzer, langer Schnabel. Wie Pfeile zischen sie dahin, ganz nah über dem Wasser und eng beieinander. Sie bleiben ein Leben lang zusammen, die seltenen Eisvögel.

MK nach Ovid (1998)

Das Unwandelbare

«Unaufhaltsam enteilet
  die Zeit.» – Sie sucht das Beständ'ge.
Sei getreu, und du legst
  ewige Fesseln ihr an.
Friedrich Schiller (1795)

Montag

Treue ist immer die Festlegung des Menschen für die Zukunft, und zwar so, daß er die in der Vergangenheit eingegangene Bindung über die Zeiten hinweg und selbst unter veränderten Bedingungen durchhält.
Treue ist immer ein Verhältnis zum konkreten andern Menschen. Vom Sachlichen her lassen sich wohl andre Formen der Verpflichtung, aber keine eigentliche Treue begründen.
Treue ist stets ein Verhältnis, das den Menschen in seinem innersten Kern erfaßt. Nur wo der Mensch in seiner ganzen menschlichen Substanz in ein Verhältnis eingeht, kann er im eigentlichen Sinn treu sein.
Treue hat überall den Charakter der Unbedingtheit und Unwandelbarkeit. Sie ist ihrem Wesen zufolge «ewige Treue», und es gibt grundsätzlich keine andre Treue als eine solche ewige Treue. Dabei kann die Treue in einem besonderen Treuegelöbnis, in einem Eid, einem Schwur, einem feierlich gegebenen Versprechen zum Ausdruck kommen und dadurch in eine sakrale Ebene gehoben werden, ja der Wille zur Treue drängt gradezu nach einer solchen äußeren Bekundung, aber das ist keineswegs notwendig, und das Treueverhältnis kann auch unausgesprochen bleiben.
Otto Friedrich Bollnow (1958)

Dienstag

Tändelei

Liebst du um Schönheit,
O nicht mich liebe!

Liebe die Sonne,
Sie trägt ein goldnes Haar.

Liebst du um Jugend,
O nicht mich liebe!
Liebe den Frühling,
Der jung ist jedes Jahr.

Liebst du um Schätze,
O nicht mich liebe!
Liebe die Meerfrau,
Die hat viel Perlen klar.

Liebst du um Liebe,
O ja mich liebe!
Liebe mich immer,
Dich lieb ich immerdar.
Friedrich Rückert (1819)

Mittwoch

Ist Treue für Sie eine Frage der Disziplin, der mangelnden Gelegenheit oder des Hin- und Hergerissenseins? – Erleben Sie einen Treuebruch Ihrerseits als Erleichterung oder als Belastung? – Wie ist es, wenn Sie selber das Opfer sind? – Ist Treue für Sie eher ein Geschenk oder eine Aufgabe? – Wozu sagt man eigentlich «Ja» bei einer Trauung? – Treue und «tree» gehören zusammen. Wäre der Baum ein Symbol für die Treue? – Gibt es nach Ihrer Meinung eine Entsprechung zwischen Selbst- und Nächstentreue? – Wo zweifeln Sie an der Vertrauenswürdigkeit Ihrer Nächsten? – Gibt es dafür typische Situationen? – Kennen Sie das Gefühl, um keinen Preis sich selber untreu werden zu wollen? – Wo haben Sie das erlebt? – Was halten Sie von der Behauptung, ein gebrochenes Versprechen sei ein gesprochenes Verbrechen? – Gibt es eine Treue zu den Dingen? – Hat das Gotteswort «Ich werde sein, der ich sein werde» für Sie etwas mit Treue zu tun? – Was bedeutet Ihnen Treue zur Schöpfung?
ff (1998)

Donnerstag

Eine alte Weide

Wieviel Flößer haben sommerüber in ihrem Schatten geruht? Wie eine getreue Mutter hat sie ihre Ruhe beschützt. Jetzt ist es später Herbst!
Die Weide steht einsam da, Regentropfen rinnen wie Tränen von ihren gelben, sterbenden Blättern.
Zu ihren Füßen treibt der Czeremosz sein Spiel. Seine brausenden Wasser sind ungebärdig geworden, drehen sich, eilen vorüber, und kräftige Wellen schlagen an ihren hohlen Stamm. Die Weide steht gekrümmt, die Brust gegen den Wind gestemmt, als versuche sie so, das Ungestüm des Flusses aufzuhalten und ihn am Überfluten der Ufer zu hindern.
Grausam aber ist der Czeremosz zur Herbstzeit, wenn trüber Regen die Berge einhüllt und aus den Tiefen der Wälder unzählige Flüßchen und Bäche herbeiströmen. Mit wildem Gebraus ergießt er sich durch die Täler, alles ertränkend, was ihm im Wege steht.
Die Weide weiß um seine zornige Kraft, sie blickt voll Trauer auf das tobende Wasser und streckt ohnmächtig ihre schweren, krummen Zweige aus.

Am leeren Ufer, ganz durchnäßt vom grauen Regen, beobachtet ein junger Flößer das böse Spiel, das der Fluß mit der alten Weide treibt.
Sein längliches, sonnenverbranntes Gesicht zeigt Unruhe. Er weiß, daß die Weide jeden Augenblick samt den Wurzeln herausgerissen werden kann.
Doch was vermag ein Mensch allein gegen das tobende Element auszurichten?
Er sieht, wie die Weide gegen die unbändige Wildheit kämpft und ihre Zweige klagend schaukeln ...
«Ich will sie nicht sich selbst überlassen!»
Und er entrollt ein Drahtseil. Das eine Ende wickelt er einige Male um die Weide, das andere zieht er zu einem tief in der Erde sitzenden Felsen. Dabei schlägt sein Herz so ruhig, wie es schlagen muß bei einem Menschen, der dabei ist, eine Pflicht zu erfüllen.
«Wenn sie jetzt weggeschwemmt wird, so ist es bloß ein Zufall!»
Und der Czeremosz, als hätte er die Kraft des jungen Flößers gespürt, weicht langsam zurück, und nur von Zeit zu Zeit, offenbar aus Zorn, bespeit er den Mann und die Weide mit bräunlichweißem Schaum ...
Das hat mir mein Vater in meiner Kindheit erzählt und hinzugefügt: «Treue ist die Sonne im Leben!»
Josef Burg (1980)

197

Sei getreu bis in den Tod,
und ich will dir die Krone des Lebens geben.
Offenbarung 2,10b (Bibel)

Samstag

Lassen Sie sich still werden, indem Sie in einer Sitzhaltung, in der Sie sich wohlfühlen, Ihren Körper erspüren. Lassen Sie sich im Körper ankommen und zur Ruhe kommen.

Wiederholen Sie von Zeit zu Zeit innerlich den Satz, den Sie gelesen haben. Verknüpfen Sie die drei Worte: Treue – Tod – Leben. Die Treue, eine Haltung, mit der Menschen den Tod «aufheben», den Tod durchschreiten, über den Tod hinausreichen ...

Versuchen Sie sich in der inneren Stille an diese Haltung heranzutasten. Vielleicht bleibt sie für Sie Sehnsucht, vielleicht ist sie Ihnen bereits vertraut.

Verbinden Sie sich innerlich mit jener Person oder jenen Personen, die in Ihnen diese Treue geweckt haben und die Ihnen gegenüber dieselbe Treue leben.
PW (1998)

Glaube

Glaube

«Es müssen aber die grössten Tugenden die sein, die den anderen am nützlichsten sind, wenn es nämlich so ist, dass die Tugend ein Vermögen ist, wohltätig zu sein.» *Aristoteles* beugt mit diesem Verständnis der Tugenden zwei naheliegenden Missverständnissen vor: direkt der Meinung, eine Tugend diente zuerst oder allein der persönlichen Vervollkommnung, indirekt aber auch der Meinung, nicht selbst erworbene Haltungen könnten keine Tugenden sein. – Mit seiner Kennzeichnung der «grössten Tugenden» löst Aristoteles also zwei Fragen aus, die im Blick auf den «Glauben» (fides) besonders wichtig sind: Inwiefern ist der Glaube eines Menschen auch für andere gut? Inwiefern ist sein Glaube kein selbst erworbenes, sondern ein von Gott verliehenes Vermögen?

Die *biblischen Vorstellungen* vom Glauben sind über viele Jahrhunderte gewachsen. Immer haben sie mit dem Leben zu tun. Im Alten Testament meint der Vorgang des Glaubens, sich auf Sicheres zu verlassen, auf Bleibendes zu setzen, auf Beständiges zu bauen: «Glaubt ihr nicht, so bleibt ihr nicht.» (Jesaja 7,9) Sicher, bleibend und beständig ist aber nur die Grundlegung Gottes (Jesaja 28,15-16). – Im Neuen Testament liegt der Akzent auf dem Glauben, der «aus dem Hören» entspringt (Römer 10,17), aus der Wahrnehmung des Nichteigenen, aus der Begegnung mit dem Bleibenden. Glaube ist das Vermögen des Bezogenseins: sich aus Gott und deshalb auf Gott zu beziehen. Im Glauben liegt das Versprechen des Schauens, ein Ziel, auf das hin die Haltung lebt und an dem sie

Erfüllung erfährt: Beziehung «von Angesicht zu Angesicht» (1. Korinther 13,12).

Mit der zweiten der drei «theologischen Tugenden» wird die Frage nach dem Tugendverständnis besonders spannend: Mag sein, dass der Mensch, gesellschaftlich gesehen, als ein «Gerechter» erscheint, indem er gerecht handelt; vor Gott wird er, evangelisch gesehen, durch keinerlei noch so gerechtes Verhalten gerecht. Jeder Form ethischer Selbstrechtfertigung widerspricht *Paulus* mit der Rechtfertigung vor Gott und durch Gott allein aus dem Glauben. Gerade der Glaube ist Ausdruck dessen, dass der Mensch nicht zuerst selbstmächtiges Subjekt ist (autonom), sondern vor allem angewiesenes Geschöpf (theonom). Gerade der Glaube bringt jene Haltung ein, die kritisch verhindert, dass es beim tugendsamen Handeln nur um das gute Erscheinungsbild des Subjekts geht, und damit positiv ermöglicht, dem Nächsten, der Gesellschaft, dem ganzen Kosmos zugute zu handeln. Weil der Glaube aus Bezogenheit kommt, kann er in Beziehung treten. Ohne den Glauben steht jede noch so gute Haltung in der Gefahr, lediglich selbstgerecht zu sein. Mit dem Glauben halten sich die Tugenden die reine Selbstdarstellung vom Leibe. Glaubende sind keine Tugendbolde.

Biblischer Orientierung verdankt sich *Luthers* Bild, Glaube sei, sein Herz an etwas zu hängen. Das kann freilich vieles sein. Für den Christenmenschen ist es Gott allein, eine Haltung, die auch in ethischer Hinsicht kritisch macht gegenüber allem, was unverhohlen oder insgeheim göttliche Bedeutung oder auch nur göttlichen Glanz beansprucht, ob politisch, wirtschaftlich oder gesellschaftlich, ob religiös, kulturell oder zivilisatorisch. Erst recht gilt die kritische Haltung des Glaubens auch allen Varianten eines ethischen Glänzens. Glaube als Lebenshaltung, die Gott allein die Ehre gibt (soli Deo gloria), ist gerade kein religiös-dogmatischer Imperativ, sich blind einer totalitären Unbekannten zu unterwerfen, sondern vielmehr ein aufgeklärt-kritischer Freiheitsgewinn, sehend zwischen dem Einen und den Vielen unterscheiden zu können. Glaube als Haltung ist das «protestantische Prinzip», kein Leben irgendwelchen pseudogöttlichen Popanzen zu überlassen, wie immer sie auch heissen oder strahlen mögen, und wären ihr Name und Glanz ethisch noch so gut. So gesehen ist der Glaube das kritische Ferment im Ensemble der Tugenden.

In der *Kunst* trägt die personifizierte «fides» eine Krone und hat den «Unglauben» in Gestalt eines Dämons unter den Füssen. In der Hand hält sie den Kelch des Abendmahls, eine biblische Schriftrolle oder das Kreuz. Der Glaube ist eine Gabe Gottes, und er wird zu einer Haltung, die zum Leben taugt.

MK (1998)

Leichtigkeit

Unerträglich leicht

Was an jenem Sabbat auf einen Schlag geschah, war ein Punkt in einer langen Geschichte. Deshalb fangen wir am besten vorne an. Ich erzähle es Ihnen gern. Es war Sabbat und ich inzwischen 36, achtzehn krankheitsschwere Jahre auf dem Buckel. Aus meinem Leben war ein einziger Rückzug geworden: ins Haus, in den Haushalt. Ich zog die Kinder meiner Schwester mit heran, allen nützlich, von niemandem geliebt, am Schluss nicht einmal mehr von den Kindern.

Sie wollen wissen, welche Krankheit es war? Wir sagen in unserer Sprache «Geist» oder «Dämon». Woher die Krankheit kam, seelisch, körperlich? Ich weiss nur eins: «Krankheit» heisst bei uns «Entkräftung». Und so war es. Ich konnte mir zusehen, wie sich mein Körper im Lauf der Jahre immer mehr zusammenzog, mein Rückgrat sich zusammenkrümmte – als ob mein Leben rückwärts dem Embryonalen zu verliefe. An etwas habe ich mich dabei nicht gewöhnt: an den Blick. So verkrümmt, wie ich war, musste ich andere immer von unten her anschauen – wie ein kleines Mädchen, das sich daneben benommen hat. Daran habe ich mich nicht gewöhnt. So verkrümmt, wie ich war, konnte ich einem schönen Mann nicht anmutig und stolz begegnen mit meinen Augen – und wusste genau, wie das wäre, wenn ich es könnte. Daran habe ich mich nicht gewöhnt. So verkrümmt, wie ich war, konnte ich gar nicht erfassen, wie viele Blicke herablassend über meinen Rücken hinweg gingen. Ich habe es gespürt und mich geschämt. Ich konnte mich nicht vor jemandem hinpflanzen und sagen: «Das bin ich!» Daran habe ich mich nicht gewöhnt. So begann ich zu hassen: Augen, Blicke, Licht und Tag. Ich wäre am liebsten zurückgekrochen ins vorgeburtliche Dunkel. Ich war wie ein Todestrieb, in mich verkrallt und verkrümmt.

So schwer und kraftlos, wie ich war, so wertlos kam ich mir vor. Auf meinen krummen Rücken drückten nicht nur die herablassenden Blicke; ich fiel mir selber in den eigenen Rücken. Aber immer, wenn mein Todestrieb mich nicht tiefer hinunterziehen konnte, überkam mich eine Art Erleichterung. Sie brachte mich schier von Sinnen. Eine unerträgliche Leichtigkeit!
Und genau dieses Gefühl trieb mich an jenem Sabbat in die Synagoge. Ich schleppte mich die Treppe hinauf. Als Allerletzte ging ich hinein. Ich lehnte mich ganz hinten an eine Säule. Ein Gast, Jesus, übernahm die Lesung. «Gott hat mich gesandt, den Elenden frohe Botschaft zu bringen, jene zu heilen, welche gebrochenen Herzens sind, den Gefangenen Befreiung zu verkünden.» Meine Lippen bewegten sich mit. Wer kannte nicht von klein auf die Worte unseres Propheten Jesaja? Und Jesus las weiter: «Den Gebundenen Lösung der Bande zu verkündigen, auszurufen ein Gnadenjahr des Herrn.» Meine Lippen bewegten sich schon weiter: «und einen Tag der Rache Gottes!» Ich legte meine ganze Wut inbrünstig in diese Wörter. Aber Jesus las nicht weiter. Und im selben Moment überkam mich die unheimliche Leichtigkeit vom Morgen.
Was nun geschah, mussten mir die andern später erzählen; ich war wie von Sinnen. Jesus habe durch alle senkrechten Männerköpfe in den vordersten Reihen hindurch zur Säule, zu mir, geschaut; alle hätten sich umgedreht. Er habe mich nach vorne gerufen. Ein Rätsel, wie ich durch den langen Mittelgang kam, all die Blicke im Rücken – sein Blick von vorne war stärker. Dann sei er mir entgegengekommen und habe laut gerufen: «Frau, sei frei!» Erst seine zwei warmen Hände in meinem Rücken brachten mich wieder zu Bewusstsein. Und da stand ich vor ihm, aufrecht, Auge in Auge, ein Mann – eine Frau. Er hatte mich ins Lot gebracht. Schwindlig war mir. Und ein Gefühl, ich könnte davonfliegen. Er stand so selbstverständlich da, lachend wie ein Kind.
Und was aus mir geworden ist? Ja, was auf einen Schlag geschehen war, verlangte seine Zeit. So automatisch ging es nicht weiter. Es war, als wäre mein Körper an jenem Sabbat meiner Seele um Jahre vorausgeeilt. Ich brauchte noch lange, lange Zeit, bis meine Seele leicht wurde, bis ich mit Leib und Seele aufrecht gehen lernte. Schritte vorwärts und zurück.
Seitdem fühle ich mich allen, welche Ballast abwerfen, besonders nahe: jenen Frauen, welche nicht mehr hinunterschlucken, sondern «Ich» sagen; jenen Männern, die sich nicht so ernst und schwer nehmen, einmal den Kopf verlieren und das Fliegen lernen; jenen, welche aufhören, Haltung zu demonstrieren – und sich halten, aufrichten, erleichtern lassen.

ff nach Lukas 13,10-13 und 4,18-19 (1998)

Der Gegensatz von leicht und schwer ist der geheimnisvollste und vieldeutigste aller Gegensätze.
Milan Kundera (1984)

Montag

Ich könnte heute noch im Walde wie ein Knabe spielen: Aus Steinen und Holzstücken Häuser bauen, mit dürren Zweiglein Straßen abstecken und Haine bilden, einen Felsblock zum Range eines Alpengipfels erheben und einem Hirschkäfer und seiner Frau die Herrschaft über das alles verleihen. Und dieses kleine Reich würde mich glücklicher machen und meine Phantasie umständlicher erregen und beschäftigen – als ein noch so großes der Wirklichkeit. So habe ich einmal, mit 35 Jahren, acht Tage am Strande von Sylt mit Bauen und Zimmern einer Strandhütte verbracht und war wohl selten so von Herzen froh, wie bei diesem harmlosen Spiel.
Christian Morgenstern (1907)

Dienstag

Wie sehr loben ihn die kinder
die in den tag hineinfliegen
hundert arme buddhas ausgebreitet
die reißverschlüsse noch offen
entziffern sie
das telegramm der engel
den ersten schnee
Dorothee Sölle (1979)

Mittwoch

Träumen Sie auch vom Fliegen? – Was alles können Sie mit Leichtigkeit? – Was zieht Sie am meisten hinunter? – Wann hatten Sie zum letzten Mal ein starkes Gefühl der Erleichterung? – Empfinden Sie dafür Dankbarkeit? – Sind Sie mit Ihrem körperlichen Gewicht im Einklang? – Sind Sie mit Ihrem seelischen Gewicht zufrieden? – Sind Sie eher ein Up-hill- oder ein Down-hill-Typ? – Hätten Sie Lust, auch einmal das Gegenteil zu versuchen? – Ist es eine Altersfrage, ob man mit «easy» etwas anfangen kann? – Engel können fliegen, weil sie sich so leicht nehmen: Kennen Sie einen solchen Engel? – Oder möchten Sie einen kennenlernen? – Tanzen Sie gerne? – Auch auf dem Parkett des Lebens? – Haben Sie schon Freundschaft geschlossen mit Ihrer Kreativität? – Wann haben Sie zum letzten Mal über sich selber gelacht? – Erstaunt es Sie, dass Leichtigkeit mit Glauben zu tun haben soll?
ff (1998)

Donnerstag

Im Volksgarten

«Ich möchte einen blauen Ballon haben! Einen blauen Ballon möchte ich haben!»
«Da hast du einen blauen Ballon, Rosamunde!»
Man erklärte ihr nun, daß darinnen ein Gas sich befände, leichter als die atmosphärische Luft, infolgedessen etc. etc.
«Ich möchte ihn auslassen – – – », sagte sie einfach.
«Willst du ihn nicht lieber diesem armen Mäderl dort schenken?!?»
«Nein, ich will ihn auslassen – – – !»
Sie läßt den Ballon aus, sieht ihm nach, bis er verschwindet in den blauen Himmel.
«Tut es dir nun nicht leid, daß du ihn nicht dem armen Mäderl geschenkt hast?!?»
«Ja, ich hätte ihn lieber dem armen Mäderl geschenkt!»
«Da hast du einen andern blauen Ballon, schenke ihr diesen!»
«Nein, ich möchte den auch auslassen in den blauen Himmel!» –
Sie tut es.
Man schenkt ihr einen dritten blauen Ballon.
Sie geht von selbst hin zu dem armen Mäderl, schenkt ihr diesen, sagt: «Du lasse ihn aus!»
«Nein», sagt das arme Mäderl, blickt den Ballon begeistert an.
Im Zimmer flog er an den Plafond, blieb drei Tage lang picken, wurde dunkler, schrumpfte ein, fiel tot herab als ein schwarzes Säckchen.
Da dachte das arme Mäderl: «Ich hätte ihn im Garten auslassen sollen, in den blauen Himmel, ich hätte ihm nachgeschaut, nachgeschaut – – – !»
Währenddessen erhielt das reiche Mäderl noch zehn Ballons, und einmal kaufte ihr der Onkel Karl sogar alle dreißig Ballons auf einmal. Zwanzig ließ sie in den Himmel fliegen und zehn verschenkte sie an arme Kinder. Von da an hatten Ballons für sie überhaupt kein Interesse mehr.
«Die dummen Ballons – – – », sagte sie.
Und Tante Ida fand infolgedessen, daß sie für ihr Alter ziemlich vorgeschritten sei!
Das arme Mäderl träumte: «Ich hätte ihn auslassen sollen, in den blauen Himmel, ich hätte ihm nachgeschaut und nachgeschaut – – – !»
Peter Altenberg (1904)

Baila o trigo quando há vento,
Baila porque o vento o toca.
Também baila o pensamento
Quando o coração provoca.
Fernando Pessoa (1934)

Es tanzet das Korn im Winde,
Es tanzt, weil der Wind es berührt.
So tanzen auch die Gedanken,
Wenn das Herz sie dazu verführt.

Samstag

Lassen Sie sich im Stehen, Sitzen oder Gehen zur Ruhe kommen. Verweilen Sie längere Zeit bei Ihrer Atembewegung: Geniessen Sie ihren Rhythmus, ihre Regelmässigkeit.

Stellen Sie sich vor, dass Ihre Stille auch Begegnungsraum sein kann, zum Beispiel für Jesus, diese so vielschichtige Person.

Vergegenwärtigen Sie sich seine Leichtigkeit: Er hatte ein Auge für die Kornähren – er hatte ein Herz für die Spatzen – er liebte es, umherzuziehen und unterwegs zu sein – er wich familiären und gesellschaftlichen Zwängen aus – er freute sich über Zufallsbegegnungen – er stiftete gerne Zufallsfeste ...

Verweilen Sie bei jener Form von Leichtigkeit, die Sie selber berührt und leichter werden lässt.
PW (1998)

Vertrauen

Schlafwandlerisch

Manchmal möchte ich sein wie David.
Seine sechs älteren Brüder kämpften unter König Saul gegen die Philister. David muss ihnen von Zuhause Proviant bringen, geröstetes Korn und zehn Brote. Neugierig streift er durch die Soldatenscharen; er spürt, dass sich etwas zusammenbraut. Die Schlachtreihen beginnen sich zu formieren. David lässt den ganzen Proviant einfach stehen. Es treibt ihn an die Front – und dabei stösst er auf seine Brüder.
Der Älteste wird sagen: «Kleinster, hast du dich verirrt? Siehst du den Abgrund da vorne? Und dort oben, auf der andern Seite des Tals, siehst du? Das ist Goliath, wohl eine Nummer zu gross für dich! Schau nicht zu lange hin, sonst fällst du noch ins Tal hinunter. Geh lieber wieder heim zu den Schafen und an Mamas Rockzipfel.»
Der Hohn schallt David in den Ohren. Er bleibt unverwandt stehen und starrt hinüber. Es hat ihn gepackt. Er will kämpfen. Die Brüder können es nicht fassen, erblassen vor Zorn und Neid. Die Soldaten raunen. Das Gerücht eilt bis zum König. Saul nimmt seinen Panzer, seinen Helm, sein Schwert und zieht dem jungen Hirten die königliche Rüstung über.
Aber der junge Hirt kann sich nicht bewegen in der Rüstung des Königs. Er steht starr da; dann ein Ruck. Er entledigt sich der fremden Klamotten und legt sie Saul vor die Füsse. Er vertraut auf seine eigene Ausrüstung. Er zieht los nur mit der Hirtentasche, seiner Schleuder und einer schlafwandlerischen Sicherheit. Im Talgrund sucht er fünf Steine, steigt bergauf, kämpft und gewinnt.
Manchmal möchte ich sein wie David. Aber vielleicht habe ich ihn schon zum Helden gemacht, zur fremden Klamotte.
Eigentlich möchte ich sein wie ich.
ff nach 1.Samuel 17,38-40 (1998)

Ich habe im Herrn das Vertrauen zu euch,
dass ihr nicht anders gesinnt sein werdet.
Galater 5,10a (Bibel)

Vertrauen ist gut,
Kontrolle ist besser.
Russisch (Lenin zugeschrieben)

Montag

Der Mensch kann nicht leben ohne ein dauerndes Vertrauen zu etwas Unzerstörbarem in sich, wobei sowohl das Unzerstörbare als auch das Vertrauen ihm dauernd verborgen bleiben können. Eine der Ausdrucksmöglichkeiten dieses Verborgenbleibens ist der Glaube an einen persönlichen Gott.
Franz Kafka (1920)

Dienstag

Vertrauen
oder
der unerschöpfliche Hintergrund:
Eine metaphysische Grösse
215 *Jürgen Israel zugeeignet*

Das Glück der Dummheit liegt im Lattich.
Das Glück der Neugier liegt im Entdecken.
Das Glück des Rausches liegt im Werden.
Das Glück des Werdens liegt im Vertrauen.

Vertrauen:
Du gibst dein Leben
à fonds perdu.

Mehr hast du nicht.
Mehr kannst du nicht geben.
Du bist nur, was du dran gibst.

Springe aus der eignen Mitte.
Keiner ist sich selbst genug.
Franz Fassbind (1988)

Mittwoch

Kennen Sie Momente, in denen Sie jedes Selbstvertrauen verlieren? – Was oder wer hilft Ihnen dabei weiter? – Was beschäftigt Sie am meisten: das Selbstvertrauen, das Gottvertrauen, das Weltvertrauen oder das Zeitvertrauen? – Es gibt Schuld- und Glaubensbekenntnisse: Wie würde Ihr persönliches Vertrauensbekenntnis aussehen? – Welcher Mensch, den Sie kennen, hat den vertrauensvollsten Blick? – In welchen Menschentyp haben Sie kein Vertrauen? – Wie kommen Sie damit zurecht? – Vertrauen Sie auf ein Leben nach dem Tod? – Hat das einen Einfluss auf Ihr Vertrauen in ein Leben vor dem Tod? – Denken Sie, man spürt, ob man sich auf jemand verlassen kann? – Wessen Hand hat Ihnen in der Kindheit Vertrauen eingeflösst? – Braucht Ihr Vertrauen in andere auch Kontrollen? – Kennen Sie die Grauzone zwischen «vertrauensselig» und «vertrauensvoll»? – Welche Gegenteile zu Vertrauen kennen Sie?
ff (1998)

Donnerstag

Nähe und Ferne

Ein Schüler fragte den Baalschem: «Wie geht das zu, daß einer, der an Gott hangt und sich ihm nah weiß, zuweilen eine Unterbrechung und Entfernung erfährt?»
Der Baalschem erklärte: «Wenn ein Vater seinen kleinen Sohn will gehen lehren, stellt er ihn erst vor sich hin und hält die eignen Hände zu beiden Seiten ihm nah, daß er nicht falle, und so geht der Knabe zwischen den Vaterhänden auf den Vater zu. Sowie er aber zum Vater herankommt, rückt der um ein weniges ab und hält die Hände weiter auseinander, und so fort, daß das Kind gehen lerne.»
Israel ben Elieser von Mesbiž (18.Jh., Buber)

217

Vertrauen

Gib ihm nach, dem Schlaf,
  gib ihm nach, dem Tod,
Sein Dickicht von Dunkel
  lichtet sich jenseits klar.
Nichts geht unter,
  es geht in sein Morgenrot,
Und im Wandel wird Wahrheit,
  Gottes Gesicht offenbar.
Albin Zollinger (1939)

Samstag

Lassen Sie sich im Stehen, Sitzen oder Gehen zur Ruhe kommen. Verweilen Sie längere Zeit bei Ihrer Atembewegung: Geniessen Sie ihren Rhythmus, ihre Regelmässigkeit.

Stellen Sie sich vor, dass Ihre Stille auch Begegnungsraum sein kann, zum Beispiel für Jesus, diese so vielschichtige Person.

Vergegenwärtigen Sie sich sein Vertrauen: Er rechnete mit der Heilung von Kranken – er erprobte die verändernde Kraft der Liebe – er liess sich auch durch den Tod nicht abschrecken: «Vater, in deine Hände lege ich meinen Geist!» Das Lukasevangelium lässt Jesus beim Sterben diese vertrauensvollen Worte sprechen.

Verweilen Sie bei jener Form von Vertrauen, die Sie selber berührt und in Ihrem Vertrauen bestärkt.
PW (1998)

Hingabe

Liebe auf dem Dreschplatz

Da sitze ich nun: mit feinem Öl gesalbt, im schönsten Kleid, hinter staubigen Weizensäcken zusammengekauert, auf einer Tenne. Zum Lachen – ginge es nicht um Alles oder Nichts! Vor zehn Jahren hatte Hunger Noemi mit Mann und zwei Söhnen aus Israel zu uns ins feindliche Moab getrieben. Krankheit hatte den Vater und die Söhne dahingerafft. Übrig blieben drei Witwen, Noemi mit Orpa und mir, uns moabitischen Schwiegertöchtern. Noemi wollte zurück nach Israel. Wir gaben ihr das Geleit bis zum Jordan. Aber Noemi ging nicht allein weiter, Orpa ging allein zurück. Ich ging Hals über Kopf mit Noemi, liess Mutterland, Verwandtschaft und Vaterhaus zurück aus Sehnsucht, Begrenztheit zu sprengen. Ein Jahr ist nun um; aber hier auf der Tenne ist es wieder das gleiche Gefühl wie am Jordan: Alles oder Nichts. Und alles hängt am dünnen Faden einer Frauenlist!

Als wir vor einem Jahr in Bethlehem angekommen waren, versank Noemi in Depression. Daheim war sie gar nicht mehr daheim. Und mich, die dunkelhäutige Fremde, glotzten die Männer lüstern und die Frauen neidisch an. Meine Kraft schwand, aber ich spürte eine fremde Kraft in mir. Während der Weizenernte machte ich vom Armenrecht Gebrauch, ging auf die

Felder und nahm, was nach der Ernte übrig blieb. Mühsam ist das und beschämend; doppelt beschämend, wenn man arm und fremd zugleich ist. Meinen Zorn wandelte ich in Arbeitswut.

Jetzt ist wieder Erntezeit. Und ich beobachte zwischen den Säcken hindurch Boas beim Worfeln. Leicht und jugendlich sind die Bewegungen des kräftigen Körpers. Staub und Spreu verwehen im Wind, der Weizen fällt auf den grossen Haufen. Abendrot zieht auf. Wäre nur schon Nacht.

221 Boas, der Besitzer der Felder, war von Anfang an zuvorkommend mit mir. Diskret schaute er, dass ich zu meinen Garben kam. Kaum hatte ich Noemi von Boas erzählt, da wurde sie aus ihrem Tief herausgeschleudert. «Boas! Er ist ein Verwandter meines Mannes, kommt darum als Löser in Frage,» sagte sie. «Der Löser kauft einer verarmten Familie wie der meinen ihr Land zurück. Gehört es einer kinderlosen Witwe, soll er ihr Nachkommen schenken. Ihnen wird dann das Land gehören, nicht ihm. Er rettet Land und Leute, Grund und Namen vor dem Untergang, ohne daran reich zu werden.»

Noemi war zu alt, Kinder zu bekommen. Doch durch mich würde es möglich. Aber mir sträubten sich die Haare. Sollte ich sozusagen Leihmutter sein für Noemi, die Frau eines viel älteren Mannes? Doch dann wurde etwas anderes stärker: meine Verbindung mit Noemi, worin «mein» und «dein» zerfliessen. Noemi hat einen kecken Plan ausgeheckt. Nun, wo nur noch ein paar Weizensäcke vor seiner Ausführung stehen, zittere ich am ganzen Leib. So weit geht alles nach «Plan». Boas isst und trinkt, genüsslich und zufrieden; die Ernte ist vollbracht. Stockdunkel ist es geworden, er legt sich auf sein Lager, schnarcht rasch. Jetzt bin ich dran! Also, ganz ruhig über die Säcke geklettert! Da ist das Fussende der Decke, ganz sacht aufgehoben, ich krieche darunter, schmiege mich zusammen, zu seinen Füssen. Ob er meint, ich wolle billig unter seine Haube kommen? Und wenn er ein Abenteuer wittert und mich ausnützt – oder mich davonjagt? Oder beides?

Oh Schreck, er bewegt sich: «Wer bist Du?» – «Ruth, deine Magd. Breite Deine Decke über Deine Magd!» stottere ich. Ich wollte das gar nicht als erstes sagen, das klingt ja wie eine Liebeserklärung – erst noch von einer, welche geschmückt ist wie eine Braut. «Du bist mein Löser,» füge ich hinzu. Ich sehe sein Gesicht nicht. Spräche er doch endlich! Möge Gott hier auf dem Dreschplatz unsere Herzen berühren! Werde ich Boas' Frau und Mutter, werde ich zu einem Volk gehören, welches nicht sich gehört, sondern Gott. Meine Kinder werden nicht meine Kinder sein.

«Boas, sprich endlich!»

ff nach Ruth 3,1-9 (1998)

Tragik

Das ist das Schwerste: sich verschenken
und wissen, daß man überflüssig ist,
sich ganz zu geben und zu denken,
daß man wie Rauch ins Nichts verfließt.

Selma Meerbaum-Eisinger (1941)

Montag

Die Erfahrung des Verrates ist kaum einem erspart geblieben. Die Gestalt des Judas, die uns früher so unbegreiflich war, ist uns kaum mehr fremd. So ist die Luft, in der wir leben, durch Mißtrauen verpestet, daß wir fast daran zugrundegehen. Wo wir aber die Schicht des Mißtrauens durchbrachen, dort haben wir die Erfahrung eines bisher gar nicht geahnten Vertrauens machen dürfen. Wir haben es gelernt, dort, wo wir vertrauen, dem anderen unseren Kopf in die Hände zu geben; gegen alle Vieldeutungen, in denen unser Handeln und Leben stehen mußte, haben wir grenzenlos vertrauen gelernt. Wir wissen nun, daß nur in solchem Vertrauen, das immer ein Wagnis bleibt, aber ein freudig bejahtes Wagnis, wirklich gelebt und gearbeitet werden kann. Wir wissen, daß es zu dem Verwerflichsten gehört, Mißtrauen zu säen und zu begünstigen, daß vielmehr Vertrauen, wo es nur möglich ist, gestärkt und gefördert werden soll. Immer wird uns das Vertrauen eines der größten, seltensten und beglückendsten Geschenke menschlichen Zusammenlebens bleiben, und es wird doch immer nur auf dem dunklen Hintergrund eines notwendigen Mißtrauens entstehen. Wir haben gelernt, uns dem Gemeinen durch nichts, dem Vertrauenswürdigen aber restlos in die Hände zu geben.

Dietrich Bonhoeffer (1942)

Dienstag

223 Sieben Leben

Sieben Leben möcht ich haben:
Eins dem Geiste ganz ergeben,
So dem Zeichen, so der Schrift.
Eins den Wäldern, den Gestirnen
Angelobt, dem großen Schweigen.
Nackt am Meer zu liegen eines,
Jetzt im weißen Schaum der Wellen,
Jetzt im Sand, im Dünengrase.
Eins für Mozart. Für die milden,
Für die wilden Spiele eines.
Und für alles Erdenherzleid
Eines ganz. Und ich, ich habe –
Sieben Leben möcht ich haben! –
Hab ein einzig Leben nur.

Albrecht Goes (1950)

Mittwoch

Was ist Ihre Passion? – Was war Ihre Passion als Kind? – Wofür würden Sie vermutlich Ihr Leben hingeben? – Ziehen Sie leidenschaftliche Menschen an? – Oder gehen Sie Ihnen eher aus dem Weg? – Finden Sie Vorbilder in Sachen Hingabe? – Würden Sie gerne mit einer Nonne oder einem Mönch über Hingabe sprechen? – Sehen Sie Ihr Leben eher wie ein Sparkonto, eine Kerze oder ein Feuer? – Welche Gefühle löst in Ihnen «Aufopferung» aus? – Hätte es unsere Geschichte beeinflusst, wenn Jesus aus Gethsemane geflüchtet wäre? – Hätte es unser Denken verändert, wenn Sokrates den Schierlingsbecher nicht erhalten hätte? – Sind Sie der Typ, der zu viel liebt? – Was tun Sie für sich? – Kennen Sie die Hingabe an ein Gemeinwesen? – Darf der Staat Hingabe verlangen?

ff (1998)

Donnerstag

Laute

Ich spiele auf der Laute Erinnerung. Sie ist ein geringfügiges Instrument mit nur immer einem und demselben Klang. Dieser Klang ist bald lang, bald kurz, bald träge, bald hurtig. Er atmet in ruhigen Zügen, oder er setzt in einem hastigen Sprung über sich selber hinweg. Er ist traurig und lustig. Das Sonderbare ist nur, daß, wenn er schwermütig klingt, er mich lachen macht, daß, wenn er lustig ist und springt, ich dabei weinen muß. Gab es jemals solchen Ton? Wurde jemals auf so wunderlichem Instrument gespielt? Es ist kaum in die Hand zu nehmen, das Instrument; die Hände, selbst die weichsten und feinstgebildeten, sind zu rauh dafür. Es hat unaussprechlich dünne, zarte Saiten. Haare sind Halftern dagegen. Es gibt einen Knaben, der darauf zu spielen weiß; und ich, der ich Zeit habe, auf der Lauer zu liegen, ich horche ihm zu. Er spielt Tag und Nacht, ohne an Essen und Trinken zu denken, in die Nacht und in den Tag hinein. Vom Tag in die Nacht und von der Nacht in den Tag hinein. Die Zeit muß ihm nur dazu da sein, sie wie einen Ton an sich vorbeiwehen zu lassen. So wie ich auf ihn horche, den Spielenden, so horcht er, der Spieler, die ganze Zeit lang auf seine Geliebte, den Klang seines Instruments. Noch nie lag ein Verliebter so treu, so beständig auf der Lauer. Wie süß ist es, dem Lauernden aufzulauern, den Verliebten verliebt zu sehen, den Vergessenen an seiner Seite zu fühlen. Der Knabe ist Künstler, die Erinnerung sein Instrument, die Nacht sein Raum, der Traum seine Zeit; und die Töne, denen er das Leben gibt, sind seine eifrigen Diener, die von ihm reden in der Welt begieriger Ohren. Ich bin nur noch Ohr, unsäglich ergriffenes Ohr.

Robert Walser (1901)

Wunder verdienen wir nicht.
Wir können nur die Augen für sie öffnen.

Wunder sind das Herz des Lebens,
das in der Brust der Lebenden schlägt.

Glaube nicht, daß du Wunder verdienst –
wage es einfach, ihnen zu begegnen.
Anonymus (3.Jh., Shapiro)

Samstag

Lassen Sie sich im Stehen, Sitzen oder Gehen zur Ruhe kommen. Verweilen Sie längere Zeit bei Ihrer Atembewegung: Geniessen Sie ihren Rhythmus, ihre Regelmässigkeit.

Stellen Sie sich vor, dass Ihre Stille auch Begegnungsraum sein kann, zum Beispiel für Jesus, diese so vielschichtige Person.

Vergegenwärtigen Sie sich seine Lust, sich zu wagen, damit daraus ein Wunder wird: Er begann mit dem Verteilen von Broten und Fischen, und Tausende von Menschen wurden satt – er entdeckte seine eigene Liebe in der Hingabe von Brot und Wein, und immer noch leben Menschen von dieser Entdeckung ...

Verweilen Sie bei dieser Lust, sich zu wagen, und lassen Sie sich von ihr anstecken.
PW (1998)

Zuversicht

Ein Werkstattgespräch

Verleger: Herr Kantor, der Termin für den Eingang Ihres Manuskripts ist vorbei. Warum beharren Sie auf diesem Text, wenn Ihnen doch nichts dazu einfällt? Es gibt hunderte andere, die Sie für eine Vertonung nehmen können. Das neue Kirchengesangbuch kann nicht auf ein weiteres Schlusslied aus Ihrer Hand warten.

Kantor: Ich bleibe bei diesem Psalmvers: «Der Herr segnet Deinen Ausgang und Eingang von nun an bis in Ewigkeit.»
Verleger: Was heisst eigentlich «Ausgang und Eingang?» Von der Wiege bis zur Bahre?
Kantor: Ich sehe bei «Ausgang und Eingang» die auf- und niedergehende Sonne vor mir. Die Melodie sollte diese Bewegung nachvollziehen.
Verleger: Schön und gut für Sie! Mich selber mutet das so herbstdepressiv an wie «Mensch, gedenke, dass du sterblich bist!». Sind wir nur sterblich? Sind wir nicht auch geburtlich, anfänglich?
Kantor: Stimmt! Wenn wir «Ausgang und Eingang» ergänzen würden mit «Anfang und Ende»? Und zwar in dieser Reihenfolge!
Verleger: Da verdoppeln Sie nur «Ausgang und Eingang.» Es wird noch schlimmer.
Kantor: Das ist gar keine Verdoppelung.
Verleger: Sondern?
Kantor: Ich habe mir das bis jetzt auch noch nie richtig klar gemacht. «Eingang» ist doch der Weg der Wallfahrenden hinein in den bergenden Tempel, heraus aus den Gezeiten der Zeit. Einkehr, Zuflucht, Ausruhen.
Verleger: Dann wäre «Ausgang» die Rückkehr in den Alltag?
Kantor: Genau! Wir sind am Ende unserer Kraft. Wir

gehen ein in den Tempel. Da geschieht etwas an uns: wir werden gewandelt. Und wir kommen wieder heraus: gestärkt, frischer, zuversichtlicher. Wir fangen neu an. Unser «Eingang» bricht das «Ende». Und neuer «Anfang» bricht aus dem «Ausgang» hervor.

Verleger: Eine solche Wallfahrt kommt mir vor wie ein Sakrament mit Hand und Fuss.

Kantor: Jetzt haben Sie mich auch auf die dritte und vierte Zeile gebracht.

Verleger: Wie bitte? Also: schön der Reihe nach. Wie
229 hiesse die erste Zeile?

Kantor: Ganz einfach das Psalmzitat: «Ausgang und Eingang».

Verleger: Und dann?

Kantor: Zweite Zeile: «Anfang und Ende».

Verleger: Ich verstehe das jetzt zwar; aber was ist mit allen andern?

Kantor: Moment bitte! Zuerst, wie Sie selber sagten, der Reihe nach: Sie haben von «Sakrament» gesprochen. Das Sakramentale und die Verwandlung – sie liegen nicht bei uns. So komme ich zur dritten Zeile: «liegen bei Dir, Herr». Und Ihr «Hand und Fuss» hat mich zur Schlusszeile gebracht: «Füll Du uns die Hände.» Herr Verleger, Sie sind sehr anregend!

Verleger: Danke für die Blumen! Aber mein Vorbehalt bleibt ...

Kantor: ... und bringt mich auf eine musikalische Idee. Ich mache aus den vier Zeilen einen Kanon.

Verleger: Wozu?

Kantor: So wird «Anfang» und «Ende» überstimmt durch «Ausgang» und «Eingang». «Ende» wird übertönt durch «Eingang», «Ausgang» hat ein Echo in «Anfang». Das Irdische «Anfang und Ende» erstrahlt im himmlischen «Ausgang und Eingang». Das Zeitliche erscheint im Glanz des Ewigen.

Verleger: Aha. So kann Ihre Melodie die Bewegung der himmlischen Sonne nachziehen!

Kantor: Aber auch Sie kommen zu Ihrem Recht: «Ausgang» und «Anfang» kommen zuerst: Ihr Geburtliches.

Verleger: Ich gratuliere! Und wann sind Sie so weit mit Ihrer Geburt?

Kantor: Ideen brauchen Ruhe und Einkehr. Das Handwerk geht dann rasch.

Verleger: Dann blicke ich zuversichtlich auf den Ausgang.

Kantor: Bis morgen!

Ausgang und Eingang,
Anfang und Ende
liegen bei dir, Herr,
füll du uns die Hände.

ff auf einen Text von Joachim Schwarz (1998)

Zuversicht ist Lust, entsprungen aus der Idee von etwas Zukünftigem oder Vergangenem, bei welchem die Ursache des Zweifelns geschwunden ist.

Baruch de Spinoza (1677)

Montag

Ich glaube, daß Gott aus allem, auch aus dem Bösesten, Gutes entstehen lassen kann und will. Dafür braucht er Menschen, die sich alle Dinge zum Besten dienen lassen.

Ich glaube, daß Gott uns in jeder Notlage soviel Widerstandskraft geben will, wie wir brauchen. Aber er gibt sie nicht im voraus, damit wir uns nicht auf uns selbst, sondern allein auf ihn verlassen. In solchem Glauben müßte alle Angst vor der Zukunft überwunden sein.

Ich glaube, daß auch unsere Fehler und Irrtümer nicht vergeblich sind, und daß es Gott nicht schwerer ist, mit ihnen fertig zu werden, als mit unseren vermeintlichen Guttaten.

Ich glaube, daß Gott kein zeitloses Fatum ist, sondern daß er auf aufrichtige Gebete und verantwortliche Taten wartet und antwortet.

Dietrich Bonhoeffer (1943)

Dienstag

Un día
se levantará la hierba
para volverse amapola.

Se levantará la piedra
para volverse nube.

Se levantará la lágrima
para volverse estrella.

Se levantará el hombre
231 para volverse hombre.
Un día.
Hans Leopold Davi (1975)

Eines Tages
wird sich erheben der Grashalm
um Mohnblume zu werden.

Wird sich erheben der Stein
um Wolke zu werden.

Wird sich erheben die Träne
um Stern zu werden.

Wird sich erheben der Mensch
um Mensch zu werden.
Eines Tages.

Mittwoch

Gehört «Zuversicht» zu Ihrem Wortschatz? – Hat «Zuversicht» für Sie mehr mit der Gegenwart oder der Zukunft zu tun? – In welchem Zusammenhang haben Sie das Wort zum letzten Mal gehört? – Als Floskel? – Könnten Sie sich vorstellen, aus Zuversicht auch rücksichtslos zu werden? – Soll bei einer Beerdigung von Zuversicht die Rede sein? – Gibt es für Sie eine Verbindung zwischen göttlicher Vorsehung und menschlicher Zuversicht? – Kennen Sie ein Gesicht, das Zuversicht ausstrahlt? – Wenn Sie sich selber im Spiegel anschauen, treffen Sie auf Spuren von Zuversicht? – In welcher Stimmung sind Sie wenige Minuten vor dem Einschlafen? – Wie stehen Sie auf? – Ist Zuversicht körperlich sichtbar? – Haben Sie Zuversicht im Blick auf den blauen Planeten? – Braucht die Schöpfung unsere Zuversicht?
ff (1998)

Donnerstag

Die Perle

Der Gelbe Kaiser reiste nordwärts vom Roten See, bestieg den Berg Khun-Lun und schaute gegen Süden. Auf der Heimfahrt verlor er seine Zauberperle.
Er sandte Erkenntnis aus, sie zu suchen, aber sie fand sie nicht. Er sandte Klarsicht aus, sie zu suchen, aber sie fand sie nicht. Er sandte Denkgewalt aus, sie zu suchen, aber sie fand sie nicht. Endlich sandte er Absichtslos aus, und es fand sie.
«Seltsam fürwahr», sprach der Kaiser, «daß Absichtslos sie zu finden vermocht hat.»
Tschuang-Tse (3.Jh. v. Chr.)

Freitag

Es knospt unter den Blättern.
Dem sagen sie Herbst.
Hilde Domin (1964)

Samstag

Lassen Sie sich im Stehen, Sitzen oder Gehen zur Ruhe kommen. Verweilen Sie längere Zeit bei Ihrer Atembewegung: Geniessen Sie ihren Rhythmus, ihre Regelmässigkeit.

Stellen Sie sich vor, dass Ihre Stille auch Begegnungsraum sein kann, zum Beispiel für Jesus, diese so vielschichtige Person.

Vergegenwärtigen Sie sich seine Zuversicht, die er gerne in Geschichten weitergab. So erzählte er zum Beispiel von den deprimierenden Fakten rund um die Aussaat von Getreide: Korn fällt auf den Weg, auf felsigen Grund, in Dornengestrüpp, doch liess er dann die Geschichte in Richtung Zuversicht kippen: Das Korn kann sich so stark vermehren, dass die gelingende Saat das verlorene Korn vergessen macht.

Verweilen Sie bei dieser Zuversicht, machen Sie sich seine Geschichte zueigen.
PW (1998)

Hoffnung

78

Hoffnung

Daran, was und wie einer hofft, erweist sich, was er von der Wirklichkeit der Welt hält und was von den Möglichkeiten Gottes.

Hesiod überliefert dazu (um 700 v. Chr.) ein ebenso bedeutsames wie rätselhaftes Mythenstück: Prometheus hatte Zeus verärgert, weshalb er die Mühsal von Arbeit und Konkurrenz über die Menschheit brachte. Darauf hatte der menschenfreundliche Halbgott dem Göttervater das Feuer entwendet und den Menschen übergeben. Nun liess der grollende Zeus eine schöne «Jungfrau» erstehen und von allen Göttern mit wundervollen Gaben ausstatten. Sie hiess Pandora («Allbeschenkte») und wurde mit einem grossen Krug weiterer Gaben der Götter zu Epimetheus («Nachbedacht») gesandt. Der verlor sich an Pandora und hörte nicht auf seinen warnenden Bruder Prometheus («Vorbedacht»). Pandora öffnete den Krug: Heraus kamen alle bekannten Übel der Wirklichkeit. Nur die Hoffnung flatterte kraftlos unter dem Rand des Kruges. Sie schaffte es zwar, den Deckel hinabzustossen, blieb aber im Krug. – Ist die Hoffnung selbst ein Übel besonderer Art, weil sie den Menschen angesichts unentrinnbarer Übel so vergeblich quält? Oder ist ihr Wesen, immer zu spät zu kommen, dann erst zu erscheinen, wenn sich die Übel längst unwiderruflich breit gemacht haben? Wie auch immer, Hesiod hält nicht viel von der Wirklichkeit der Welt, und die Möglichkeiten der Götter erschöpfen sich darin, eifersüchtig Schicksal zu spielen und die Menschen allenfalls mit der Hoffnung auf ein «goldenes Zeitalter» jenseits der Wirklichkeit zu vertrösten.

Die *Bibel* scheint Hesiods Pessimismus gegenüber der Wirklichkeit der Welt zu teilen: Der Mensch lebt «diesseits von Eden» und kennt die Mühsal von Arbeit und Konkurrenz. Doch Gott nimmt das Leben, das in der Wirklichkeit immer wieder gemindert ist, in seinen Schutz, um es zu erhalten. Der Mensch ist nicht Gottes Spielball, sondern Gottes Leben, das er gibt und begabt, korrigiert und entwickelt. Davon erzählen in mythischer Sprache die «Urgeschichten» (Genesis 1-11). Daran erinnert in legendärer Sprache die grossartige Geschichte vom Auszug aus der Sklaverei, vom Durchzug durchs Nichts der Wüste, vom Einzug ins

Land der neuen Lebensmöglichkeiten. Davon zeugt der Todesmut der Propheten, die in der ausweglos verkrustet scheinenden Wirklichkeit der Welt die Möglichkeiten Gottes sahen. Zuletzt erzählt davon die Geschichte jener anderen «Jungfrau», die gerade nicht die wundervollen Gaben der Götter mit sich trug, dafür aber auch nicht alle Übel der Welt, sondern Gottes Leben für die Wirklichkeit der Welt. Und diese Wirklichkeit war heimatlos ohne Herberge, kalt wie eine Grotte, rauh wie Stroh. Aber sie hatte die Verheissung des Lebens, und das ist der Grund der christlichen Hoffnung. – Hoffnung braucht den Boden der Wirklichkeit, aber sie sieht in ihr die Lebensmöglichkeiten Gottes. Daraus ergibt sich eine Haltung. Und erst hier wird die Hoffnung zur Tugend.

Das *Mittelalter* freilich hat sich gegen sein Ende hin von der biblischen Auffassung entfernt: So sehr nahm der Pessimismus gegenüber der Wirklichkeit der Welt überhand, dass sich alle Hoffnung auf eine supranaturalistisch aufgefasste Wirklichkeit jenseits des Todes und jenseits der Welt richtete. Als ob Gott keine Möglichkeiten in der Wirklichkeit hätte, sondern nur gerade noch die Kirche eingerichtet hätte, um das Seelenheil der Gläubigen im Blick auf eine bessere Welt jenseits der Geschichte zu verwalten. «Hoffen» und «Harren» wurden gleichbedeutend. Alle Energie der Hoffnung floss ins Bemühen, sich durch Leistungen die Überwindung des «irdischen Jammertals» und den Eintritt in den «Himmel» zu sichern. Auch das ergab eine Haltung, allerdings keine biblisch begründete.

Erst die Theologie der *Moderne* hat die existentielle Bedeutung der Hoffnung wieder entdeckt: Hoffen heisst, «der Wirklichkeit nicht die Schleppe nachtragen, sondern die Fackel voran» (Jürgen Moltmann). Die Hoffnung geht zugleich mit einem «Weil» und einem «Obwohl» auf die Wirklichkeit, wie sie ist, ein. Sie hebt sich nicht ab von ihr, sondern mutet ihr etwas zu. Sie nimmt Grenzen wahr, um sie zu überschreiten. Das christliche Symbol dafür sind Kreuz und Auferstehung. Von daher ist christliche Hoffnung nach vorn gerichtet, nicht auf «Erlösung» in ein «goldenes Zeitalter» hinein, wie Ideologien es sich zu erträumen pflegen, sondern auf «Versöhnung» mit der Wirklichkeit, und dazu gehört der Glaube, dass Gott mitten im Wirklichen möglich ist: gestaltend, verändernd, liebend.

In der *Kunst* steht die personifizierte «spes» mit erhobenen Armen, über sich die Krone des Lebens oder die Hand Gottes, als Attribute bei sich die nimmermüde Biene, den ascheentstiegenen Phönix oder die gottgesandte Taube, später häufig den Anker. Hoffnung ist eine Tugend, die bereits jetzt und nicht erst dann Leben verheisst.

MK (1998)

Heiterkeit

Himmel auf Erden

Feingliedrig bin ich, feinfühlig auch, eher unauffällig, scheu und langsam. Ich ging nicht selber hinein. Schliesslich besitze ich ja mein eigenes Haus. Die haben mich einfach mitgenommen, hereingezerrt. Und nun war ich in irgend einer dunklen Holzkammer. Übrigens nicht allein ... war mein grosses Glück! Endlich eine Freundin! Aber zuerst verkrochen wir uns beide in eine andere Ecke. Ich spürte früh, wie die Holzkammer ganz sachte hin- und herzuschaukeln anfing; wir sind eben feinfühlig. Offenbar stieg das Wasser an. Plötzlich ein Riesenruck! Und dann schwankte es hin und her, her und hin, tagelang, wochenlang. Wäre die Liebe nicht, ich weiss nicht ...

Und dann ein riesiges Toben! Nebenan, links und rechts, über uns, unter uns. Elefanten rüsselten, Löwen fauchten, Hunde kläfften, Katzen verkrallten sich ineinander und jaulten auf. Stritten die doch um die grösseren Räume! Ehrlich: lächerlich! Wir mussten ja sowieso wieder raus. Die hätten besser an jene gedacht, die nicht hier waren. Aber das fiel ihnen nicht ein. Mir schon. Unsereiner hat eben ein «langes» Gedächtnis. Wir sind auch im Vergessen langsam.

Dann, nach Wochen, merkten wir, wie das Wasser zu sinken anfing. Wir sind eben feinfühlig. Wenn man verliebt ist, noch besonders. Und dann gab es plötzlich wieder einen Riesenruck. Wir mussten uns schütteln vor Lachen. Aber, oh weh! Alle Türen sprangen auf. Ein Chaos, selbst meine Freundin war weg, und ich völlig verzweifelt. Ich ging, so schnell ich eben konnte, durch das Labyrinth der Gänge und Winkel. Schliesslich, nach langen Irrwegen, war ich beim Ausgang: zwischen den riesigen Beinen der Giraffen, Elefanten, Zebras, Dackel, Katzen, Meerschweinchen. Sie alle standen bockstill. Warum, wusste ich nicht. Und ich wollte nur eines: meine Freundin finden. Und so zog ich einfach schnurgerade meine Spur, durch die Allee dieser Beine hindurch. Lang ging es – immer weiter –, und ich war völlig allein. Von meiner Lieben keine Spur. Aber auf einmal ein Getrampel wie von einer herangaloppierenden Kamelherde. Alle überholten mich, klopften mir links und rechts auf die Schultern; ich spüre es jetzt noch. Und schon waren sie vorbei, ich wieder allein. Ich kam nicht vorwärts im Sand. Doch dann kam tatsächlich meine Freundin an.

Sie erzählte mir genau, was sich ereignet hatte. Alle hätten Angst gehabt, hinaus zu gehen; es war ja Neuland für jeden. So blieben sie am Eingang wie versteinert stehen und glotzten heraus: mir und der geraden Spur nach, welche ich zog; sprachlos über meinen Mut. Ich spürte die Bewunderung meiner Freundin in ihrer Stimme. Das sog ich genüsslich ein ... mal ein bisschen Held sein dürfen. Ich habe ihr nicht gesagt, dass ich allein aus Verzweiflung geradeaus drauf los gegangen war. Hat ja noch Zeit. Ich sag's ihr dann nach der Hochzeit, oder später vielleicht, oder auch gar nicht ...

Also: alle hätten auf mich gestarrt. Ich ging immer weiter und weiter – und ihre Köpfe immer höher und höher. Bis die Hälse der Giraffen ganz aufgerichtet waren, in den Himmel schauten und einen wundervollen Regenbogen erblickten. Der nahm ihnen die Angst. Sie stürzten heraus und bedankten sich bei mir, als sie mich überholten. Ja, ... schmerzt mich jetzt noch, war ein wenig zu viel Dankeschön.

Wir gingen nebeneinander her, meine Freundin und ich, sie erzählend, ich stolz. Und auf einmal hörten wir die Stimme des Captain – grimmig. Erst allmählich merkten wir, was los war. Da wollten sie doch schon wieder miteinander um die Reviere raufen. Aber der Captain redete ihnen ins Gewissen. Da wurde es still und nachdenklich. Unser Verdienst war es ja bestimmt nicht, dass wir hier waren.

Daraus wurde eine leise Feier, eher scheu. Die Menschen und wir Tiere gedachten der andern – und liessen das Raufen. Und später kam so etwas wie Dankbarkeit auf, dass wir noch da sind. Ich hatte, abgesehen von der Rettung, noch einen andern Grund, unserem Schöpfer zu danken; aber das ist ja Privatsache ... Unter allen breitete sich eine regenbogenfarbige Heiterkeit aus. Seltsam. Gerade das Erlebnis, keinen festen Boden mehr unter den Füssen zu haben, hatte uns den Himmel nahegebracht. Eine Heiterkeit wie der sonnendurchstrahlte Äther.

P.S.: Ich habe gemerkt: Vom eigenen Haus allein hat man nicht gelebt, nicht einmal überlebt. Da braucht es mehr.

ff nach Genesis 6-9 (1998)

Alle Freuden stammen aus dem Paradies,
auch der Scherz,
wenn er in wahrer Freude gesprochen wird.
Pinchas von Korez (18.Jh., Buber)

Montag

Jeder, der einen Abend mit ernsten, melancholischen Menschen verbracht und dabei bemerkt hat, wie plötzlich sich die Unterhaltung belebte, welche Munterkeit sich in Haltung, Worten und Gebärden eines jeden ausprägte, als ein wohlgelaunter, anregender Gesellschafter hinzukam, wird bereitwillig zugeben, daß der Frohsinn etwas sehr Schätzenswertes ist und von selbst sich das Wohlwollen der Menschen gewinnt. In der Tat überträgt sich keine Eigenschaft leichter auf die ganze Umgebung, weil keine eine stärkere Tendenz hat, sich zu entfalten, und zwar in fröhlichem Geplauder und in willkommener Anregung. Der Funke springt auf den ganzen Kreis über und erfaßt oft genug auch den verdrossensten Griesgram.
David Hume (1777)

Dienstag

Lächeln

Mein Grundbedürfnis geht nach Liebe.
Ich wünschte sehr, daß man mich liebt
Und daß mein Lächeln leben bliebe,
Wenn es mich einmal nicht mehr gibt.

Das Höchste, was man hat, ist Bindung
Durch Liebe. Ich ertrage nicht
Die mir verweigerte Empfindung.
Ich öffne allen mein Gesicht

Mit einem Lächeln. Magisch scheinen
In mich die anderen hinein.
Und ich kann sie in mir vereinen,
Und sie vervielfachen mein Sein.

Eva Strittmatter (1975)

Mittwoch

Welche Ihrer Freunde haben ein Gesicht, in dem der Schalk steckt und Gewitztheit funkelt? – Welche Gefühle ruft es in Ihnen hervor? – Hat auch einer Ihrer Feinde ein solches Gesicht? – Welche Art von Witzen finden Sie witzig? – Hat das etwas mit Ihrem Charakter zu tun? – Was finden Sie lustvoller: einen Witz selber zu erzählen, einen erzählt zu bekommen oder einen zu erfinden? – Über andere oder über Sie selber? – Was ist Humor? – Hatte Jesus Humor? – Darf man in der Kirche klatschen? – Verbindet sich das Gefühl tiefer Heiterkeit für Sie mit bestimmten Orten oder Zeiten? – Kann man hoffnungslos heiter sein? – Können Sie sich eine heitere Art des Sterbens vorstellen? – Beneiden Sie heitere Menschen? – Oder werten Sie sie eher ab? – Wie oft haben Sie in der letzten Woche von Herzen gelacht?

ff (1998)

Donnerstag

Korrespondenznachricht

Herr Unzelmann, der, seit einiger Zeit, in Königsberg 244
Gastrollen gibt, soll zwar, welches das Entscheidende ist, dem Publiko daselbst sehr gefallen: mit den Kritikern aber (wie man auch aus der Königsberger Zeitung ersieht) und mit der Direktion viel zu schaffen haben. Man erzählt, daß ihm die Direktion verboten, zu improvisieren. Hr. Unzelmann, der jede Widerspenstigkeit haßt, fügte sich in diesem Befehl: als aber ein Pferd, das man, bei der Darstellung eines Stücks, auf die Bühne gebracht hatte, inmitten der Bretter, zur großen Bestürzung des Publikums, Mist fallen ließ: wandte er sich plötzlich, indem er die Rede unterbrach, zu dem Pferde und sprach: «Hat dir die Direktion nicht verboten, zu improvisieren?» – Worüber selbst die Direktion, wie man versichert, gelacht haben soll.

Heinrich von Kleist (1811)

Freitag

Wenn du auf Gott wartest,
hast du schon
sein Lächeln in den Augen

und die stille Freude Gottes
füllt dir die Ohren.
Benoît Marchon (1987)

Samstag

Ein Impuls zum Ausprobieren: damit Sie, wie der Text es anklingen lässt, bereit sind ...

Erspüren Sie im Sitzen oder Liegen Ihren Körper, verweilen Sie dabei sehr lange in Ihrem Gesicht. Stellen Sie sich vor, dass Sie von innen her Ihr Gesicht ertasten, berühren, streicheln können. Lassen Sie es von innen her lebendig werden.

Lenken Sie die Aufmerksamkeit dann ganz auf Ihre (geschlossenen) Augen, und probieren Sie es aus, das Lächeln Gottes. Vertrauen Sie Ihren Augen, sie kennen es.

Lenken Sie die Aufmerksamkeit dann ganz auf Ihre Ohren, und versuchen Sie die Worte zu hören, mit der die Freude Gottes Sie erreicht. Vertrauen Sie Ihren Ohren, sie sind vorbereitet.
PW (1998)

Geduld

Pygmalion

«In die Jahre gekommen ist er», meinten die einen, «in den besten Mannesjahren», fanden die anderen. Bei Hofe wenigstens blieb er im Gespräch, der König von Zypern, ein Junggeselle mit Falten in den Augenwinkeln, die nicht mehr verschwinden wollten, und vereinzelten weissen Haaren in Brauen und Bart, die er täglich sorgfältig zupfte. Er war schrullig und eigen geworden, ein eitler Gauch, wie es schien.

Früher hatten seine Eitelkeiten noch einen Sinn, denn jahrelang schritt er auf Freiersfüssen, und alle Welt verfolgte gespannt seine Spuren. Sie führten zu diesem Palast und an jenen Hof, aber keine der Schönen war ihm edel genug. Irgendeinen Makel hatten sie alle.
So waren die Jahre dahingegangen, aber keine Königin in seine Gemächer gekommen. Immer deutlicher mauserte sich Pygmalion vom vornehmen Galan, der er hätte sein wollen, zum ältlichen Gauch, der er war. Jetzt war er einsam und voll Grillen.

Bis er der Kunst begegnete. Für einen neuen Thron, den er sich schenken wollte, hatte er Elfenbein vom oberen Nil und einen Künstler aus Attika kommen lassen. Stundenlang konnte er nun dem Meister bei der Arbeit zusehen. Da ahnte er, dass der ganze Thron schon vollständig in dessen Kopf und jede Figur, jede Zierleiste, jedes Detail im Elfenbein vorhanden waren. Der Künstler musste es anscheinend nur noch hervorholen, herausschnitzen und zurechtfeilen, nur noch das Bild im Kopf und die Teile im Elfenbein in Übereinstimmung bringen. Wie sich dann alles fügte, war ihm eine Offenbarung. Doch bis es so weit war, vergingen Stunden, Tage und Wochen. Pygmalion aber wurde des Sehens nicht müde, so sehr sich auch die Schnitzel und Späne häuften oder der Meister in kleinere oder grössere Verzweiflungen geriet.

Während der ganzen Zeit spürte Pygmalion eine Veränderung in sich selbst: Seine alte Sehnsucht, eine Lebensgefährtin zu finden, die er lieben konnte, meldete sich zurück und durchstiess die verzweifelte Kosmetik aus Schrullen und Grillen. Und zugleich entdeckte er eine nie gekannte Lust, wie der Künstler aus schönem Material ein Bild hervorzuholen und mit eigenen Händen den Vorgang des Offenbarwerdens zu erleben. Wenn eine Frau aus Fleisch und Blut schon nicht zu finden war, sagte er sich, so will ich doch sehen, ob
249 sich im Elfenbein eine finden lässt.

Es traf sich, dass ein ganzer Elephantenzahn nicht gebraucht wurde und übrig blieb. Den nahm sich Pygmalion, liess in einem kühlen, aber hellen Winkel seiner Burg ein Atelier einrichten und verbat sich für lange Zeit jede Störung. Die ihn schon länger als komisch eingeschätzt hatten, fühlten sich bestätigt. Doch nach vielen Monaten stand eine elfenbeinerne Frauenstatue in Pygmalions Schlafgemach. All sein Hoffen, seine ganze Liebe, sein ungeahntes Können hatte er in dieses Bild gelegt. Und wirklich, er liebte es, weil es für ihn selbst eine Überraschung war und ein Geschenk. Kein Ersatz für eine lebendige Gefährtin, das wusste er, aber doch ein leibhaftiges Bild seiner Hoffnung, bei der er blieb, auch wenn sie sich nicht mehr zu erfüllen schien.

Wenn er allein war, ertappte er sich dabei, dass er mit ihr sprach. Einmal, als er sich besonders glücklich fühlte, gab er ihr sogar einen Kuss. Von Reisen brachte er ihr Geschenke mit, zuerst nur schöne Muscheln oder seltene Blüten, die er ihr zeigte, später auch wertvolle Perlen oder bunte Edelsteine, die er ihr umhängte. Zuletzt ging Pygmalion sogar so weit, dass er die Figur liebevoll ankleidete oder behutsam entblösste.

Am Fest der Aphrodite, das in Zypern den Wonnemonat Mai eröffnete, wagte der König, den inzwischen nicht mehr nur sein Hof für hoffnungslos verschroben hielt, was er noch nie gewagt hatte: Er begab sich vor aller Augen zum Einzelgebet ins Heiligtum. Dort bat er die Göttin der Liebe, ihm möge eine Frau begegnen, und die Begegnung möge ihm ähnlich zur Überraschung und zum Geschenk werden, wie er es mit seiner Figur habe erleben können. Und tatsächlich, Aphrodite hatte ein Ohr für seine Bitte. Dreimal liess sie die Flammen des Orakels züngeln.

Nachdem Pygmalion unter den teils spöttisch zwinkernden, teils mitleidig grinsenden Mienen seiner Höflinge durch den Palast geeilt war, zog er sich rasch in sein Schlafgemach zurück. Dort aber empfing ihn eine Frau, die alle Vorstellungskraft übertraf.

Aphrodite aber, die heimlich der lang ersehnten Hochzeitsnacht beiwohnte, zwinkerte nicht und grinste nicht: Sie war die helle Freude selbst.

MK nach Ovid (1998)

Nur Geduld!

Das Leben, das die meisten führen,
zeigt ihnen, bis sie's klar erkennen:
Man kann sich auch an offnen Türen
den Kopf einrennen!

Erich Kästner (1935)

Montag

Ich will noch ein Wort über die Lust der Geduld hinzufügen. Jedes Unrecht, sei es mit Worten oder mit Tätlichkeiten zugefügt, läuft, wenn es auf die Geduld trifft, im Endergebnis auf dasselbe hinaus, wie ein Geschoß, das gegen einen Felsen von dauerhaftester 250
Härte geschleudert und gestoßen wird. Es wird an Ort und Stelle herabfallen und hat so die Mühe vergeblich und erfolglos gemacht und zurückprallend wird es zuweilen gegen den wüten, der es abgeschickt hat. Man beleidigt dich ja in der Absicht, dir Schmerz zuzufügen, weil der Erfolg des Beleidigers im Schmerz des Beleidigten besteht. Wenn du also seinen Erfolg dadurch, daß du dich nicht betrübst, zunichte machst, wird die Folge davon sein, daß er sich über den entgangenen Erfolg ärgert. Du gehst dann nicht nur schadlos aus, was auch allein dir genügt, sondern du hast noch die Freude über die Enttäuschung deines Feindes, und sein Schmerz gewährt dir Sicherheit. Das ist der Nutzen und die Lust, die die Geduld gewährt.

Tertullian (203)

Dienstag

Aprèslude

Tauchen mußt du können, mußt du lernen,
einmal ist es Glück und einmal Schmach,
251 gib nicht auf, du darfst dich nicht entfernen,
wenn der Stunde es an Licht gebrach.

Halten, Harren, einmal abgesunken
einmal überströmt und einmal stumm,
seltsames Gesetz, es sind nicht Funken,
nicht alleine – sieh dich um:

Die Natur will ihre Kirschen machen,
selbst mit wenig Blüten im April
hält sie ihre Kernobstsachen
bis zu guten Jahren still.

Niemand weiß, wo sich die Keime nähren,
niemand, ob die Krone einmal blüht –
Halten, Harren, sich gewähren
Dunkeln, Altern, Aprèslude.
Gottfried Benn (1955)

Mittwoch

Ist für Sie ein Glas eher halb voll oder halb leer? – Denken Sie jetzt an Wasser oder an Wein? – Kann auch Ungeduld eine Tugend sein? – Wann liegt Ihnen «aber subito» auf der Zunge? – Spielen Sie gerne «Eile mit Weile»? – Wie reagieren Sie, wenn einer mahnt, Zeit sei Geld? – Wo haben Sie letztmals «Geduld bringt Rosen» gehört? – Bringt Geduld auch Dornen? – Was bringt Sie auf die Palme? – Wo kann man Sie nicht aus der Ruhe bringen? – Welche Vorbilder haben Sie in beiden Fällen geprägt? – Kann Geduld auch eine Waffe sein? – Oder eine Ausrede für Desinteresse? – Ist Geduld eine Frage des Alters? – Waren Sie schon einmal verblüfft über die Wirkung von Geduld? – Ist es richtig, Kranke «Patienten» zu nennen? – Haben Sie schon einmal erlebt, dass Sie ein klares Ziel geduldiger gemacht hat? – Kann Geduld revolutionär sein? – Wie verändert sich Ihre Geduld oder Ungeduld auf dem Gebiet, wo Sie professionell handeln? – Gibt es für Sie einen Zusammenhang zwischen Geduld (patience) und Passion?
ff (1998)

Donnerstag

Die Wandelbarkeit des Urteils

Sie saßen auf dem alten Wegweiser nebeneinander,
die Nebelkrähe und die Saatkrähe, und blickten über
das trostlose Land zu Ende des Winters. In den Acker-
furchen lag noch schmutziger Schnee. Die Hecke
reckte ihre nackten Zweige wärmeheischend in einen
Himmel, der sie mit eisigem Wind übergoß. Der Pfad
zwischen den Äckern war zu einer Bahn langsam ab- 252
wärts schiebenden Schlammes geworden.

«Ein ekliges Land», sagte die Nebelkrähe, und sie hatte recht.

«Ein häßliches Land», ergänzte die Saatkrähe, und sie hatte ebenfalls recht.

Da wanderten gelbrote Sonnenstrahlen über die Flur, vergoldeten alles, was ihnen im Weg lag – die Gräser der abgestorbenen Wiese, den frostzerrissenen Stamm der Birke, die Stengel der toten Schafgarbe, die drekkigen Schneefetzen hinter der Hecke – und verwandelten das rieselnde Wasser am Weg zu purem, flüssigem Gold.

«Ein herrliches Land», sagte die Nebelkrähe.

«Fürwahr, ein schönes Land», ergänzte die Saatkrähe; und sie hatten beide recht.

Kurt Kauter (1973)

Siehe eine Sanduhr: Da läßt sich nichts durch Rütteln und Schütteln erreichen, du mußt geduldig warten, bis der Sand, Körnlein um Körnlein, aus dem einen Trichter in den andern gelaufen ist.
Christian Morgenstern (1909)

Samstag

Erspüren Sie im Sitzen oder Liegen Ihren Körper. Lassen Sie sich zur Ruhe kommen.

Lenken Sie Ihre Aufmerksamkeit dann ganz auf die Atembewegung und verbinden Sie den Fluss und das leise Geräusch des Atems mit der Vorstellung von der Sanduhr: Wie der Sand unaufhörlich rinnt, so fliesst Ihr Atemstrom. Achten Sie auf die Gleichmässigkeit der Bewegung, lassen Sie die Zeit im Sog dieser Bewegung verstreichen.

Vertrauen Sie dieser Bewegung. Sie führt Sie an Ihr Ziel. Lassen Sie Ihr entspanntes Beobachten und Warten etwas Hoffnungsvolles sein. Jeder Atemzug bringt Sie dem Ziel näher.
PW (1998)

Beharrlichkeit

Akontios und Kydippe

Auch Akontios sollte den Tag seines Lebens erleben. Er war auf Keos zu Hause, einem kleinen Eiland, das als unbedeutender Klecks im Meer lag, gerade vor der Spitze Attikas. Nicht nur eine unbedeutende Insel war Keos, sondern auch eine traurige Insel. Denn hier hatte der verliebte Kyparissos seinen Freund verloren. Hier hatte er sich von Apoll in eine Zypresse verwandeln lassen. Und hier war die Heimat dieser schlanken, schwarzen Bäume der Trauer. Unbedeutend und 256
arm wie seine Insel war auch Akontios selbst, und er wusste nicht, ob er, jung und lustig auf Liebe, wie er war, auf Liebe hoffen dürfte, denn er war zwischen den Bäumen der verflossenen Hoffnungen herangewachsen.

Doch Akontios würde den Tag seines Lebens erleben. Als er siebzehn geworden war, fiel das Los auf ihn. Es war nämlich Brauch, dass jede der Inseln einmal im Jahr zwei Siebzehnjährige nach Delos schicken durfte, eine junge Frau und einen jungen Mann, zum grossen Fest der Artemis, der jungfräulichen Göttin der Jagd. Ausser sich vor Glück, für einmal der melancholischen Enge des Eilands entrinnen zu dürfen, stieg Akontios ins Boot. Schnell waren er und das ausgeloste Mädchen draussen, erklommen das grössere Schiff, und fort gings, von anderen Inseln andere Erwählte zu sammeln. Tags darauf erschien Delos am Horizont. Zwar war das Inselchen kleiner als Keos, aber hier waren Apoll und Artemis geboren, hier waren die Tempel, hier die Tage des Festes. Sieben Tage sollte es dauern.

Fröhlich und ausgelassen ging Akontios an Land. Aufgeregt des vielen Neuen wegen, das er zu sehen bekam, und klopfenden Herzens bei soviel Jugend, die sich manches zu erzählen wusste und dabei nicht mit verstohlenen Blicken sparte. Am dritten Tag bemerkte Akontios, wie seine Augen immer wieder bei demselben Mädchen hängen blieben, und sie schien seinem Blick durchaus nicht ausweichen zu wollen. Einer wusste, dass sie Kydippe hiess, und ein anderer, dass sie aus vornehmem Geschlecht und von einer reichen Insel stammte. Als Akontios dies erfuhr, sank seine Hoffnung, denn wie sollte er, auf ärmlichem Eiland ärmlich geboren, sich ihr nähern dürfen.

Aber Akontios wollte den Tag seines Lebens erleben. Und Kydippe, obwohl sie erfahren hatte, wer Akontios war, wollte es auch. So vergingen die festlichen Tage mit Feiern und Spielen, Wettkämpfen und Tänzen und immer wieder mit heimlichen Botschaften zweier Augenpaare. Schon nahte der letzte Tag, die letzte und grösste Feier im Tempel der Artemis, die letzte und entscheidende Gelegenheit für Akontios, Kydippe irgendwie zu binden oder sicher nie mehr zu sehen. Doch wie? Als sie schon alle versammelt waren, paarweise nach Inseln, im Kreis um den Altar der Göttin, da spürte Akontios den Apfel, den er am Morgen in seine Gewandtasche gesteckt hatte, und das Messer, das er immer bei sich trug. Und die List der Liebe gab ihm eine Idee.

Akontios schnitt sieben Wörter in den Apfel und warf ihn Kydippe zu. Die fing ihn auf und las laut, für alle hörbar, auch für die Göttin: «Bei Artemis, ich werde den Akontios heiraten!» Der bindende Satz war gesagt, vor Zeuginnen und Zeugen, das Liebesgelübde getan, vor der Göttin der Jugend. Und Kydippe, die wie Akontios bereits traurig an ihre Heimkehr gedacht hatte, war es recht so, sehr recht.

Es sollten noch einige Jahre vergehen. Akontios und Kydippe waren längst wieder auf ihren Heimatinseln, getrennt durch das Meer, aber verbunden durch das Gelübde. Jedesmal, wenn ihr reicher Vater ihr einen Freier vorführte, und war er noch so stattlich, tugendsam, heldenhaft oder betucht, schlug ihn Kydippe aus und wurde ernstlich krank. Zuletzt gab der Vater nach. Akontios und Kydippe durften heiraten. Auf Delos.

Auf Keos aber, wo sie fortan lebten, pflanzten sie sieben Granatbäume. Zur Erinnerung an ihre delischen Tage, als Zeichen für ihr Liebesgelübde und als Bäume der Hoffnung.

MK nach Kallimachos (1998)

Suche allem nach Möglichkeit eine Folge zu geben. Nichts macht das Leben ärmer, als anfangen und abbrechen.

Christian Morgenstern (1909)

Montag

Ich, Statist unter Statisten, auf einem Platz stehend, der auch leer sein könnte, mit meinem Auftrittchen befaßt, als ob ich die Hauptrolle hätte, von Insubordination träumend und doch mitgeschoben, ein Teilchen dieser kompakten Masse, die das Schwache ausschwitzt und das Andersartige erstickt, ich Mitmacher mit Skrupeln, die ohne Folgen sind, doch zum Hoffen noch immer begabter als zum Verzagen –: Ich glaube nicht an die endgültige Vergeblichkeit von jemandes Anstrengung zum Bessern hin. Ich glaube nicht, daß auch nur eines Einzigen Ziehen und Rucken am festgefahrenen Karren verloren ist.

Margrit Baur (1981)

Dienstag

Wahrheit
Für Otto F. Walter

Ich war vierzehn, da sah ich,
im Holunder aß eine Amsel
259 von den Beeren der Dolde.

Gesättigt, flog sie zur Mauer
und strich sich an dem Gestein
einen Samen vom Schnabel.

Ich war vierzig, da sah ich,
auf der geborstnen Betonschicht
wuchs ein Holunder.
Die Wurzeln
hatten die Mauer gesprengt;
ein Riß klaffte in ihr,
bequem zu durchschreiten.

Mit splitterndem Mörtel
schrieb ich daneben: «Die Tat
einer Amsel».
Wolfdietrich Schnurre (1978)

Mittwoch

Was verbinden Sie mit Beharrlichkeit: Sturheit und Trotz oder Weitblick und Zielsicherheit? – Was unterscheidet Beharrlichkeit von Phantasielosigkeit? – Sind nur Selbstsichere auch beharrlich? – Sind Sie ein «Steh-auf-Männchen»? – Ist es auch Beharrlichkeit, wenn Gefangene anfangen, ihr Gefängnis schön zu finden? – Was tun Sie mit Verhältnissen, die Sie nicht mehr befriedigen? – Ist Ihnen die Natur ein Beispiel für Beharrungsvermögen? – Sind beharrliche Menschen eher Freunde oder Feinde von Ihnen? – Womit mag das zusammenhängen? – Haben Sie Altlasten an «unerledigten Geschäften» in Ihrer Biografie? – Wie gehen Sie damit um? – Wie verstehen Sie sich mit «chaotischen» Menschen? – Haben die auch etwas Beharrliches an sich? – Wo im gesellschaftlichen Leben ist Beharrlichkeit gefragt oder vonnöten? – Wo wünschen Sie sich mehr Beharrlichkeit? – Der «Hirsch, der nach frischer Quelle lechzt», ist ein biblisches Bild des Harrens: Welche Bilder kommen Ihrer Phantasie? – Empfinden Sie das Tempo unserer Zeit als rasant? – Wen halten Sie für beharrlicher: die Schnecke oder den Windhund?
ff (1998)

Donnerstag

Als die wegen ihrer scharfen Zunge berühmte Seniorin des Hauses Rothschild, die vor wenigen Jahren, beinahe als Hundertjährige, in ihrem prachtvollen Landsitz in Grasse starb, bei ihrer letzten Krankheit täglich den Arzt rufen ließ und immer wieder neue Arzneien von ihm verlangte, sagte der pflichtbewußte Mann schließlich mit gelinder Verzweiflung:
«Ich kann Ihnen natürlich allerlei Arzneien verschreiben, Madame, aber über eines müssen wir uns klar sein: Sie sind achtundneunzig Jahre alt, und keine Arznei der Welt kann Sie wieder jung machen!»
«Aber lieber Doktor!» rief die Greisin und lächelte mit ihrem schmalen Mund. «Wer will denn jung werden? Ich bin durchaus zufrieden, wenn Sie mich älter werden lassen, viel älter!»
Hermann Schreiber (1961)

Freitag

Gedicht für Frank

Nicht nachlassen, nie,
weil alles nachläßt –
So viel Gelb in der Luft,
Gerede geduckt im Gestank.

Wir wollen grün sprechen
wie der Baum, der Busch,
das Gras, einfach und
immer wiederkommend,
Jahr für Jahr.
Rainer Brambach (1977)

Samstag

Erspüren Sie im Sitzen oder Liegen Ihren Körper. Lassen Sie sich zur Ruhe kommen.

Wenn Sie innerlich still geworden sind, wiederholen Sie sich jene Worte und Wendungen des Gedichts, die Sie angesprochen haben.

Lassen Sie sich dann weitertragen zu den beiden Farben: gelb für alles, was vergilbt, vergänglich ist, und grün für alles, was mit der Kraft des Frühlings zu tun hat und mit dem Wunder, dass er – gegen alle Vergänglichkeit – immer wieder kommt.

Verweilen Sie bei jenen Worten des Gedichts, die für Sie persönlich diese Frühlingskraft am stärksten vermitteln.
PW (1998)

Zuverlässigkeit

Das Zeichen des Jeremia

Ich erwachte mit einem Traum: Mein hochbetagter Onkel aus Anatot sei gestorben, und ich hätte sein Land gekauft. Ganz benommen stand ich auf. Hanameel, der Sohn meines Onkels, ist Teppichweber hier in Jerusalem: kriegsverarmt, verschuldet. Das Land der Familie hat er verpfänden müssen. Sonst wäre er jetzt Schuldsklave. Ist der Traum wahr, läge es jetzt an mir, das Land freizukaufen. Aber wer rettet einen Acker für die Sippe, wenn das ganzes Land zu Schutt werden soll? Welches Kamel seiht noch Mücken, bevor es selber verschluckt wird? Trotzdem trieb es mich hinaus nach Anatot.
Jerusalem schlief noch. Ich ging durch die Töpfergasse. Erste Sonnenstrahlen kamen durch die Stadttore. Endlich standen sie wieder offen; die Babylonier waren nach einjähriger Belagerung weg. Ein Soldat kam mir entgegen und spuckte mir mitten ins Gesicht. «Défaitist! Wolltest kapitulieren, was? Renn doch, Prophetengreis, dann kannst du dich den Babyloniern noch unterwerfen, bevor sie wieder am Eufrat sind!»
Die Spucke im Gesicht riss mich aus meiner Benommenheit. Und kurz darauf die Wachen am Benjamintor: «Da sieh mal einer an: Ein wenig zu spät zum Überlaufen. Die Babylonier sind schon verschwunden.» Verhaftung. Als Vorwand: Kollaborationsverdacht.
Gefesselt führten sie mich die Töpfergasse zurück. Verhör, Schläge. In ihren Augen hatte der Gang der Dinge mich widerlegt. Ich landete mit andern Gefangenen auf dem Steinboden im Kellergewölbe des Kanzlers. Hungern und Frösteln tagelang. Grübeln, Wut, Zweifel.

Eines Nachts wurde ich herausgeholt. Sollte das mein Ende sein? Der König wollte mich heimlich treffen: «Die Babylonier sind wieder da. Schon bewegen sie ihre Holztürme über Rampen an die Stadtmauer heran. Was soll ich tun?» Ich sagte das Gleiche wie vorher: «Kapituliere! Hör auf mit dem Taktieren zwischen Nil und Eufrat. Sonst werden wir zermalmt zwischen beiden Blöcken. Lass jetzt alles sein. Wir können uns nur noch auf Gott verlassen.»

Die Minister waren stärker als der zaudernde König.
265 Immerhin kam ich nach dieser Nacht in den Wachhof vor der Kaserne. Da kann ich mich frei bewegen. Es ist warm am Tag. Und noch gibt es ein wenig Brot.

Inzwischen hagelt es Feuerpfeile in die ganze Stadt. Rammböcke donnern gegen die Mauern. Der Tod schaut durch Fenster und Türen. Auf den Gassen gellen die Klagen der Mütter um ihre toten Kinder. Kein Gemüse und Gewürz, keine Feigen oder Trauben mehr auf dem Markt. Das Wasser ist unbrauchbar. Die Pest schleicht durch die Stadt. Die Ernte auf den Feldern ringsum ist niedergebrannt, die Äcker sind verkarrt und zertrampelt. Die Angst nimmt zu, der Hunger auch und die Resignation und die Schlaflosigkeit. Es dröhnt und pocht in mir, als geschähe das alles in meinem Innern.

Eines Morgens steht Hanameel vor mir. «Ist dein Vater gestorben?» bricht es aus mir. Er nickt. Verlegen murmelt er: «Kauf du den verpfändeten Acker in Anatot frei! Sonst verliert ihn die Familie!» «Dem Gauner geht es nur um Moneten!» spottet ein Gefangener.

Hanameel ist kein Gauner. Es muss ein Zeichen sein, welches er mir gibt, ohne es zu wissen, ein Wink von Gott. Ich winke meinen Freund Baruch herbei: «Hol aus meiner Wohnung Ledersack, Papyrus, Federkiel und Geldwaage. Inzwischen Erregung auf dem ganzen Wachhof. Alle drängen sich heran, als Baruch den Kaufvertrag nach meinem Diktat aufgesetzt hat. Ich unterschreibe und gebe mein Siegel. «Jeremia ist von Sinnen,» flüstert jemand. «Verwahre den Vertrag in einem Tonkrug,» bestelle ich Baruch. «Wird so oder so alles verbrennen!» lacht einer frech. Ich öffne den Ledersack und wäge den Kaufpreis ab: siebzehn Schekel Silber. «Spione haben auch im Krieg noch Geld,» zischt es. Hanameel nimmt das Geld. «Ich bringe es dem Pfänder.» – «Danke!» sage ich. «Was hast du zu danken?» fragt er. «Geh doch endlich auf den Schwarzmarkt!» keift ein Soldat ihn an. Hanameel geht. Die Menge bleibt wie versteinert stehen.

Ich beginne zu schreien, als wollte ich es mit den Rammböcken aufnehmen: «Man wird wieder Äcker, Häuser und Weinberge kaufen in diesem Lande. Wir können nichts mehr tun. Aber Gott verlässt uns nicht.»

ff nach Jeremia 32,1-15 (1998)

Solange die Erde steht,
soll nicht aufhören
Saat und Ernte,
Frost und Hitze,
Sommer und Winter,
Tag und Nacht.
Genesis 8,22 (Bibel)

Montag

Ich glaube mehr und mehr, daß man den lieben Gott nicht nach dieser Welt beurteilen darf, denn das ist eine seiner mißlungenen Arbeiten. Aber wenn man einen Künstler liebt, dann findet man an seinen mißlungenen Arbeiten nicht viel zu kritisieren. Man schweigt. Nur fühlt man sich berechtigt, bessere zu verlangen. Für uns wäre es nötig, noch andere Arbeiten von der gleichen Hand zu sehen. Denn diese Welt ist augenscheinlich in der Hetze verpatzt worden in einem der schlechten Augenblicke, wo der Schöpfer nicht mehr wußte, was er machte, oder nicht mehr mit dem Kopf dabei war. Die Legende allerdings erzählt uns vom lieben Gott, daß er sich kolossal viel Mühe gegeben habe mit der Schöpfung dieser Welt.
Ich glaube, die Legende hat recht, aber trotzdem hinkt die Studie überall, wo man hinsieht. Nur Meister können die Täuschung durchschauen und zugleich täuschen. Das ist vielleicht der beste Trost, und wenn man die Sache von da aus sieht, darf man hoffen, daß die gleiche schöpferische Hand auch den Ausgleich schafft. So gesehen, dürfen wir dieses Leben, das so anfechtbar ist und aus so guten und selbst besonderen Vernunftsgründen kritisiert werden kann, für nichts anderes nehmen, als was es ist. Dann bleibt uns die Hoffnung, in einem anderen Leben etwas Besseres als hier zu sehen.
Vincent van Gogh (1888)

Dienstag

Der Himmel, der ist,
267 ist nicht der Himmel, der kommt,
wenn einst Himmel und Erde vergehen.

Der Himmel, der kommt,
das ist der kommende Herr,
wenn die Herren der Erde gegangen.

Der Himmel, der kommt,
das ist die Welt ohne Leid,
wo Gewalttat und Elend besiegt sind.

Der Himmel, der kommt,
das ist die fröhliche Stadt
und der Gott mit dem Antlitz des Menschen.

Der Himmel, der kommt,
grüßt schon die Erde, die ist,
wenn die Liebe das Leben verändert.

Kurt Marti (1971)

Wie gehen Sie mit Ihren Terminen um? – Was möchten Sie anders haben in der Termingestaltung? – Was sagen Sie sich, wenn Sie einen Termin platzen lassen? – Welche Gründe akzeptieren Sie nicht? – Ist für Sie Pflichtbewusstsein das Gleiche wie Zuverlässigkeit? – Kennen Sie Beispiele fürs eine und fürs andere? – Wie verhalten Sie sich zu Fuss vor einem Zebrastreifen mit Verkehrsampel? – Wie müssten Zuverlässige diese Frage beantworten? – Welcher Erziehungsstil fördert Zuverlässigkeit? – In welchen Bereichen sind Sie sehr zuverlässig? – Haben Sie Mühe, sich auf andere zu verlassen, an andere zu delegieren? – Hängt das mit Ihrer Zuverlässigkeit oder mit Ihrer Unzuverlässigkeit zusammen? – Halten Sie lieber zurück, oder lassen Sie lieber los? – Was wäre die bessere Basis für Zuverlässigkeit? – Vom Wort her hat «zuverlässig» mehr mit Lassen als mit Tun zu schaffen: Hat das für Sie eine Bedeutung? – Not macht erfinderisch: Macht sie auch zuverlässiger? – Vermittelt Ihnen die Zuverlässigkeit der Jahreszeiten Hoffnung? – Lehrt das Buch der Natur Zuverlässigkeit?

ff (1998)

Erzengel

Onyx, gespaltenes Zedernholz, bronzene Gefäße, in sanftes Wasser getaucht: das biete ich dir. Porphyr, Teakholz, Jasmin und Myrrhe: diese Geschenke bringe ich. Der Schimmer meiner Sandalen ist getrübt von Nelkenstaub. Meine Flügel sind überzogen mit Nektar. Meine Augen sind Diamanten, in deren Facetten rotes Gold sich spiegelt. Mein Gesicht ist eine Maske von Elfenbein: Liebe mich. Höre meine Verheißungen:
(...) Was zählt in deinem Leben, wo ist es versehrt? Meine Freuden sind einzig und zugleich unaufhörlich. Die geschnittene Kante eines frisch geschöpften Stapels Büttenpapier: cremefarben, steif, hadernreich. Die Sommersprossen auf den geschlossenen Lidern einer Frau, des Morgens, wenn sie wach liegt im ersten weißen Tagesschein. Der immer kleiner werdende Ball, der schließlich verschluckt wird von der breiten grünen Kehle des Spielfelds. Der sichere Fanggriff, eine bonbongelbe Sonne, die auf die Tribüne niedersengt. Das Fest am Abend, damals im Armenhaus. Die weißen Arme tanzender Mädchen, Taft, weiße Arme lila Schatten in den Höhlungen weiße Handgelenke lobpreisend erhoben im Taumel der Musik weiße Arme das weiße zurechtgeschnittene Papier der euklidische Beweis des Pythagoras-Satzes diese luftabschnürende Schönheit das Schillern einer alten Kupfermünze gefunden im Salzsand. Das mikroskopische Glitzern in der Tinte der Buchstaben der Worte, die deine eigenen sind. Gewisse Augenblicke der Kindheit, erinnert oder erdacht. Eine Partie Pinokel zu dritt im bräunlichen Schein des buntgläsernen Lampenschirms, gütige Eltern, die insgeheim wünschen, du mögest gewinnen. Der Brancusi-Saal: Stille. Kiefern und Felsen von Cézanne; und die Spitzenmacherin im Louvre, kaum größer als deine gespreizte Hand.
Aus solchen Schimmerteilchen werde ich Ströme machen; nichts wird verlorengehen, nicht das kleinste Staubkörnchen der Erinnerung, abertausendfach wird die Vermehrung sein; liebe mich. Nimm mich in dir auf. Komm, berühre meine Seite, wo Honig fließt. Fürchte dich nicht. Warum sollten meine Verheißungen leer und nichtig sein? Jade und Zimt: leugnest du, daß es so etwas gibt? Warum wendest du dich ab? Ist mein Lied nicht ein Strom von Balsam? Meine Arme sind beladen mit Äpfeln und alten Büchern; es ist kein Arg in mir, bleib. Preise mich. Mich preisen heißt, dich selber preisen. Warte. Hör mir zu. Ich beginne noch einmal.

John Updike (1962)

Nunca te he prometido
el Océano Pacífico.

Nunca te he prometido
la Costa de Oro.

269 Nunca te he prometido
el Olimpo.

Pero siempre te prometo
el Cabo de la Buena Esperanza!
Hans Leopold Davi (1959)

Ich versprach dir nie
den Stillen Ozean.

Ich versprach dir nie
die Goldküste.

Ich versprach dir nie
den Olymp.

Aber ich verspreche dir immer
das Kap der Guten Hoffnung!

Erspüren Sie im Sitzen oder Liegen Ihren Körper. Lassen Sie sich zur Ruhe kommen.

Wenn Sie innerlich still geworden sind, wiederholen Sie sich jene Worte und Wendungen des Gedichts, die Sie angesprochen haben.

Vermutlich sind Ihnen die Orte vertraut: als Verlockung zum Träumen und als Ziele jugendlicher Abenteuersehnsucht. Spüren Sie dem Klang dieser Orte nach.

Spüren Sie auch der Doppeldeutigkeit der Orte nach: Frieden, Reichtum, Erfolg, Hoffnung ...

Wer ist für Sie dieses Ich, das hier spricht und verspricht?
PW (1998)

Freiheit

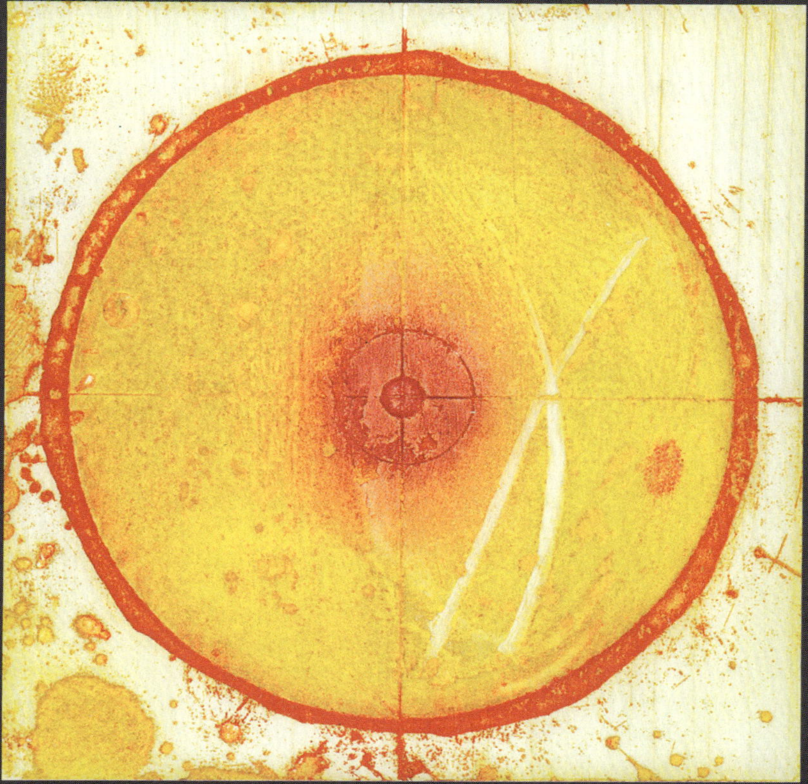

Freiheit

Liberté, égalité, fraternité – Freiheit, Gleichheit, Brüderlichkeit, so lautete die Losung, die 1793 in der Französischen Revolution im Club des Cordeliers aufgestellt wurde, eine Losung, die Geschichte machte, denn sie wurde zur Zeit der 2. Republik (1848–1852) zur amtlichen Devise.

Diese drei Begriffe, ihre Verflechtung und wiederholte Neuakzentuierung, bestimmen aber nicht erst seit der Französischen Revolution das Denken und Verhalten der Menschen. Sie gehören zu jenen Themen, die die Menschen schon immer beschäftigt haben; sie rühren an die Grundfragen, an das Selbstverständnis der Menschen.

Im Zusammenhang mit der Freiheit lautet etwa die Grundfrage, ob der Mensch überhaupt fähig ist, frei zu entscheiden (Willensfreiheit) und frei zu handeln (Handlungsfreiheit). Und mit der Antwort auf diese Frage ist verknüpft, in welchem Ausmass der einzelne Mensch verantwortlich handelt und zur Verantwortung gezogen werden kann. Diese Grundfrage hat auch eine theologische Dimension: Gehört die Freiheit so wesentlich zum Menschen, dass er nur im Erkunden dieser Freiheit zu sich selbst und zu Gott findet – sogar wenn er sich in seiner Freiheit gegen Gott oder das, was er für Gott hält, entscheidet?

Wie bedeutsam und effizient sich das Nachdenken über die Freiheit und das Erkunden der Freiheit in der durch das christliche Europa geprägten Kultur ausgewirkt haben, zeigt sich im Vergleich mit Kulturen, die durch andere zentrale religiöse Vorstellungen geprägt sind, im Vergleich etwa mit dem Hinduismus und

seiner Karma-Vorstellung. Das Karma lässt der Entfaltung des Einzelschicksals nur wenig Spielraum und geht mehr oder weniger davon aus, dass in einer konkreten Biographie nur weitergespielt wird, was in den Voraussetzungen durch ein früheres Leben schon längstens vorgegeben ist, und ein Ausbrechen aus dem Vorgegebenen die Voraussetzungen für ein weiteres Leben verschlechtert – eine Vorstellung, die bis in die Gegenwart hinein viele Entwicklungsmöglichkeiten
273 der indischen Bevölkerung verhindert hat.

Hinzu kommt, dass die Vorstellung der Freiheit eine eigene Dynamik besitzt: Freiheit beschreibt ein Verhalten, das nur in seiner Grundkraft, aber nicht in seinen Wirkbereichen festgelegt ist. Dies lässt sich deutlich im Wechsel der politischen Regierungsformen ablesen: Immer wieder meldeten sich neue Bevölkerungsschichten mit dem Anspruch nach Freiheit und Mitspracherecht, immer wieder kam es zum Versuch, noch mehr Menschen an der Freiheit teilhaben zu lassen. Die Einsicht in Recht- und Unrechtsituationen wurde dank des wachsenden Bewusstseins für die Freiheit sensibler und präziser. – Eine Einsicht, die heute wahrnimmt, wie bedroht die Freiheit des Menschen ist: Je stärker die wirtschaftlichen Modelle und Zwänge auch die nationalen und internationalen politischen Entscheide beeinflussen, desto kleiner wird der Freiheitsraum des einzelnen.

Welchen Raum das neue Bewusstsein für die Freiheit einnehmen kann, wurde in den vergangenen Jahrzehnten im Rahmen der christlichen Kirchen deutlich: In ihrem Ringen um die Bedeutung und den Stellenwert der Drittweltländer begannen sie plötzlich die Bibel neu zu lesen und entdeckten die Geschichte des biblischen Israel vor allem als Befreiungsgeschichte und den biblischen Gott als die befreiende, die Machtstrukturen der Unterdrückung aufbrechende Kraft.

Dass die absolute Freiheit des einzelnen nie als Ideal angestrebt werden kann, war den Menschen schon immer klar; die einzelnen Wochenthemen dieses Monats reflektieren das Ringen um das richtige Mass der individuellen Freiheit: Freimut, Verbindlichkeit, Dienstbereitschaft, Wachsamkeit. Es gehört zur Freiheit, dass sie um ihre Grenzen weiss.

Bevor der Mensch frei handeln kann, muss er frei wählen und entscheiden können; wie sehr gerade diese Seite der Freiheit heute in Gefahr ist, manipuliert zu werden, zeigt ein Blick auf das Einverständnis vieler Menschen mit der Werbung und den Medien. So stehen am Ende der Beschäftigung mit der Freiheit die warnenden Impulse eines Horst Bienek:

Übernehmt nichts
ohne es geprüft zu haben
nicht die Wörter und nicht die Dinge!

PW (1999)

Freimut

Baruch

Ich, Baruch ben Nerija, schreibe diesen Bericht am Abend des Fasttages, der im Winter des fünften Jahres Jojakims ben Josija, des Königs von Juda, für das ganze Volk ausgerufen worden ist. Ich befinde mich in einem Versteck in Jerusalem und bin wohlauf, wenn auch sehr müde. Den Bericht dieses denkwürdigen Tages schreibe ich für Jeremia ben Hilkija, den Propheten, dem ich als Schreiber diene.

Am Morgen bin ich wie besprochen zum Tempel gegangen. Unter dem Arm trug ich die Schriftrolle, deren Text Du mir vor einem Jahr diktiert hattest. Mein Auftrag war, alle Worte, die Du bisher von unserem Gott empfangen hattest, vor dem Volk zu verlesen. Ich tat dies im oberen Vorhof des Tempels. Gemarja ben Shaphan hatte mir erlaubt, von seiner zum Vorhof offenen Halle aus zu reden. Die Hörerschaft war gross, denn aus allen Gegenden Judas waren Abordnungen zum Fasttag gekommen. Die Stimmung war mir gewogen. Man hörte aufmerksam zu und nickte gelegentlich. Selbst die Priester, die Dich Deiner priesterlichen Herkunft wegen bisher als Abtrünnigen behandelt hatten, verhielten sich ruhig.

Unter den Zuhörern konnte ich Micha ben Gemarja, den Enkel des Dir wohlbekannten Shaphan, ausmachen. Er muss noch während meiner Verlesung zum Königspalast geeilt sein und dem dort tagenden Ministerrat Bericht erstattet haben, denn kaum hatte ich geendet, da kamen zwei Boten zu mir und luden mich dringlich ein, ihnen in den Königspalast zu folgen. Ich rollte den Papyrus zusammen und eilte ihnen nach.

Es ging bereits gegen Mittag. In der Kanzlei des Staatsschreibers war der Ministerrat zu einer ausserordentlichen Sitzung zusammengetreten. Wie mir die Boten im Vorzimmer andeuteten, ging es um die internationale Lage, die seit einem Jahr von Babylon dominiert wird. Offenbar empfindet man den kometenhaften Aufstieg des jungen Nebukadnezar nun doch als ernsthafte Bedrohung.

Nach einer kurzen Zeit des Wartens liess man mich eintreten. Obwohl ich nur ein Schreiber bin, wies man

mir einen Stuhl an. Die Minister, unter ihnen Gemarja ben Shaphan, verlangten, den ganzen Wortlaut der Rolle zu hören, und während meiner Lesung warfen sie sich immer wieder besorgte Blicke zu, namentlich bei den Warnungen vor dem «Feind aus dem Norden». Ich hatte gerade das letzte Wort vorgetragen, da sprangen sie auf. Einer versicherte sich, dass die Rolle aus Deinem Diktat hervorgegangen war, ein anderer riet mir, wir sollten uns sofort in ein Versteck begeben, und ein dritter meinte, der König müsste unbedingt
277 unterrichtet werden. Damit war ich entlassen. Gleichzeitig mit mir verliess der Ministerrat die Kanzlei in Richtung des königlichen Winterhauses.

Ich verweilte noch einige Minuten bei den ministeriellen Boten im Vorzimmer der Kanzlei. So konnte ich beobachten, dass der persönliche Kurier des Königs unerwartet auftauchte, in die Kanzlei ging und mit der Rolle, die die Minister dort aufbewahrt haben wollten, wieder verschwand.

Die weiteren Ereignisse des Nachmittags trugen mir die beiden Boten später zu: Jojakim sei auf seinem Thron gesessen und habe neben sich das wärmende Kohlebecken gehabt. Seine Minister seien im Halbkreis vor ihm gestanden, und sein Kurier habe die Rolle verlesen müssen. Nach jeder dritten oder vierten Spalte habe Jojakim sein Messer genommen, vom Papyrus das gerade Verlesene abgeschnitten und so die Worte unseres Gottes eins ums andere ins Kohlebecken geworfen. Einige der Minister, unter ihnen Gemarja ben Shaphan, hätten die Verbrennung verhindern wollen, aber Jojakim habe sie angeherrscht, diese Worte seien sinnlos, der gegenwärtige Winter kalt, Du und ich aber unverzüglich zu verhaften. Nach diesen Meldungen eilte ich sofort in mein Versteck, und jetzt erstatte ich Dir Bericht, damit auch Du Dich verbirgst. Zwar wurde unsere Schrift durch Jojakim, unseren König, vollständig vernichtet, aber ich erlaube mir doch eine positive Einschätzung. Das Volk und einige der Minister waren beeindruckt: Angesichts der äusseren Bedrohung sieht man jetzt, dass Aushöhlung des Rechts, Entwertung der Ethik, Gewöhnung an Luxus und Veräusserlichung der Religion eine schleichende innere Gefährdung der Freiheit bedeuten. – Der König freilich bellte wie ein getroffener Hund: Er bekam einmal mehr die Wahrheit über seinen Bauluxus, seine ausbeuterische Gewinnsucht, seine erpresserische Ungerechtigkeit zu hören. Zusammenfassend denke ich: Verbrannte Papyrusstreifen sind keine verlorenen Worte.

Baruch ben Nerija, der treu ergebene Schreiber Jeremias ben Hilkija, des Propheten.

MK nach Jeremia 36,9-26 und 22,13-19 (1998)

In der jetzigen Zeit soll niemand schweigen oder nachgeben; man muß reden und sich rühren, nicht um zu überwinden, sondern sich auf seinem Posten zu erhalten; ob bei der Majorität oder Minorität, ist ganz gleichgültig.
Johann Wolfgang Goethe (1821)

Montag

Ich gehe zuweilen in 8 Tagen nicht aus dem Hause und lebe sehr vergnügt, ein eben so langer Hausarrest auf Befehl würde mich in eine Krankheit werfen. Wo Freiheit zu denken ist, da bewegt man sich mit einer Leichtigkeit in seinem Zirkel, wo Gedanken-Zwang ist, da kommen auch die erlaubten mit einer scheuen Miene hervor.
Georg Christoph Lichtenberg (1771)

Dienstag

Der Bauer
An seinen durchlauchtigen Tyrannen

Wer bist du, Fürst, daß ohne Scheu
Zerrollen mich dein Wagenrad,
Zerschlagen darf dein Roß?

Wer bist du, Fürst, daß in mein Fleisch
279 Dein Freund, dein Jagdhund, ungebleut
Darf Klau' und Rachen hau'n?

Wer bist du, daß, durch Saat und Forst,
Das Hurra deiner Jagd mich treibt,
Entatmet, wie das Wild? –

Die Saat, so deine Jagd zertritt,
Was Roß, und Hund, und du verschlingst,
Das Brot, du Fürst, ist mein.

Du Fürst hast nicht, bei Egg' und Pflug,
Hast nicht den Erntetag durchschwitzt.
Mein, mein ist Fleiß und Brot! –

Ha! du wärst Obrigkeit von Gott?
Gott spendet Segen aus; du raubst!
Du nicht von Gott, Tyrann!
Gottfried August Bürger (1789)

Mittwoch

Was gehört dazu, dass Sie sich frei fühlen? – Stellt sich dieses Gefühl eher ein, wenn Sie einen bergenden Raum aufsuchen? – Oder eher, wenn Sie sich im Freien aufhalten? – Stellt es sich eher ein, wenn Ihnen die Umgebung vertraut ist? – Oder eher, wenn Sie in der Fremde sind? – Hängt Ihre Art, sich frei zu fühlen, mit bestimmten Ereignissen Ihres Lebens zusammen? – Schlägt das Gefühl, frei zu sein, bei Ihnen leicht in Freimut um? – Kennen Sie die Feigheit vor dem Freunde? – Wann wären Sie gern freimütiger gewesen? – Haben Sie die Grenzen Ihres Freimuts genau festgelegt? – Fällt es Ihnen leicht, das Freiheitsgefühl oder die Freiheitsimpulse eines anderen Menschen aufzugreifen und zu teilen?
PW (1998)

Donnerstag

Das Bittgebet für den Tyrannen

Einst kam ein Derwisch, der dafür berühmt war, daß 280
der Allmächtige seine Gebete erhörte, nach Baghdad. Damals regierte dort als Gouverneur des Kalifen der berüchtigte Haddschadsch, der die Menschen quälte und bedrückte. Als man dem Machthaber die Ankunft jenes Derwisch meldete, ließ er ihn vor sich bringen und sprach:
«Dein Gebet, so heißt es überall, hat besondere Kraft. So erbitte denn Allahs Segen für mich!»
«O du Allerhöchster», betete darauf der Derwisch, «nimm doch seine Seele aus dieser Welt hinweg ...»
«Um Himmels willen», rief voll Entsetzen der Tyrann, «und *das* soll ein Bittgebet um Segen sein?!»
«Gewiß», versicherte der Derwisch, «denn seine Erfüllung wäre doch ein Segen für dich selbst und für alle Gläubigen.»
Scheich Saadi (1292)

Das ist doch im Grunde und zuletzt der freie Mensch: der Mensch, der sich nicht mehr fürchten muß. Wer bekennt, muß sich nicht mehr fürchten. Er hat, indem er bekennt, Alles, was er fürchten könnte, hinter sich gelassen. Und so ist er der freie Mensch.
Karl Barth (1951)

Lassen Sie sich im Sitzen, Stehen oder Gehen zur Ruhe kommen.

Wenn Sie sich gesammelt haben und innerlich still geworden sind, lassen Sie, ohne wertend Stellung zu beziehen, den letzten Tag noch einmal vorbeiziehen: alles, was Sie gemacht, unternommen, erlebt, verpasst haben ... Versuchen Sie einfach, innerlich den Film des vergangenen Tages zu sehen.

In einem erneuten «Durchgang» des Films betrachten Sie Ihren Tag mit den Fragen: War ich ein bekennender Mensch? Welche Art von Bekenntnis ging, bewusst oder unbewusst, von mir aus? Gibt es für mich diese befreiende Erfahrung des Bekennens?

Versuchen Sie wahrzunehmen, was sich im vergangenen Tag verändert, wenn Sie ihn stärker vom Bekenntnis her gestaltet hätten.
PW (1998)

Verbindlichkeit

Antenor

Mein lieber Enkel!
Ich schreibe Dir diesen Brief, weil Du mich letzthin auf unsere Herkunft angesprochen hast und weil ich jetzt ein sehr alter Mann bin. Es wird Zeit, Dir und denen, die Dir folgen, aufzuschreiben, wie es zu unserer schönen, freien Stadt Padua gekommen ist. Ich will auch einige Gedanken über die Freiheit einflechten, denn sie ist leider nicht selbstverständlich.
Du weisst, dass ich Padua vor Jahren gegründet habe. Du bist ja schon hier auf die Welt gekommen. Meine Heimatstadt liegt weit weg. Man muss einige Wochen mit dem Schiff fahren, bis man Troja erreicht. Aber das Troja, das ich kannte, ist nicht mehr. Der lange Krieg hat es zerstört. Helikaon, dein Vater, hat es noch gesehen, als er so alt war wie Du.
Troja war reich und frei. Priamos war unser erfolgreicher König. Alles blühte, bevor der Krieg begann. Ich hatte die Ehre, von Priamos in seinen Ältestenrat berufen zu werden, und ich genoss einiges Ansehen. Bergab ging es erst, als Paris, der jüngste Sohn von Priamos, eines Tages mit einer Frau angesegelt kam. Sie waren beide ausserordentlich schön, Helena und Paris,
und ungeheuer verliebt dazu. Aber bald wurde bekannt, dass Helena schon verheiratet war. Während einer Schiffsreise ihres Mannes Menelaos hatte sie sich in Paris, der auf Besuch war, verliebt und war mit ihm durchgebrannt. Die beiden hatten Freiheit und Lust verwechselt.
Es dauerte nicht lange, da fand Menelaos heraus, wohin Helena verschwunden war. Er kam nach Troja und mit ihm Odysseus. Sie wollten über die Herausgabe der Helena verhandeln. Sie wohnten bei mir. Ich bewirtete sie, wie die Gastfreundschaft gebietet, und lernte sie näher kennen. Menelaos war stattlich und hatte breite Schultern. In der Menge war er leicht zu erkennen. Das wenige, das er sprach, war klar und einleuchtend. Odysseus hingegen beeindruckte durch seine erfindungsreiche und gedankenvolle Sprache. Er

konnte glänzend argumentieren. Wenn man ihn aber so stehen sah, wirkte er eher linkisch und einfältig. Kurzum, meine Gäste gefielen mir, und für ihre Bitte hatte ich volles Verständnis. Damit blieb ich aber allein, bei Priamos, im Ältestenrat und auf der Strasse. Alle unterstützten Paris. Einmal musste ich die beiden sogar verstecken, weil der Pöbel ihnen an den Kragen wollte. Troja verwechselte Freiheit mit Macht.

Menelaos und Odysseus zogen unverrichteter Dinge wieder ab. Einige Zeit später kamen sie wieder, aber

nun mit einem grossen Heer. Der unselige Krieg begann. Auf dem Höhepunkt der Kämpfe nahm ich mir dann die Freiheit, im Rat noch einmal für die Herausgabe der Helena an ihren rechtmässigen Ehemann einzutreten. Nur so könnte Schlimmeres von unserer Stadt abgewendet werden, sagte ich. Die freibeuterische Handlung des Paris und das freizügige Verhalten der Helena würden sonst die Freiheit einer ganzen Stadt und ihrer Bewohner zunichte machen. Doch Priamos hielt zu seinem eigensinnigen Sohn. Er verwechselte Freiheit mit Trotz. Der Krieg ging weiter. Kurz nach dieser Rede, mit der ich mich für immer unbeliebt gemacht habe, ist Helikaon, Dein Vater, auf die Welt gekommen, ein Kind des Krieges.

Es kam, wie es kommen musste. Für das einst so reiche und freie Troja wurde die Lage immer auswegloser. Viele waren bereits gestorben, auch einige Brüder Deines Vaters. Es kam bereits zu Strassenkämpfen. Da erkannte ich eines Tages den stattlichen Menelaos unter den feindlichen Kriegern, und Odysseus, nun gar nicht mehr linkisch, kämpfte neben ihm. Als die beiden unten vor unserer Tür standen, sah ich, wie Odysseus plötzlich sein Leopardenfell von der Schulter riss, es mit einem Dolch an unsere Tür heftete und seinen Kriegern befahl, unser Haus und seine Bewohner unversehrt zu lassen. Sie hatten unser Haus erkannt und mochten sich an meine Gastfreundschaft und meine Stellungnahme erinnert haben. Im Gewirr der Kämpfe blieben wir aber trotzdem nicht unversehrt. Deine Grossmutter starb, als unser Haus brannte. Menelaos und Odysseus retteten Deinen Onkel Glaukos aus den Flammen, und Helikaon, Deinen Vater, der schwere Verbrennungen erlitten hatte, trug Odysseus persönlich aus der Schlacht. Wie ein Wunder fand auch ich den Weg zu den feindlichen Schiffen. So sind wir zu dritt gerettet worden, sag selbst, ob von unseren Feinden oder unseren Freunden. Odysseus und Menelaos haben sich nicht die Freiheit der Sieger genommen. Sie haben nicht Freiheit und Willkür verwechselt, sondern sich erinnert. Das band sie.

So, mein lieber Enkel, sind wir nach langer Fahrt und über viele Häfen hierher gekommen.

Antenor, Dein alter Grossvater.

MK nach Homer und Pausanias (1998)

Denn ihr seid zur Freiheit berufen, ihr Brüder. Nur lasset die Freiheit nicht zu einem Anlass für das Fleisch werden, sondern dienet einander durch die Liebe! Denn das ganze Gesetz ist in einem Wort erfüllt, nämlich in dem: «Du sollst deinen Nächsten lieben wie dich selbst.»

Galater 5,13-14 (Bibel)

Montag

Wenn Dich jemand will Weisheit lehren, da siehe in sein Angesicht. Dünket er sich noch, und sei er noch so gelehrt und noch so berühmt, laß ihn und gehe seiner Kundschaft müßig. Was einer nicht hat, das kann er auch nicht geben. Und der ist nicht frei, der da will tun können, was er will, sondern der ist frei, der da wollen kann, was er tun soll. Und der ist nicht weise, der sich dünket, daß er wisse; sondern der ist weise, der seiner Unwissenheit inne geworden und durch die Sache des Dünkels genesen ist.

Matthias Claudius (1799)

Dienstag

287

Bruchteil

Wenn ich
ich sage
meine ich auch
dich
ohne den ich nicht
singen könnte
meine Trauer
die auch Freude ist
an unserem Zusammenspiel

Bruchteil
meines bestürzenden
Überlebens
Rose Ausländer (1974)

Mittwoch

Ist Ihnen die bildhafte Vorstellung vertraut, dass wir mit unseren Beziehungen Fäden knüpfen und uns dadurch mit anderen vernetzen? – Ist Ihnen dieses Bild sympathisch, oder empfinden Sie es als Einengung? – Gibt es für sie auch andere Bilder, die zum Ausdruck bringen, dass nicht nur wir über die Beziehungen bestimmen, sondern auch die Menschen, auf die wir bezogen sind, über uns? – Gibt es Beziehungen, bei denen diese Erfahrung Ihnen zum Trost geworden ist? – Erleben Sie diesen Anspruch in bestimmten Momenten als etwas Lähmendes? – Vor allem, wenn er an Sie gerichtet ist? – Können Sie das Netz, in das Sie verwoben sind, als ein Netz aus Lichtfäden sehen, vielleicht wie ein Spinnennetz voller Tau im Morgenlicht?
PW (1998)

Donnerstag

Es schneite in der Straße. Da kamen die Droschken und Autos vorgefahren, setzten ihren Inhalt ab und fuhren wieder von dannen. Die Damen staken alle in Pelzen. An der Garderobe wimmelte es von Leuten. In den Foyers gab es ein Grüßen, Anlächeln und gegenseitiges Händedrücken. Die Kerzen schimmerten, die Roben rauschten, die Stiefelchen flüsterten und knarrten. Der Boden war ganz glatt gewichst und Diener standen da und machten Handbewegungen, bald so, bald anders. Die Herren waren in Fräcke geschnürt, so ein Frack muß sitzen. Man verbeugte sich. Artigkeiten flogen wie Tauben von Mund zu Mund, die Frauen strahlten, manche alte auch noch. Alles stand aufrecht bei den Sitzplätzen, um Bekannte zu sehen, nur wenige saßen. Die Gesichter waren so nahe beisammen, der Atem des einen berührte die Nasenflügel des zunächst Stehenden. Die Kleider der Frauen dufteten, die Scheitel der Herren waren glatt, die Augen blitzten, die Hände sagten: Na, auch wieder, du? Wo denn solange gewesen? In der ersten Reihe saßen die Kritiker wie Gläubige in einer hohen Kirche, so still, so andächtig. Der Vorhang bewegte sich ein bißchen, da ertönte das Zeichen zum Anfang; wer sich räuspern zu müssen glaubte, tat es rasch, und da saßen sie alle wie Kinder in der Schulstube, gradausschauend, mäuschenstill, da erhob sich was und spielte sich was. – Der Vorhang ging in die Höhe, alles war gespannt, was es geben würde; da trat ein Knabe auf, und der fing an zu tanzen. In einer Loge im ersten Rang saß die Königin, umringt von den Hofdamen. Der Tanz gefiel ihr so gut, daß sie sich entschloß, auf die Bühne zu gehen, um dem Knaben etwas Liebevolles zu sagen. Bald darauf erschien sie auf der Bühne, der Knabe schaute sie mit seinen jungen schönen Augen an. Er lächelte still. Da durchfuhr es die Königin wie ein Blitz, an dem Lächeln erkannte sie ihren eigenen Sohn, sie stürzte zu Boden. Was hast du, fragte der Knabe. Da erkannte sie ihn immer deutlicher, an der Stimme auch noch. Da war es mit ihrer königlichen Würde vorbei. Sie warf die Hoheit beiseite und schämte sich nicht, den Jungen fest an ihr Herz zu pressen. Ihre Brüste hoben und senkten sich, sie weinte vor Freude; du bist mein Sohn, sagte sie. Das Publikum klatschte Beifall, aber was wollte der Beifall? Das Glück dieser Frau war gewiß über allen Beifall erhaben, es würde auch ein Zischen haben ertragen können; der Kopf des Knaben wurde immer wieder genommen und an den wogenden Busen gedrückt. Sie küßte ihn, dann kamen die Hofdamen und erinnerten ihre Gebieterin an die Unschicklichkeit der Szene. Da lachte das Publikum, aber die Hofdamen streuten Verachtung auf die vielköpfige Plebs herab. Sie zuckten mit dem Mund, da zuckte der Vorhang und fiel herab.

Robert Walser (1917)

Wenn man für alle noblen Sätze, die man je geäußert hat, einstehen müßte! Wenn man für *einen einzigen* von ihnen einstehen müßte!
Elias Canetti (1968)

Samstag

Lassen Sie sich im Sitzen, Stehen oder Gehen zur Ruhe kommen.

Wenn Sie sich gesammelt haben und innerlich still geworden sind, lassen Sie, ohne wertend Stellung zu beziehen, den letzten Tag noch einmal vorbeiziehen: alles, was Sie gemacht und erlebt haben. Achten Sie vor allem auf das, was Sie gesprochen haben ... Versuchen Sie einfach, innerlich den Film des vergangenen Tages zu sehen und zu hören.

Stellen Sie sich vor, dass Ihre Worte und Sätze weiterklingen: in den aktuellen Tag, in den morgigen Tag hinein ...

Versuchen Sie wahrzunehmen, welche Voraussetzungen Sie dadurch für den nächsten Tag schaffen.
PW (1998)

Dienstbereitschaft

Omphale und Herakles

Längst war er der Held aller Helden. Einen Löwen hatte er mit blossen Händen erwürgt, die vielköpfige Hydra enthauptet, die Hirschkuh mit dem goldenen Geweih lebendig gefangen, einen riesigen Eber im tiefen Schnee überwältigt, die Ställe des Augias mit Hilfe zweier Flüsse gereinigt, eine Schar menschenfressender Vögel abgeschossen, den Stier von Kreta gefangen und verschifft, vier wilde Stuten gezähmt, den Gürtel der Amazonen entwendet, das Vieh eines Ungeheuers fortgetrieben, goldene Äpfel vom Ende der Erde geholt, den Höllenhund Kerberos aus dem Hades gezerrt. Längst war Herakles der Held aller Helden, mit dem Fell des Löwen bekleidet und im Köcher Pfeile mit dem Gift der Hydra. In allen Teilen der Welt wurde er bewundert, von Göttern und Menschen gefürchtet, Herakles, der ewige Abenteurer, Herakles, der unsterbliche Freibeuter. Dienen zu sollen, war ihm längst ein Greuel.
Was ihm noch fehlte, war eine passende Frau. Auch sie wollte er auf seine Weise erobern. Deshalb liess er sich auf einen Wettkampf im Bogenschiessen ein. Er gewann ihn zwar, aber der König, der so seine Tochter verheiraten wollte, wagte es, ihm, dem Helden, seine Tochter zu verweigern. Da wurde Herakles seine Kraft zum Verhängnis. In wahnsinniger Raserei schleuderte

er den unschuldigen Sohn des Königs über die Stadtmauer in den Abgrund. Herakles bereute seine Tat sofort. Auf der Suche nach reinigender Sühne wurde er sehr krank, und auf der Suche nach gründlicher Heilung verschrieb ihm das Orakel, er müsse drei Jahre als Sklave dienen, um gereinigt und geheilt zu werden. So kam der Held aller Helden als Sklave nach Lydien. Die Königin Omphale hatte ihn gekauft, denn sie versprach sich viel von seiner Kraft. Zuerst schickte sie ihn, räuberische Kobolde zu fesseln, dann, das aus-
293 beuterische Unwesen eines Grossbauern zu beenden, schliesslich, eine grosse Schlange zu töten, die immer wieder Dörfer und Felder heimsuchte. Herakles führte Omphales Aufträge mit Leichtigkeit aus. Das konnte er. Aber seine Hoffnung, mit verbissener Kraft zugleich die Krankheit zu besiegen, erfüllte sich nicht. Sie behielt ihn fest im Griff, im Gegenteil, sie wurde mit jeder Heldentat stärker als er.

Omphale war beunruhigt. Sie wollte seine Kraft nutzen, aber sie entwickelte auch Mitgefühl für das Leiden des Helden. So befahl sie ihrem Sklaven eines Tages, das Fell des Löwen abzulegen und die gewöhnliche Arbeitskluft eines Sklaven anzuziehen. Knurrend gab Herakles die Erinnerung an seine erste Heldentat preis. Er verzichtete auf die Kraft des Löwen, auf das Sinnbild seines Heldentums, auf das Siegel seiner Freiheit.

Da auch dies kaum Linderung brachte und den Fortgang der Krankheit nur ein wenig aufhielt, ersann sich Omphale eine neue Aufgabe. Sie nahm Herakles den Köcher mit den Giftpfeilen weg, führte ihn selbst in die Werkstätten des Palastes und setzte ihn an ein Spinnrad. Ja, sie nahm sich selbst die Zeit, ihn täglich eine Stunde in der Kunst des Spinnens zu unterrichten. So wechselte der Held nicht nur Kleider und Geräte, er lernte auch andere Kräfte kennen und übte andere Rhythmen ein. Fäuste, die zu schlagen wussten, entdeckten die Kraft der Gleichmässigkeit, Schenkel, die stemmen konnten, entwickelten die Kraft der Beständigkeit. Andere Kräfte kamen zum Vorschein. Langsam zwar, denn Herakles musste sich vom Pfeilschiessen aufs Einfädeln umstellen, aber stetig wachsend. Omphale war geduldig mit ihrem Schüler. Je besser das Spinnrad lief, desto mehr verzog sich die Krankheit. Omphale begleitete den Rhythmus des Rades mit leisem Gesang, und Herakles, der den Schrei beherrschte, lernte das Summen der stetigen Arbeit. Auch die letzten Zeichen der Krankheit verschwanden.

Herakles war frei von der Krankheit und frei von der Schuld. Omphale rief ihren Sklaven zu sich, gab ihm das Fell des Löwen und die Pfeile der Hydra, verabschiedete sich und liess ihn frei, lange vor der Zeit.

MK nach Apollodor und Pausanias (1998)

Wieviel Schindluder wird mit dem Begriff *Freiheit* getrieben! Und das hält an. Wahr aber blieb durch alle Zeiten, daß ich am freiesten bin, wenn ich wenig wünsche, aber der Gesellschaft viel gebe.

Erwin Strittmatter (1967)

Montag

Die Demut (humilitas) ist ein stetiges inneres Pulsen von geistiger Dienstbereitschaft im Kerne unserer Existenz, von Dienstbereitschaft gegen alle Dinge, die guten und die bösen, die schönen und hässlichen, die lebendigen und toten. Sie ist die innere seelische Nachzeichnung der einen grossen Bewegung des Christlich-Göttlichen, in der es sich freiwillig seiner Hoheit und Majestät begibt, zum Menschen kommt, um jedermanns und aller Kreatur freier und seliger Knecht zu werden. Indem wir diese Bewegung mitvollziehen und, all unser Selbst, all seinen möglichen Wert und seine Achtbarkeit und Würdigkeit, die der Stolze fest umklammert, loslassend, uns selbst wahrhaft «verlieren», uns «dahingeben» – angstlos, was hierbei mit uns geschehe – aber dunkel vertrauend, es könne der Mitvollzug jener göttlichen Bewegung als einer «göttlichen» auch uns nur zum Heile dienen, – sind wir «demütig». Auf das echte «Loslassen» unseres Selbst und seines Wertes, auf das Wagnis, sich ernstlich in die fürchterliche Leere hinauszuschwingen, die jenseits aller Ichbezüglichkeiten, der bewussten und halbbewussten, gähnt, – eben darauf kommt es an!

Max Scheler (1914)

Dienstag

Gute Gedanken, wenn man eine Treppe hinaufsteiget

Ist dies der schöne Dank? Die Treppe läßt mich gehen,/ Und ich kann Haupt und Leib von Tritt zu Tritt erhöhen;/ Allein, was trägt sie wohl vor einen Nutz davon?/ Mein Fuß besudelt sie, das ist ihr ganzer Lohn.

So geht es in der Welt: Je mehr wir andern dienen,/ Je
295 mehr sie Lebens-lang durch unsern Beistand grünen,/
Um so viel destomehr sind sie darauf bedacht,/ Daß
täglich neuer Schimpf uns neuen Kummer macht.

Allein verzeihet mir, ihr wohlgebauten Stufen,/ Ich muß mich auf den Brauch der ganzen Welt berufen,/ Der Dank ist ziemlich schlecht; mir geht es eben so,/ Und wem ich nützlich bin, der macht mich selten froh.

Wie mancher ist mit mir an euch herauf gestiegen?/ Der sähe mich nun gern in tiefem Kote liegen,/ Ja weil ich stehen mag, so nimmt er alles mit/ Und gibt mir dann und wann politisch einen Tritt.

Wohlan, das Laster soll die Tugend nimmer dämpfen,/ Und will der Undank schon mit meiner Guttat kämpfen,/ So bleib ich doch getrost; ich diene, wem ich kann,/ Und leide, was ich soll, so hab ich wohlgetan.

Christian Weise (1683)

Mittwoch

Welche Bilder tauchen in Ihnen auf, wenn vom Dienen die Rede ist? – Gibt es in solchen Bildern auch Raum für Sie? – Oder betrifft das Schicksal des Dienens andere Menschen? – Menschen mit einer anderen Bildung oder Menschen mit einer anderen Herkunft? – Fühlen Sie sich schnell ausgenutzt? – Können Sie sich vorstellen, einem Freund oder einer Freundin zu dienen? – Im Dienst eines Projekts zu stehen? – Das Überleben eines Kindes zu sichern? – In einem Team mitzuwirken, bei dem nur die gemeinsame Anstrengung und das gemeinsame Gelingen zählen? – Braucht es in einer «Dienstleistungsgesellschaft» überhaupt die Tugend der Dienstbereitschaft? – Haben Sie schon herausgefunden, wie Sie in Sachen Steuern am besten wegkommen, oder zahlen Sie immer noch dümmlich viel?

PW (1998)

Donnerstag

Ein Rabe hatte zwei Junge. Sie lagen in einem Nest auf einem hohen und kahlen Baum. Der Baum stand an einem großen und breiten Fluß, an dessen anderem Ufer ein dichter Wald mit uralten Bäumen wuchs. Und als im Frühling der Fluß mit seinen wogenden Wellen funkelte, baten die Rabenjungen ihre Mutter: «Bring uns über den Fluß in den Wald. Hier auf dem einsamen kahlen Baum wird uns die Zeit lang.»
Die Mutter war froh, daß ihre Jungen schon etwas zu wünschen vermochten, und stolz, daß sie ihre Wünsche erfüllen konnte. Und als sie alles vorbereitet hatte, nahm sie eines der Jungen und begann mit ihm über den Fluß in den Wald zu fliegen. «Was versprichst du mir dafür, daß ich dich jetzt trage?» fragte die Mutter das Junge, als sie in die Mitte des Flusses gekommen waren. «Ich werde dich lieben bis zum Ende deiner Tage und werde für dich Sorge tragen, wenn du alt geworden bist. Die besten Aasstücke verspreche ich dir zu bringen, alles was glänzt und funkelt soll deine erlöschenden Augen erfreuen, und an nichts soll es dir mangeln», antwortete das Junge. Aber kaum hatte die Mutter diese Worte gehört, als sie das Junge fallen ließ, mitten in den Fluß, wo es ertrank. Das wogende Wasser trug seinen Leichnam dem Meere entgegen, und dieser Leichnam war der einzige schwarze Fleck auf den funkelnden Wellen. Der alte Rabe flog dem versinkenden Leichnam eine Weile nach und betrachtete ihn ein letztes Mal. Dann öffnete er seinen Schnabel und krächzte einige Male kläglich.
Als er zum Nest zurückkam, fragte das andere Junge ihn. «Mutter, warum hast du gekrächzt?» – «Ich habe deinem Bruder etwas zugerufen, daß ihm die Zeit nicht lang wird», antwortete die Mutter. Mit diesen Worten nahm sie das andere Junge und flog mit ihm dem Wald zu. «Was versprichst du mir dafür, daß ich dich jetzt trage?» fragte sie das Junge. «Versprechen? Ich dir? entgegnete ihr das Junge. «Dir gar nichts. Aber ich werde selbst einmal Junge haben und denen werde ich ein Gleiches tun wie du mir.» Und siehe, dies Junge trug der Rabe über den breiten Fluß und zog es dort groß und lehrte es, und es ward schön und klug. Es mußte lernen, Mäuse zu fangen und über zehn Meilen ein Aas zu finden, nur auf dessen süßen Geruch hin. Es mußte lernen, vorsichtig zu sein, immer hoch oben zu fliegen und ein Nest in den Zweigen eines kahlen Baumes zu bauen, daß der Hütejunge es auch nicht zu erreichen vermöchte, wenn er sich Hände und Hosen mit Harz verschmierte. Es mußte lernen, das kokette Schwanzdrehen der Elster zu verachten und ihr Geplärr, und das dumme Krahen der Krähe, mußte lernen, sich im Schweigen zu üben wie der Habicht oder der Adler.

Anton Tammsaare (1910)

Ein Christenmensch ist
ein freier Herr über alle Dinge
und niemand untertan.
Ein Christenmensch ist
ein dienstbarer Knecht aller Dinge
und jedermann untertan.
Martin Luther (1520)

Samstag

Lassen Sie sich im Sitzen, Stehen oder Gehen zur Ruhe kommen.

Wenn Sie sich gesammelt haben und innerlich still geworden sind, lassen Sie, ohne wertend Stellung zu beziehen, den letzten Tag noch einmal vorbeiziehen: alles, was Sie gemacht, gesagt, unterlassen und erlebt haben.

Vergegenwärtigen Sie sich den ersten Satz Martin Luthers: frei sein über alle Dinge, niemandem untertan. Und lassen Sie erneut den letzten Tag vorbeiziehen. War dieser Satz ein Motto für Ihren Tag?

Vergegenwärtigen Sie sich den zweiten Satz Martin Luthers: aller Dinge Knecht, jedermann untertan. Und lassen Sie erneut den letzten Tag vorbeiziehen. War dieser Satz ein Motto für Ihren Tag?

Verändern die beiden Sätze Ihren Tag auf dieselbe Weise oder jeweils verschieden?
PW (1998)

Wachsamkeit

Jotham

Die Stadt Sichem wuchs. Ihr Reichtum nahm zu. Ihr Einfluss wurde unübersehbar. Wer Handel treiben wollte, kam selten um Sichem herum, denn von hier aus führte die Route nach Süden über Bethel, Jerusalem und Hebron bis Beersheva, nach Westen in mehreren Verzweigungen ans Meer, nach Norden über Hazor bis nach Ugarit, schliesslich durchs Jordantal in die kleinen und grossen Reiche des Ostens. Die Stadt Sichem, sicher eingebettet zwischen den beiden Bergen Ebal und Garizim, entwickelte sich zum Umschlagsplatz. Hier wurden nicht nur Waren spediert und Neuigkeiten kolportiert, nein, auch Ideen und Erfahrungen wurden ausgetauscht.
Schon länger hatte man von den Königtümern des Zweistromlandes gehört, von ihrem Fortschritt, ihrem Glanz. Das eigene System der Sippen und Stämme hatte zwar für Jahrhunderte gehalten, aber es schien den Sichemiten allmählich veraltet. Man war zwar frei innerhalb der Ordnung der Ältesten, frei auch, sich als Sippe oder Stamm für den Fall einer Bedrohung mit anderen zusammenzutun, aber ein richtiges Königtum

drängte sich als Gebot des Fortschritts auf. Schon war Gideon, einem kampferprobten, erfolgreichen und geschätzten Stammesführer, das Königtum mit Erbfolge angetragen worden. Er hatte aber mit der altmodischen Begründung abgelehnt, Gott sei immer noch der beste Herrscher und Garant ihrer Freiheit.

Gerade waren die Notabeln Sichems wieder einmal versammelt, um sich einen König zu küren. Auf dem Garizim tagten sie, als ob ihnen die Winde dort oben den zeitgemässen Geist von Pharaonen und Gottkönigen besser zutragen könnten. Mitten in die Beratungen platzte Jotham, einer ihrer Weisen, der früher weit herumgekommen war und über einen beliebten Schatz von Geschichten verfügte. Die Beratungen wurden kurzerhand unterbrochen. In Erwartung einer unterhaltsamen Pause liess man Jotham reden.

«Vor langer Zeit», begann Jotham, «vor langer Zeit gingen die Bäume hin, um einen König über sich zu salben. So sagten sie zum Ölbaum: Herrsch doch du als König über uns! Der Ölbaum erbat sich Bedenkzeit und gab ihnen danach Bescheid, indem er sie fragte: Sollte ich wirklich meine Gabe, Öl zu liefern, das Götter und Menschen geniessen, aufgeben? Sollte ich stattdessen hingehen, um fern von meiner Verwurzelung über den Bäumen hin und her zu wanken? Nach dem Ölbaum sagten die Bäume zum Feigenbaum: Komm du und herrsche als König über uns! Auch der Feigenbaum erbat sich Bedenkzeit und gab ihnen danach Bescheid, indem er sie fragte: Sollte ich wirklich meine Gabe, süsse Feigen zu liefern, und zwar mit reichem Ertrag, aufgeben? Sollte ich stattdessen hingehen, um fern von meiner Verwurzelung über den Bäumen hin und her zu wanken? Nach dem Feigenbaum sagten die Bäume zum Weinstock: Komm du und herrsche als König über uns! Auch der Weinstock erbat sich Bedenkzeit und gab ihnen danach Bescheid, indem er sie fragte: Sollte ich wirklich meine Gabe, Saft zu spenden, der Götter und Menschen erfreut, aufgeben? Sollte ich stattdessen hingehen, um fern von meiner Verwurzelung über den Bäumen hin und her zu wanken? Da sagten die Bäume ärgerlich zum giftigen Dornstrauch: Komm du und herrsche als König über uns! Der Dornstrauch aber liess sich nicht zweimal bitten, sondern antwortete salbungsvoll und grosszügig: Wenn ihr mich ernstlich zum König über euch salben wollt, so kommt und bergt euch in meinem Schatten!»

Jotham hatte seine Geschichte beendet und war so schnell verschwunden, wie er gekommen war. Über den Garizim wehte inzwischen ein kalter Wind. Schweigsam machten sich die Edlen Sichems auf den Heimweg. Sie vergassen völlig, ein neues Treffen zu vereinbaren.

MK nach Richter 9,7-15 (1998)

Der Lügner

Zu den Kindern
sagt er
Fürchtet euch nicht
vor dem Schwarzen Mann
es gibt keine Schwarzen Männer
Erich Fried (1964)

Montag

Es soll in dieser Welt Menschen geben, die noch mitten in der Nacht – vielleicht, daß es erst oder noch nicht einmal Mitternacht ist, vielleicht daß der Morgen schon von weitem dämmert – nach diesem Morgen, nach dem Aufgehen der «Sonne der Gerechtigkeit», ob es nahe oder ferne sei, nach dem Ende und Ziel des Ganzen und nach seinem neuen Anfang im Licht, dem kein Ende mehr folgen wird, ausschauen: Menschen, durch deren nicht zu unterdrückende, konstante Unruhe, in der sie das tun, wenigstens Einige oder Mehrere auch unter den anderen verhindert werden, einfach weiter zu schlafen, als wäre nichts geschehen und als könnte auch in Zukunft nichts Anderes als das längst Gewohnte wieder und wieder geschehen. Sie tun damit vorläufig, in Schwachheit und Anfechtbarkeit – und insofern sind sie darin Gottes Platzhalter – was er selbst im Kommen seines Tages endgültig, in Macht, unzweideutig und unwidersprechlich tun wird.
Karl Barth (1959)

Dienstag

Übernehmt nichts
303 ohne es geprüft zu haben
nicht die Wörter und nicht die Dinge
nicht die Rechnung und nicht das Fahrrad
nicht die Milch und nicht die Traube
nicht den Regen und nicht die Sätze
faßt es an schmeckt es dreht es nach allen Seiten
nehmt es wie eine Münze zwischen die Zähne
hält es stand? taugt es? seid ihr zufrieden?

Ist Feuer noch Feuer und Laub noch Laub
ist Flugzeug Flugzeug und Aufstand Aufstand
ist eine Rose noch eine Rose noch eine Rose?

Hört nicht auf
euren Zeitungen zu mißtrauen
auch wenn die Redakteure
oder Regierungen wechseln
Horst Bienek (1976)

Mittwoch

Haben Sie Mühe, wenn ständig kritisiert wird, an den Politikern und den Politikerinnen, an den Wirtschaftsfachleuten, an den Managerinnen und Managern? – Oder stimmen Sie nur allzu gern den vorgebrachten Kritiken zu? – Und, falls Sie mit den ständigen Kritiken Mühe haben, liegt das daran, dass Sie mit der Welt, wie sie läuft und nicht läuft, grundsätzlich einverstanden sind, oder liegt es daran, dass Ihre eigene Kritik in eine ganz andere Richtung zielt? – Basiert Ihre Kritik auf eigenen Wahrnehmungen? – Auf den Impulsen anderer? – Hat Ihre Kritik mit Wachsamkeit oder Verärgerung zu tun? – Schenken Sie auch der Natur Wachsamkeit? – Nimmt Ihre Wachsamkeit zu oder ab, wenn Sie sich selber beobachten?
PW (1998)

Donnerstag

Um Aliena verläuft eine sternförmige Bastion, längst zwecklos geworden, ziemlich verfallen, von der Natur zurückerobert, die erwarteten Belagerer blieben aus. Am Fuß der Vorwerke enden Gassen vor Eisentoren. Ich beschaffe mir manchmal einen Schlüssel. Wenn es in der Stadt sehr heiß wird, weht auf dem Gemäuer meistens ein kühler Luftzug. Von den alten Belägen ist nur noch wenig erhalten. Überall wächst Gras. Die Besitzer der Grundstücke haben kleine Gärten angelegt und Bäume gepflanzt. Dazwischen stehen Gipsfiguren, ein Amor, eine Diana, einheimische Steinmetzkonfektion aus dem Musterkatalog, irgendwie rührend. Hier liege ich häufig. Meistens ganz vorne an der Brüstung. Es ist im Umkreis nichts Besonderes zu sehen. Nur schlammgrünes Wasser am Fuß der Mauer, Maisfelder, dahinter flaches, dunstiges Land, da und dort schwarze Pappeln. Auf der Bastion wimmelt es von Eidechsen, großen Smaragdeidechsen und kleinen graubraunen Mauereidechsen mit dunklen Flecken oder Streifen. Ich beobachte sie. Ich liebe ihre gespannten Stellungen und Bewegungen. Zwischen Wassergraben und Feldrand führt ein Weg vorbei. Neulich ging dort ein alter Mann, von der abgearbeiteten Art, wie sie in Aliena überwiegt, mit seinem Hund. Er ging dem Westtor zu und verfluchte, nehme ich an, die Hitze und seinen krummen Rücken. Ich kenne inzwischen die Leute von Aliena ganz gut. Der Himmel hängt ziemlich nieder über ihrer tagtäglichen Mühsal. (...) Unerwartet bleibt der Alte auf dem Weg stehen. Er hebt langsam sein Gesicht. Er faßt mich ins Auge. Trotz der Entfernung ist mir seine Aufmerksamkeit peinlich. Ich liege bäuchlings, das Kinn auf den verschränkten Armen, mit nacktem Oberkörper, das Hemd um den Kopf gewickelt. Ein idiotischer Anblick. Ich schäme mich. Mein Schweiß ist nicht von der verfluchten Sorte. Ein Reicher, ein Verrückter, einer, der nicht hierhergehört. Der Mann hebt den Zeigefinger. Eine krumme Rune. Fast alle haben hier die Gicht. Aber ich sehe, er droht mir nicht. Warnt er mich vor der Sonne? Er streift mit den Händen mehrmals überkreuz seine Arme entlang. Bin ich ihm bloß zu nackt? Ich stoße oft auf Reste einer altertümlichen Strenge bei diesen Leuten. Ich wickle mein Hemd vom Kopf und ziehe es an. Lacht der Alte? Er hebt jetzt zwei Finger gegen mich, gespreizt, und stößt damit mehrere Male vor sich hin. Ich stehe auf. Ich ärgere mich, weil ich noch immer nicht verstehe. Der Tritt meiner Füße schreckt nahe neben mir eine Schlange auf. Ich kenne die verschiedenen Arten nicht. Sie verschwindet mit zügigen Windungen im Gras. Jetzt geht der Alte weiter, gebeugt, umkreist von seinem Hund, dem Westtor zu. Ich winke ihm nach. Er kann es nicht sehen.

Norbert Loacker (1995)

Es ist wichtig, daß Sie Fragen stellen. Man riskiert sich selbst dabei, aber gleichzeitig erhält man durch die Frage eine Antwort. Wenn man die richtige Frage stellt, liegt die Antwort schon in der Frage. Man muß alles im Leben in Frage stellen: ob man kurzes oder langes Haar trägt, wie man sich kleidet, wie man geht, wie man ißt, wie man denkt und fühlt. Wenn man alles in Frage stellt, wird der Geist außerordentlich sensibel, wach und intelligent. Ein solcher Geist ist fähig zu lieben, und er weiß, was es heißt, religiös zu sein.
Jiddu Krishnamurti (1970)

Lassen Sie sich im Sitzen, Stehen oder Gehen zur Ruhe kommen.

Wenn Sie sich gesammelt haben und innerlich still geworden sind, lassen Sie, ohne wertend Stellung zu beziehen, den letzten Tag noch einmal vorbeiziehen: alles, was Sie gemacht, gesagt, unterlassen und erlebt haben.

Betrachten Sie den Tag: Wie weit war da Raum für Fragen? Fragen sachlicher Art? Fragen, die von Menschen ausgingen? Wurde Ihnen ein Element des Tages selber zur Frage?

Wenn Fragen kamen: Lähmten diese Fragen Ihren Tag, oder belebten sie ihn?

Schliessen Sie Ihre Stille, indem Sie sich eine Frage schenken lassen, die Sie in den kommenden Tag mitnehmen, dem kommenden Tag stellen werden.
PW (1998)

Gleichheit

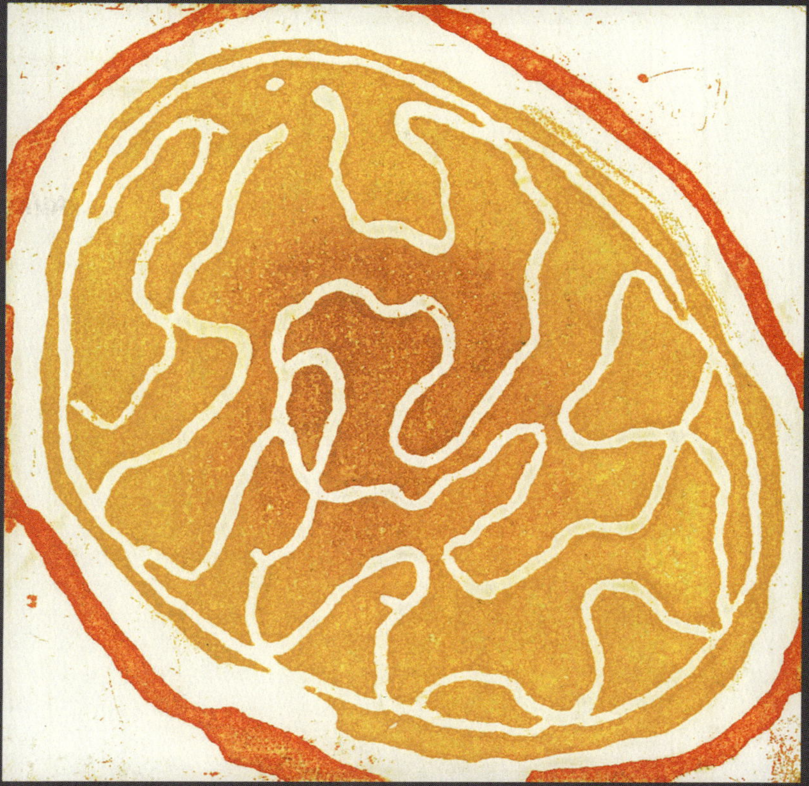

Gleichheit

Wer sich umschaut, entdeckt, dass die Menschen sehr verschieden sind: Sie unterscheiden sich in ihrer Grösse, Hautfarbe, Frisur, Sprache, Geschlecht, Begabung, Schrittlänge, Lebenslust ... Wer behauptet, die Menschen seien alle gleich, muss gegen einen offensichtlichen Eindruck angehen. – So kann es nicht verwundern, dass das Postulat von der Gleichheit der Menschen immer wieder vorgebracht und aufs neue verständlich gemacht werden musste, und zwar den betroffenen Menschen selber.

Die griechische Gesellschaft der Antike zum Beispiel vertritt das Prinzip der Gleichheit und schliesst in aller Selbstverständlichkeit ganze Klassen der Bevölkerung (etwa im Rahmen der Sklavenwirtschaft) und die Barbaren, die Nicht-Griechen, von dieser Gleichheit aus. Erst im 5. Jahrhundert v. Chr. kommt es in Griechenland zur Ausformung eines Gleichheitsbegriffs, der alle Menschen umfasst. Doch wenn Aristoteles und Platon von der Organisation des Staates sprechen, ziehen sie es vor, von der natürlichen Ungleichheit der Menschen auszugehen, und nicht von ihrer Gleichheit. Und wenn die ersten christlichen Jahrhunderte die Gleichheit der Menschen betonen, so meinen sie damit in erster Linie die Erlösungsbedürftigkeit aller Menschen vor dem richtenden Gott und weniger die Gleichheit im sozialen Bereich. So ist es nicht erstaunlich, dass sich im Mittelalter und weit über das Mittelalter hinaus eine feudalistisch-hierarchische Gesellschaftsordnung halten kann: Die Erwartung der Gleichheit vor Gottes Gericht, im Jenseits, vermindert den Druck, diese Gleichheit schon jetzt realisieren zu müssen.

Wie die Vorstellung der Freiheit so besitzt auch die Vorstellung der Gleichheit ihre ganz eigene Dynamik; sie steckt an und eröffnet neue Perspektiven. Von der Forderung, dass alle Bürger und Bürgerinnen eines Staates formal und sozialrechtlich gleichberechtigt

sind, ist es nur ein Schritt zur Forderung, dass der Staat durch seine Sozialpolitik auch eine materiale Gleichheit herzustellen habe. Die materiale Gütergleichheit – als Utopie, aber auch als alltägliche Realität in den Klostergemeinschaften, in den chiliastischen Bewegungen der Hussiten und Wiedertäufer –, mit anderen Worten: die Neuverteilung des Grundbesitzes, beschäftigt die politischen Systeme stets aufs neue; der Sozialstaat versucht wenigstens annähernd eine Gleichheit der Grundversorgung sicherzustellen.
Heute muss auch die Arbeit neu verteilt werden, damit die Gesellschaft nicht auseinanderfällt: in jene Menschen, die mit ihrer Arbeit die Weiterentwicklung der Wirtschaft und Kultur mitbestimmen und dank des Verdienstes von dieser Weiterentwicklung auch profitieren, und jene anderen Menschen, die nichts mehr mitzubestimmen und nichts zu profitieren haben, die zu einer belanglosen Masse degradiert werden.
Eine lange und noch nicht ausgestandene Geschichte der Gleichheit ist die Geschichte der Gleichberechtigung von Mann und Frau. Wenn wir sie von den biblischen Wurzeln her betrachten, wird ihre Komplexität bereits deutlich: Das Schöpfungsgedicht zu Beginn des Buches Genesis und der noch ältere Schöpfungsbericht in Genesis 2 weisen zwar überdeutlich auf die Gleichrangigkeit von Mann und Frau vor Gott und in der Schöpfung hin, aber die Heilsgeschichte wurde im kirchlichen Verständnis eine Geschichte von auserwählten und aktiven Männern. Jesus mag wesentliche Botschaften Frauen anvertrauen und von Frauen in seiner Bedeutung erkannt werden, aber die Kirche geriet in Hände, die gesellschaftlichen, sprich patriarchalen Prägungen mehr trauten als der von Gott initiierten Gleichheit von Mann und Frau. Während einzelne Kirchen mit der theologischen und kirchlichen Aufarbeitung der Unterdrückung der Frau schon begonnen haben, haben andere Kirchen die Fragestellung noch nicht einmal zugelassen.
Rose Ausländer leitet in ihrem Gedicht «Gemeinsam» die Gleichheit von der einen Erde ab, die alle Menschen verbindet, und von der Tatsache, dass jede Biographie mit dem Lebensgeschick vieler anderer verknüpft ist:

Vergesset nicht
Freunde
wir reisen gemeinsam (…)
Vergesset nicht
es ist unsre
gemeinsame Welt (…)
diese zerrissene
ungeteilte Erde
auf der wir
gemeinsam reisen

PW (1999)

Ausgeglichenheit

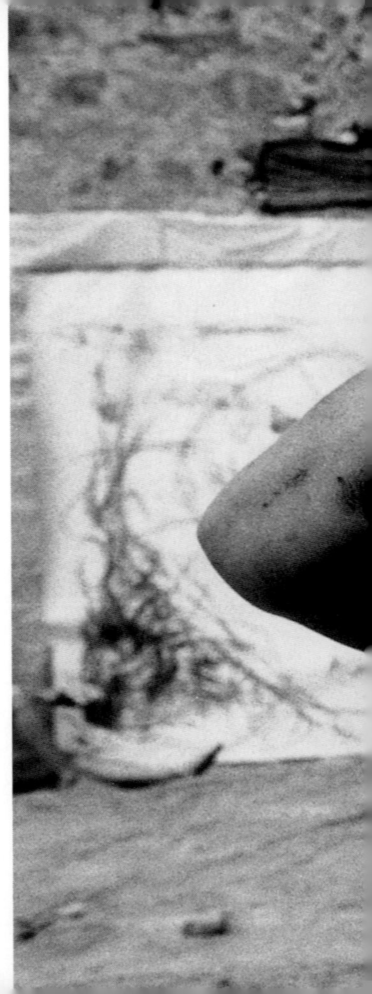

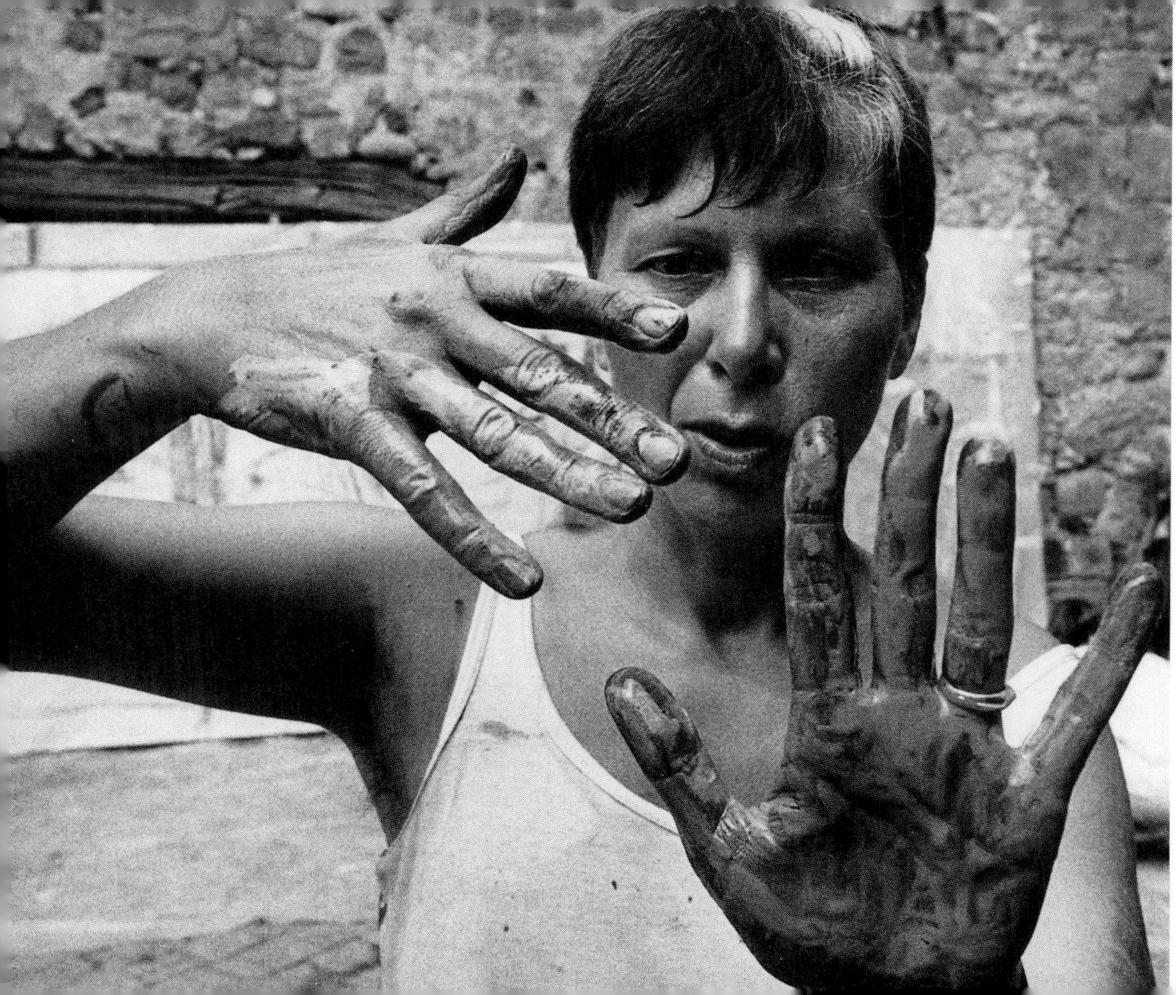

1 September

Dädalus und Ikarus

Sie waren schon lang auf der Insel. Sie begannen, sie zu hassen. Diese fremde, karge Welt, die das Meer umschliesst. Dieses schwerblütige Volk, mit dem man nicht vertraut wird. Diese dunkle, rauhe Zunge, die kaum zu singen weiss. Sie wollten wieder nach Hause. 312

Der König hatte ihn geholt. Als Baumeister hatte er sich einen Namen gemacht. Deshalb musste er dem König ein Labyrinth austüfteln, aus dem er selber fast nicht herausgefunden hätte. Jetzt aber liess er sie nicht mehr gehen. Hielt sie fest auf dieser gottverlassenen Insel. Ihn und seinen Sohn. Wie Verbannte auf der anderen Seite der Welt. Sie wollten nach Hause. Sie hatten Heimweh.

«Die Erde mag er mir versperren und das Meer mir verbieten», rief Dädalus trotzig, «aber der Himmel ist uns sicher offen. Durch die Luft lasst uns fliehen!» Er

Sonntag

liess seinen verdutzten Sohn stehen und machte sich ans Werk. Eine Idee flog ihm zu, ein Plan ward gezeichnet, und Ikarus erhielt Aufträge: Federn sollte er sammeln, kleine und grosse. Und Wachs beschaffen aus den Bienenstöcken der Insulaner. Allmählich füllte sich die kleine Wiese an, ihre geheime Werkstatt hoch oben zwischen den Felsen am Meer.

Dädalus nahm, was Ikarus brachte, und legte es aus: die kleinsten Federn in geschwungener Reihe, darüber die grösseren, dann die ganz grossen der Adler und Geier. Mit Faden und Wachs wurden sie verklebt und vernäht, dann gekrümmt in der Schwingung der Flügel. Ikarus sah verwundert zu, jagte davonwirbelndem Flaum nach und spielte mit Kügelchen aus Wachs.

Bald war der Vater fertig, schnallte sich die mächtigen Flügel an und liess sich zur Probe über die Klippe gleiten. Ikarus sah begeistert zu und wollte schon zu seinem Flügelpaar eilen. Da kam Dädalus zurück und hielt ihn an: «Warte! Wenn wir jetzt diese unglückliche Insel verlassen, so musst du immer eine mittlere Höhe einhalten. Hörst du, eine mittlere Höhe. Unser Weg übers Meer ist weit. Fliegen wir zu tief, so macht die Feuchte überm Wasser unsere Federn schwer. Fliegen wir zu hoch, so schmilzt das Wachs unter der Hitze der Sonne. Flieg also immer bei mir, hörst du!» Dann zeigte er ihm noch die verschiedenen Arten der Bewegung. Aber während Dädalus noch redete, ihm Tränen in die Augen schlichen und er seinen Sohn küsste, war dessen Sehnen schon in den Lüften.

Und los gings. Dädalus flog voraus, Ikarus hinterher. Sie glitten über scharfe Felsen, schraubten sich in luftige Höhen, und schon schwebten sie über der See. Ein Hirte mochte sie verwundert für fabelhafte Vögel gehalten haben. Bereits lag die Insel weit hinter ihnen und verschwand im milchigen Glast. Andere Inseln tauchten auf, braune Kleckse weit unten im blauen Meer.

Ikarus spürte die Kraft seiner Jugend und fand Gefallen an der Leichtigkeit des Segelns. Dädalus drehte unentwegt sein besorgtes Gesicht. Ikarus wurde kühn. Weiter oben mochte es noch leichter sein. Als Dädalus wieder einmal nach hinten sah, hatte Ikarus die empfohlene Höhe verlassen, und sich emporgeschwungen. Herausfordernd und übermütig lachte er von oben herab. Nicht lange, da lösten sich die Federn, und warmes Wachs lief ihm über die Arme. Ikarus verlor an Höhe und stürzte wie ein Stein ins Meer.

Vereinzelte Federn wirbelten noch durch die Luft und liessen sich tänzelnd nieder, wo die Wellen Ikarus verschluckt hatten. Dädalus kreiste. Vergeblich schrie er und weinte. Sein Sohn blieb in der schweren Tiefe, und er selber musste weiterfliegen, auf mittlerer Höhe, nach Hause, allein.

MK nach Ovid (1995)

Wenn man zu schnell oder zu langsam liest, versteht man nichts.
Zu viel und zu wenig Wein: gebt ihm keinen, kann er die Wahrheit nicht finden; gebt ihm zu viel, gleichfalls nicht.
Blaise Pascal (1669)

Montag

«Nichts zu sehr!» – Wie oft wird dem einzelnen angeraten, sich ein Ziel zu setzen, das er nicht erreichen kann und das über seine Kräfte geht, um so wenigstens das zu erreichen, was seine Kräfte bei der allerhöchsten Anspannung leisten können! Ist dies aber wirklich so wünschenswert? Bekommen nicht notwendig die besten Menschen, die nach dieser Lehre leben, und ihre besten Handlungen etwas Übertriebenes und Verzerrtes, eben weil zu viel Spannung in ihnen ist? Und verbreitet sich nicht ein grauer Schimmer von Erfolglosigkeit dadurch über die Welt, daß man immer kämpfende Athleten, ungeheure Gebärden und nirgends einen bekränzten und siegesgemuten Sieger sieht?
Friedrich Nietzsche (1881)

Dienstag

Herr! schicke, was du willt
Ein Liebes oder Leides;
Ich bin vergnügt, daß beides
Aus deinen Händen quillt.

Wollest mit Freuden
Und wollest mit Leiden
Mich nicht überschütten!
Doch in der Mitten
Liegt holdes Bescheiden.
Eduard Mörike (1838)

Mittwoch

Kannten Sie in Ihrer Jugend die Phase hochfliegender Pläne? – Was hat dieser Phase ein Ende gesetzt? – Kam es freiwillig oder unfreiwillig zu diesem Ende? – Wenn Sie heute an diese Phase zurückdenken, tun Sie es mit einem bewundernden oder einem mitleidigen Lächeln? – Kennen Sie auch heute noch Momente oder Lebensbereiche, in denen Ihr Herz «höher schlägt»? – Was unterscheidet in Ihren Augen das «goldene Mittelmass» von der langweiligen Mittelmässigkeit? – Wenn jemand in Ihrer Umgebung ausflippt, empfinden Sie dies als störend und peinlich? – Erleben Sie Ihre Ausgeglichenheit als eine positive Kraft, von der Sie letztlich profitieren? – Wie würden Sie diesen Gewinn beschreiben?
PW (1998)

Donnerstag

So?

Der Zen-Meister Hakuin wurde von seinen Nachbarn als einer, der ein reines Leben führte, gepriesen.
Ein schönes japanisches Mädchen, dessen Eltern ein Lebensmittelgeschäft besaßen, wohnte in seiner Nähe. Da entdeckten die Eltern plötzlich, daß sie schwanger war.
Das machte die Eltern sehr böse. Sie wollte nicht gestehen, wer der Mann war, aber nach langem Drängen nannte sie schließlich Hakuin.
In großem Ärger gingen die Eltern zum Meister. «So?» war alles, was er zu sagen hatte.
Nachdem das Kind geboren war, brachte man es zu Hakuin. Er hatte seinen guten Ruf verloren, was ihm jedoch keine Sorgen machte, und er kümmerte sich in bester Weise um das Kind. Von seinen Nachbarn erhielt er Milch und alles andere, was das Kleine benötigte.
Ein Jahr später konnte die junge Mutter es nicht länger aushalten. Sie erzählte ihren Eltern die Wahrheit – daß der echte Vater ein junger Mann sei, der auf dem Fischmarkt arbeitete.
Die Mutter und der Vater des Mädchens gingen wieder zu Hakuin und baten ihn um Verzeihung; sie entschuldigten sich des langen und breiten und wollten das Kind wieder mitnehmen.
Hakuin war einverstanden. Während er das Kind übergab, war alles, was er sagte: «So?»
Hakuin (18.Jh., Reps)

Wer in Armut die Wirklichkeit beachtet,
wird sie im Reichtum beachten.

Wer im Reichtum die Wirklichkeit vernachlässigt,
wird sie in der Armut vernachlässigen.
Rabbi Jonathan (3.Jh., Shapiro)

Samstag

Lassen Sie sich im Sitzen oder Liegen zur Ruhe kommen. Lassen Sie sich passiv werden, verabschieden Sie die Gedanken, die sich melden, und widmen Sie sich dem Atemfluss.

Sobald der Atem gleichmässig und ruhig geworden ist, nehmen Sie ihn zum Vorbild. Lassen Sie sich ähnlich «gleichgültig» werden.

Ohne Ihren ruhigen Atem und Ihre innere «Gleichgültigkeit» aufzugeben, lassen Sie die Vorstellung zu, dass Sie verarmen, nicht mehr über genügend Geld verfügen ...

Ohne Ihren ruhigen Atem und Ihre innere «Gleichgültigkeit» aufzugeben, lassen Sie die Vorstellung zu, dass Sie reich werden, bedeutend besser honoriert werden, das grosse Los ziehen ...

Verweilen Sie bei Ihrem regelmässigen Atem, bei Ihrer «Gleichgültigkeit».
PW (1998)

Toleranz

Der Winter und die Stachelschweine

Alle Jahre wieder kam der Winter. Seine Hochnebel legte er über das Land, seinen Frost schickte er zwischen Baum und Strauch. Etwas später liess er seinen Schnee rieseln. Die Stachelschweine waren es gewohnt, jedes an seinem Ort, denn Stachelschweine sind Einzelgänger. Der Winter war ein harter Mann. Und da er diesmal Besonderes vorhatte, zog er umher und sagte es jedem Stachelschwein: «Heuer werde ich lange bleiben, Richte dich ein!»
Manche nahmen den Winter ernst. Sie prüften ihre Lagerplätze, holten Gras, Moos und Blätter heran oder bauten sogar einen richtigen Verschlag aus Ästen und Reisig. Aufgeregt liefen sie hierhin und dorthin. Manchmal begegneten sie einander. Andere aber dachten, es werde so schlimm nicht kommen und sie hätten sich noch jedesmal zu helfen gewusst. Drum hielten sie es wie immer.

Als der Winter schon eine Weile geblieben war, wurde es manchen Stachelschweinen bereits recht ungemütlich. Vorräte hatten sie zwar noch, doch die Kälte trieb sie aus ihren Unterschlüpfen. Sie zwickte und zwackte die Haut, dass selbst das sorgfältigste Anlegen der Stacheln nicht mehr half. Immer häufiger trafen sie sich, weil sie immer öfter unterwegs waren, um sich warm zu halten.
Als sie sich wieder einmal in einer Schonung begegneten, blieben einige etwas länger. Das war ungewöhnlich für Stachelschweine. Sie umkreisten und berochen sich. Manche gaben verhaltene Laute von sich. Es waren ältere, die nicht mehr recht an das Bewährte glauben mochten, und jüngere, die nicht schon in jungen Jahren unter der Faust des Winters draufgehen wollten. Beim nächsten Mal fingen sie sogar an, miteinander zu reden: «Er bleibt wirklich lange, der Winter», meinte ein junger Eber. «Warten wirs ab», liess sich ein angegrautes Exemplar vernehmen. «Sollten wir nicht zusammenrücken?», das Schwein zögerte noch: «Wir könnten einander warm geben.» Dieser Vorschlag klang ungeheuerlich in den Ohren der Älteren und unwahrscheinlich in den Ohren der Jüngeren. Nervös traten sie von einem Bein aufs andere.
Ein andermal war schon eine ganze Menge versammelt. Verstreut stand man unter Jungtannen herum und beäugte sich verstohlen. «Kommt, wir rücken zusam-

men! Vielleicht können wir so dem Winter trotzen.» Später wusste niemand mehr, wer diesen Vorschlag gemacht hatte. «Wir sind doch keine Schafe!», protestierte eines noch lauthals, da war die Menge schon in Bewegung. Gemächlich trotteten sie aufeinander zu. Doch nun ging es auch schon los: «Au», schrie ein Schwein. «Verdammt», ein anderes. «Pass doch auf», ein drittes. Ein Hin und Her entstand, ein Gewoge im Meer der Spitzen und Lanzen. Der Winter aber stand hinter einer alten Eiche und lachte, dass der Reif nur
321 so zerstob.

Erst nach einigen weiteren Treffen fanden sie heraus, wie sie sich verhalten mussten. Zwischen Gestochenwerden und Warmhaben erspürten sie einen beweglichen Abstand. Hatten sie sich den erarbeitet und verhielten sie sich dann still, so gab es ein bisschen Wärme und stach auch nur ein bisschen. Das ging einige Wochen. Zur Lust des Winters, der sich vergnügt auf die Schenkel schlug, aber zur Unlust der Stachelschweine, die das mit der Zeit denn doch recht anstrengend fanden.

Der Winter hatte schon seit Tagen seinen Schnee ausgeschickt, als eines Abends ein alter Klauenschneider durch den Wald zog, um zu einem entfernten Hof zu gelangen. Ein ungewöhnliches Grunzen machte ihn stutzig, und zu seiner grossen Überraschung fand er ein ganzes Rudel von Stachelschweinen, angestrengt bebend unter einem Tuch aus Schnee. «Was ist denn das?», rief er lachend. Ein älterer Keiler hob etwas den Kopf: «Kalt ist es, bitter kalt. So stehen wir halt zusammen, aber es wird nicht recht warm. Dafür ist es furchtbar anstrengend, Abstand zu halten.» Da grinste der Winter, und der Klauenschneider lachte: «Ja, die Stacheln. Ich wüsste schon Rat.» Dabei winkte er mit seiner Klauenschere.

Als die Schweine das Teufelseisen sahen, sprangen sie auf, dass der Schnee wirbelte. Doch Kälte und Anstrengung hatten sie müde gemacht. In einiger Entfernung blieben sie stehen. Misstrauisch lugten sie hervor. Und tatsächlich, zwei jüngere traten vor und liessen sich ihre Stacheln kürzen. Hinten rümpfte man die Nase. Als der Mann seine Arbeit beendete, trugen sie nur noch wimpernlange Borsten. Die Stacheln, der ganze Stolz der Rasse, lagen nutzlos im Schnee herum. Die beiden Jungen aber rückten ganz eng zusammen und stiessen ermunternde Laute des Wohlbehagens aus. Da sah der Klauenschneider, dass es nun nichts mehr würde mit dem abgelegenen Hof. Die ganze Nacht lang schnitt er, Stachel um Stachel.

Und als anderntags der Winter seine kalte Sonne heraufrief, lag da ein Rudel zufriedenen Borstenviehs, eng beieinander, auf einer Matte aus Moos, unter einer Decke von Schnee. Unwillig zog er ab.

MK frei nach Schopenhauer (1993)

Die Einigkeit

Ach daß wir Menschen nicht wie die Waldvo̊gelein
Ein jeder seinen thon mit lust zusammen schreyn!
Angelus Silesius (1657)

Montag

Gegenseitige Duldung ist eine Notwendigkeit für alle Zeiten und alle Rassen. Wir können unmöglich in Frieden leben, wenn die Hindu die muslimische Form der Anbetung Gottes und ihre Übungen nicht dulden wollen oder wenn die Muslims sich ereifern über die Bilderverehrung und den Kultus des Rindes bei den Hindu. Duldung erfordert nicht, daß ich das, was ich dulde, auch billige. Alkohol-, Fleisch- und Tabakgenuß mißfallen mir im höchsten Grad, und doch dulde ich das alles bei den Hindu, den Muslims und Christen, wie ich von ihnen auch erwarte, daß sie meine Enthaltsamkeit in diesen Dingen dulden, auch wenn sie ihnen mißfällt. Aller Streit zwischen Muslims und Hindu kommt daher, daß einer den andern durch Gewalt zu seiner Ansicht bekehren will.
Mahatma Gandhi (1922)

Dienstag

21. Februar 1948

323 Umkreise die Wahrheit
Wie eine mögliche Beute
Doch fall sie nicht an:
Was wäre schon eine tote Wahrheit.

Laß sie leben.
Laß genug Raum um sie herum und
Zwischen den Zeilen.
Raum in dem sie sich jederzeit
Wenn es ihr paßt und
Wenn es dir nicht paßt
Verflüchtigen kann.
Denn auch das gehört wie mir scheint zur Wahrheit:
Daß sie sich unversehens verflüchtigt
Und daß sie wiederkehrt
Wann es ihr paßt und
Wann es dir nicht paßt.

Franz Fassbind (1948)

Mittwoch

Wenn Sie sich ein Restaurant und seine verschiedenen Sitzmöglichkeiten vor Augen führen: Welchen Platz steuern Sie an, wenn Sie das Restaurant betreten? – Suchen Sie Kontakt, oder gehen Sie Kontakten eher aus dem Weg? – Ziehen Sie es vor, den Kontakt mit gleichgesinnten, Ihnen schon vertrauten Menschen zu fördern? – Oder nehmen Sie mit Ihnen unbekannten Menschen Kontakt auf? – Ist die gegenteilige Meinung einer Person für Sie ein Grund, mit dieser Person das Gespräch zu suchen? – Oder ein Grund, dem Gespräch mit ihr aus dem Weg zu gehen? – Gibt es in Ihrem Freundeskreis Personen, mit denen Sie immer wieder mal in Streit geraten, ohne dass der freundschaftliche Respekt darunter leidet?

PW (1998)

Donnerstag

2 September

Die Frage, die ihr mir vorlegt, ist schön. Um mein Urteil darüber zu fällen, muß ich folgende Geschichte erzählen. Ich besinne mich, sofern ich nicht irre, gehört zu haben, daß ehedem ein großer und reicher Mann unter andern raren Edelsteinen in seinem Schatz auch einen vorzüglich schönen und kostbaren Ring besessen hat. Er schätzte ihn seines Werts und seiner Schönheit wegen so sehr, daß er wünschte, er möge beständig in seiner Familie bleiben, und befahl daher, daß dasjenige von seinen Kindern, bei dem sich dieser Ring fände und dem er ihn hinterließe, für seinen Erben angesehn und von den übrigen als der Vornehmste geachtet und geschätzt werden solle. Sein Erbe beobachtete bei seinen Nachkommen ebendiese von seinem Vorfahren festgesetzte Ordnung, und so ging der Ring von einer Hand in die andere.
Endlich kam er an einen Vater von drei Söhnen, die gleich schön, tugendhaft und ihrem Vater äußerst gehorsam waren. Er liebte sie folglich alle drei gleich stark. Die Söhne kannten die Bedeutung des Ringes, und jeder war begierig, der Erbe zu sein. Jeder bat also den alten Vater, ihm beim Sterben den Ring zu hinterlassen. Der ehrliche Mann, der gleiche Liebe für sie hatte, war wirklich im Zweifel, welchen er zum Besitzer des Ringes machen sollte. Er hatte ihn allen versprochen und war also darauf bedacht, wie er allen dreien sein Versprechen halten wollte. Er ließ daher bei einem guten Künstler insgeheim noch zwei andre Ringe fertigen. Diese waren dem ersten so ähnlich, daß er selbst kaum den rechten unterscheiden konnte, und als er zum Sterben kam, gab er jedem seiner Söhne heimlich einen davon.
Nach dem Tode des Vaters verlangte jeder die Erbschaft nebst der Ehre. Da einer dem andern dieselbe verweigerte, brachte jeder seinen Ring hervor zum Beweise, daß er ein Recht darauf habe. Man fand die Ringe einander so ähnlich, daß der rechte nicht zu unterscheiden war. Die Frage, welcher von ihnen der rechtmäßige Erbe des Vaters sei, blieb daher unentschieden und soll auch heute noch unausgemacht sein. Dies ist, mein Beherrscher, meine Meinung von den drei Religionen, welche Gott der Vater den drei Nationen gegeben hat und worüber ihr die Frage aufwarft. Jede hält ihre Gesetze für wahr und glaubt ihre Gebote unmittelbar von ihm zu haben. Die Frage, wer recht hat, ist ebenso unentschieden wie die von den drei Ringen.

Giovanni Boccaccio (1375)

Freitag

325

Im Widerspruch zu sich selbst beginnt der Dialog
Elazar Benyoëtz (1992)

Samstag

Lassen Sie sich im Sitzen oder Liegen zur Ruhe kommen. Lassen Sie sich passiv werden, verabschieden Sie die Gedanken, die sich melden, und widmen Sie sich dem Atemfluss.

Sobald der Atem gleichmässig und ruhig geworden ist, nehmen Sie ihn zum Vorbild. Prägen Sie sich ein, wie Ein- und Ausatmen, zwei gegensätzliche Bewegungen, sich die Waage halten.

Ohne bewusst auszuwählen oder auszuschliessen, vergegenwärtigen Sie sich aus Ihrem alltäglichen Bekanntenkreis unterschiedliche Gesichter.

Ohne über die Geschichten gross nachzudenken, die Sie mit den einzelnen verbinden, umfangen Sie diese Personen mit den Gezeiten Ihrer Atembewegung, mit dem Ein- und Ausatmen.
PW (1998)

Gemeinsinn

Haggai

Es war im August des Jahres 520, zur Zeit der Hundstage. Ein Prophet namens Haggai war in Jerusalem aufgetaucht und hatte es fertiggebracht, die beiden höchsten Würdenträger von Juda ins Freie zu zitieren. Der Statthalter der persischen Provinz und der Hohepriester der jüdischen Glaubensgemeinschaft standen auf einem grossen Platz, und der Prophet las ihnen die Leviten, mitten am Tage und vor einer wachsenden Menge von Zuhörern, die zufällig vorbeigekommen und interessiert stehengeblieben waren.
Es ging auch um sie, denn der Prophet begann seine Rede mit einem geflügelten Wort, das seit Jahren in aller Munde war: «Das Gotteshaus kann warten!» Diesen Spruch kannten alle, und die Köpfe vieler wendeten sich unwillkürlich zum Tempelberg. Seit siebzig Jahren lagen dort die überwachsenen Trümmer des alten Tempels herum. «Das Gotteshaus kann warten!» Zweimal hatte Haggai sie zitiert. Dann kam die Schelte, und fort war er. Die Würdenträger zogen ab, und die Menge verlief sich. Hier und da blieben einige im Schatten der Häuser sitzen.
Meshach und Amnon waren entrüstet. Sie regten sich auf. Mit seiner Krücke bohrte Amnon Löcher in den Sand. Der um einiges jüngere Meshach stand immer wieder auf und gestikulierte, dass die Rockschösse

flogen: «Der meint wohl, wir würden erst mal ein paar Jahre auf der Strasse sitzen. Sollen wohl in Ruinen wohnen? Es war schon kein Honiglecken, in der Fremde aufzuwachsen, babylonisch lernen zu müssen und wie Arbeitstiere gehalten zu werden. Und erst recht kein Spaziergang, den langen staubigen Wüstenweg hierher zu ziehen, jahrelang unterwegs zu sein und jeden Tag etwas zum Essen zu finden!» Meshach setzte aus, so war er in Hitze geraten. Amnon nickte müde vor sich hin. «Und jetzt kommt dieser Kerl da-
329 her, nennt sich Prophet, und schimpft uns aus, weil
jeder von uns Heimkehrern nach dem Haus seiner Väter sucht. Wir wollen endlich leben. In richtigen Häusern, in sicheren Wohnungen. Ich sage dir, ich werde weiterbauen, Prophet hin oder her!» Meshach setzte sich wieder auf den Trümmerblock.

Amnon fand, der Mann sei ungerecht gewesen, vor allem mit den Heimkehrern. «Das Gotteshaus liegt seit siebzig Jahren in Ruinen. Da kommt es auf ein paar Jahre nicht mehr an.» Er winkte ab. «Aber uns hat er sich ja auch vorgenommen, wenn auch etwas sanfter. Unrecht hat er eigentlich nicht. Ich musste zwar nicht ins Exil wie dein Vater. Ich konnte sogar in einem überdachten Haus wohnen, nach dem Brand der Stadt. Aber gut ist es mir seither nicht gegangen. Immer war alles knapp. Es hat vorn und hinten nicht gelangt.» Traurig schweifte sein alter Blick über den Stadtplatz, der nun schon seit vielen Jahren mit Trümmerresten übersät war.

Die beiden Männer schwiegen. Beide hatten das Bild des Propheten vor Augen, und seine Worte läuteten in ihren Ohren: Erst wenn sein Haus wieder stünde, soll Gott gesagt haben, würden sie wieder gut leben können. Erst wenn sie alle gemeinsam für ihn gebaut hätten, würde Segen auf dem Aufbau ihrer Häuser liegen. Erst wenn sie Zeit für die gemeinsame Mitte aufgebracht hätten, würde die Zeit für jeden Einzelnen von ihnen eine fruchtbare Zeit werden. Amnon und Meshach hingen ihren Gedanken nach.

Die Sonne war bereits so weit vorgerückt, dass sich der Platz allmählich wieder belebte. Die beiden schauten zu, wie einige Händler ihre Tische zwischen den Trümmern aufbauten. Frauen suchten sich vorsichtig einen Weg, um einkaufen zu können. Kinder kletterten auf umgestürzten Säulen herum. Ein Halbwüchsiger ritzte auf eine brüchige Fassade: «Das Gotteshaus kann warten!» Da meinte Amnon plötzlich: «Eine Schule sollten wir auch haben und einen sauberen Marktplatz, eine grosse Zisterne, Abwasserleitungen bis in die Gärten, von der Stadtmauer ganz zu schweigen ... Am Ende hat dieser Haggai doch Recht.» Amnon und Meshach trotteten nach Hause. Ich werde es mir noch mal überlegen, dachte jeder für sich.

MK nach Haggai 1,2-11 (1995)

Vier Tiere gehören zu den kleinsten auf Erden
und sind doch weiser als die Weisen:
die Ameisen sind ein schwaches Völklein
und rüsten doch im Sommer ihre Speise;
die Klippdachse sind ein Volk ohne Stärke
und bauen doch ihre Wohnungen in den Fels;
die Heuschrecken haben keinen König
und ziehen doch alle geordnet daher;
die Eidechse kann man mit der Hand greifen,
und doch ist sie in Königspalästen zu finden.
Sprüche 30,24-28 (Bibel)

Montag

Wenn man mit anderen lebt und durch ein Gefühl von Zuneigung mit ihnen verbunden ist, dann ist man sich dessen bewußt, daß man eine Daseinsberechtigung hat, daß man nicht ganz und gar wertlos und überflüssig sein kann, sondern vielleicht für das eine oder andere taugt, weil man einander nötig hat und als Reisegefährten dieselbe Reise macht. Also, das Gefühl eines geziemenden Eigenwertes ist sehr abhängig von den Beziehungen zu anderen.
Vincent van Gogh (1879)

Dienstag

Gemeinsam

Vergesset nicht
Freunde
wir reisen gemeinsam

331 besteigen Berge
pflücken Himbeeren
lassen uns tragen
von den vier Winden

Vergesset nicht
es ist unsre
gemeinsame Welt
die ungeteilte
ach die geteilte

die uns aufblühen läßt
die uns vernichtet
diese zerrissene
ungeteilte Erde
auf der wir
gemeinsam reisen
Rose Ausländer (1976)

Mittwoch

Sind Sie schon mal vor einem Ameisenhaufen ins Staunen geraten? – Können Ameisen für Sie zum anregenden Beispiel werden? – Haben Sie die legendäre Doping-Tour-de-France 1998 mitverfolgt? – Können Radprofis, deren Namen in der Siegerliste nie erwähnt werden, für Sie zum anregenden Beispiel werden? – Sind Ihnen andere Beispiele lieber: Helfer und Helferinnen in Krisengebieten, Zivildienstleistende, Beamtinnen und Beamte? – Braucht die Gesellschaft eine gemeinsame Mitte, für die es sich einzustehen lohnt? – Oder reichen gemeinsame Feinde? – Wieviel Hierarchie brauchen Sie? – Setzen Sie auf gemeinsame Visionen? – Unterstützen Sie es, wenn dem schrankenlosen Individualismus Grenzen gesetzt werden? – Haben Sie sich Ihre Grenzen freiwillig gesetzt?
PW (1998)

Donnerstag

Der Vater und die Stäbe

Vor grauen Zeiten lebt' ein Mann, der sehr alt war.
Der hatte viele Kinder; da er nun merkte
Sein Ende nahn, und er an sie noch Aufträge
Erteilte, hiess ein Bündel er herbeischaffen
Von dünnen Stäben, die auch einer gleich brachte.
«Versucht nun, Kinder», sprach er,
alle Kraft sammelnd,
«Ob die verbundnen Stäb' ihr wohl entzwei brechet.»
Sie konnten's nicht; da sprach er:
«Jetzt versucht's einzeln.»
Da nun so einzeln sie gar leicht entzwei brachen,
So sagte er: «Kinder, also, wenn ihr einträchtig
Zusammen alle haltet, kann kein Mensch jemals
Euch schrecken, wenn er noch so grosse Macht hätte.
Dagegen, wenn ihr jeder andern Sinn heget,
So wird es jedem wie dem einen Stab gehen.
Für Brüder ist ein grosses Glück und Gut Eintracht,
Die Niedre schon zu hohem Stand hinaufbrachte.»
Babrios (1.Jh. n. Chr.)

Freitag

Mon bonheur c'est notre bonheur
Mon soleil c'est notre soleil
Nous nous partageons la vie
L'espace et le temps sont à tous.
Paul Eluard (1951)

Mein Glück das ist unser Glück
Meine Sonne das ist unsere Sonne
Wir teilen uns das Leben
Der Raum und die Zeit gehören allen.

Samstag

Lassen Sie sich im Sitzen oder Liegen zur Ruhe kommen. Lassen Sie sich passiv werden, verabschieden Sie die Gedanken, die sich melden, und widmen Sie sich dem Atemfluss.

Sobald der Atem gleichmässig und ruhig geworden ist, nehmen Sie ihn zum Vorbild: Ihr ganz persönlicher Atemfluss floss bereits durch andere Räume und andere Menschen, er ist Teil der grossen Luftbewegung. Sie teilen den Atem.

Während Sie diesen «gemeinsamen» Atem wahrnehmen, fallen Ihnen vermutlich weitere Dinge ein, die Sie teilen; umfangen Sie sie mit Ihrem Atem: Sonne, Landschaften, Meer, Flüsse, Büro, Fabrikhallen, Bahn, Erde ...

Verweilen Sie beim Atem, der Ihnen zufliesst und sich aus Ihnen löst, um weiterzufliessen.
PW (1998)

Solidarität

Ruth und Naemi

Ruths Blicke gehen zurück, schweifen hinauf zu den heimatlichen Bergen und ruhen liebevoll auf den schroffen Zacken. Hinter der unwirtlichen Kette ist sie zu Hause. Auf der Hochebene hinter den Höhen sieht sie ihre glücklichen Jahre.

Schön waren sie gewesen! Wenige Jahre nur, aber schöne Jahre! Damals, als die beiden fremden Burschen in unser Dorf gekommen waren, hatten wir alle grosse Augen gemacht. Zerlumpt waren sie, bündellose Habenichtse, abgerissen und erschöpft von der weiten Wanderung. Verstehen konnten wir sie kaum. Irgendein fremder Dialekt war das. Aber dass sie Hunger hatten, war auch so zu sehen. Wir mussten sie erst einmal herausfüttern. Nach und nach erfuhren wir, dass bei ihnen zu Hause eine Dürre den Hunger ins Land geholt hatte. Wir waren die einzige Hoffnung der Familie. Zu uns hatte es sie verschlagen. Nun, wir taten, was guter Brauch und altes Gebot uns hiessen. Doch ihr Vater wollte sich nicht mehr erholen. Bald starb er. Fremd im fremden Land mochten ihn die Sorgen zerfressen haben. Anders die beiden Söhne. Die kamen schnell wieder auf die Beine und packten dann auch nach Kräften bei uns mit an. Schön waren sie und bald beliebt, die Freude Naemis, ihrer alten Mutter, und uns Mädchen eine heimliche Augenweide. Meine Freundin und ich sahen ihnen gerne nach.

Die Rast am Salzmeer zieht sich in die Länge. Die beiden Frauen sitzen Rücken an Rücken. Unruhig flattern Naemis Augen zu den Höhen jenseits des grossen Wassers. Der Weg um die obere Hälfte der toten Lake, bis dorthin, wo der Fluss sie so vergeblich füllt, ist noch weit und beschwerlich. Ruths Augen aber klammern sich an die zurückliegende Höhenkette.

Schön, dass wir doch noch heiraten durften, meine Freundin und ich die ausländischen Burschen, wir reiche Töchter die vaterlosen Gesellen ohne grossen Besitz. Aber sie konnten ja anfassen. Das galt. Und so hielten wir Doppelhochzeit. Wie das ganze Dorf auf den Beinen war! Zehn Jahre sind seither vergangen. Die längste Zeit waren sie zwar draussen bei den Herden, unterwegs zwischen Wasserloch, Brunnen und Quell. Doch wenn sie nach Hause kamen, zur Schur oder zum Markt, dann hatten wir es gut. Bis vor einem

Jahr. Da waren sie nicht mehr unter denen, die aus der Steppe heimkehrten. Löwen wären in die Hürde eingebrochen, hiess es, und sie hätten ihre Tiere schützen wollen. Nur noch ihre Taschen bekamen wir.
Die heimatlichen Höhen verschwimmen in den Augen der jungen Witwe. Sie versucht, den Pfad zu finden, den sie herabgekommen sind, aber der bleibt zwischen scharfen Steinen und ausgebleichten Gräsern verborgen. Naemis stummes Drängen nimmt Ruth nicht wahr. Sie schaut zurück.
337 Ob wir wirklich mitwollten, hatte Naemi gefragt. Nach dem Tod ihrer Söhne wollte sie wieder in ihr Land zurück. Zudem gäbe es Kunde, dass dort die Hungersnot vorüber wäre. Und schliesslich gehörte eine kinderlose Witwe in ihr Elternhaus. Das wollte alte Gewohnheit bei ihnen und auch bei uns. Soll ich also doch besser umkehren? Den Fluss nicht überschreiten und in mein Elternhaus zurückkehren? Ich wäre ja noch jung und würde gewiss wieder heiraten, meinte Naemi. Sie aber wäre alt und könnte uns, meiner Freundin und mir, kein zweites Paar Söhne auf die Welt stellen. Als ob wir das von ihr verlangt hätten! Irgendwo dort oben wandert meine Freundin. Sie hat sich an den Rat gehalten. Ihr Abschied war kurz und tränenreich, aber irgendwie ohne Nachklang. Fast wie das Ende einer Episode. Nein, für mich sind zehn Jahre keine Episode.
Da Ruth ihre Freundin nirgends am Berghang entdecken kann, wendet sie sich um. Auf der anderen Seite des Wassers, genau gegenüber, liegt die andere Bergkette und dahinter die alte Heimat der Mutter. Ruths Augen irren unruhig über die verkarsteten Abhänge mit ihren Höhlen und Schründen.
Nein, ich kehre nicht um! Der Gott war zwischen uns. Hat mein und sein Herz mit Liebe entzündet. Hat mein Herz auch dem seiner Mutter zugewendet. Nur noch durch diesen Graben. Ich werde die alte Frau begleiten, nicht nur bis zum Fluss, auch über die Berge drüben und hinüber in ihr Land. Der Gott war zwischen uns. Einfach wird es nicht sein, fremd im fremden Land, eine Ausländerin mit fremder Sprache und nichts als ein wenig alter Liebe. Eine Frau, die verwitwet und ohne Mitgift daherkommt. Einfach wird es nicht sein. Aber der Gott war zwischen uns. Die Liebe ist stark wie der Tod, sagt man. Das zählt und bleibt. Ihre Heimat soll meine Heimat werden, ihre Leute meine Leute. Ich will dort so sein, wie mein Liebster bei uns war, als er kam.
Fest entschlossen nimmt sie ihr Bündel, richtet Naemi auf und greift ihr unter den Arm. Noch einmal schweift Ruths Blick über die heimatlichen Berge. Sie schwimmen dahin. Die beiden Frauen aber ziehen weiter, immer dem Salzmeer entlang.

MK nach Ruth 1,6-22 (1989)

Zweie sind besser daran als nur einer;
sie haben doch einen guten Lohn für ihre Mühe.
Denn fallen sie, so hilft der eine dem andern auf.
Doch wehe dem Einzelnen, wenn er fällt
und kein andrer da ist, ihm aufzuhelfen!
Und liegen zwei beieinander, so haben sie warm;
wie aber könnte einer allein erwarmen?
Und mag einer auch den Einzelnen überwältigen,
so halten ihm doch die Zweie stand;
und gar die dreifache Schnur
ist nicht so bald zu zerreissen.

Prediger 4,9-12 (Bibel)

Montag

Das Beste, was heute geschenkt werden kann, ist diese Nähe selbstseiender Menschen. Sie sind sich die Garantie, daß ein Sein ist. In der Welt sind die Gestalten, die als Wirklichkeit mich berührt haben, nicht die Vorübergehenden, die nur gesellig waren, sondern die mir Bleibenden, welche mich zu mir brachten. Wir haben kein Pantheon mehr, aber den Raum der Erinnerung wahrer Menschen, denen wir danken, was wir sind. Es sind uns nicht zuerst entscheidend die nur historisch bekannten Großen, sondern diese in dem Maße, in welchem sie gleichsam wiedererkannt wurden in denen, die uns als Lebende wirklich waren. Diese sind für uns jeweils im sicheren Wissen ihrer Nähe, bleiben ohne Anspruch nach außen, ohne Vergötterung und Propaganda. Sie kommen nicht schon vor unter dem, was öffentlich allgemein und gültig ist, und tragen doch den rechten Gang der Dinge. Wahrer Adel ist nicht in einem isolierten Wesen. Er ist in der Verbundenheit der eigenständigen Menschen. Sie kennen die Verpflichtung, stets auszuschauen nacheinander, sich zu fördern, wo sie sich begegnen, und bereit zu sein zur Kommunikation, wartend ohne Zudringlichkeit. Ohne Verabredung kennen sie eine Treue des Zusammenhaltens, die stärker ist als Verabredung. Diese Solidarität erstreckt sich noch auf den Feind, wenn Selbstsein mit Selbstsein zu echter Gegnerschaft kommt.

Karl Jaspers (1931)

Dienstag

Ein dicker Sack – den Bauer Bolte,
Der ihn zur Mühle tragen wollte,
Um auszuruhn, mal hingestellt
339 Dicht bei ein reifes Ährenfeld –
Legt sich in würdevolle Falten
Und fängt 'ne Rede an zu halten.

Ich, sprach er, bin der volle Sack.
Ihr Ähren seid nur dünnes Pack.
Ich bin's, der euch auf dieser Welt
In Einigkeit zusammenhält.
Ich bin's, der hoch vonnöten ist,
Daß euch das Federvieh nicht frißt;
Ich, dessen hohe Fassungskraft
Euch schließlich in die Mühle schafft.
Verneigt euch tief, denn ich bin Der!
Was wäret ihr, wenn ich nicht wär?

Sanft rauschen die Ähren:
Du wärst ein leerer Schlauch, wenn wir nicht wären.
Wilhelm Busch (1874)

Mittwoch

Kennen Sie die Erfahrung, auf jemanden zählen zu können? – Schätzen Sie diese Sicherheit? – Kennen Sie auch die andere Erfahrung, dass es Personen gibt, die in aller Selbstverständlichkeit mit Ihnen rechnen? – Stimmen solche Erfahrungen Sie glücklich, oder irritieren sie Sie? – Fällt es Ihnen leicht, verfügbar zu sein, mit anderen im selben Gefüge zu stehen? – Stört es Sie, durch andere bestimmt zu werden? – Wie reagieren Sie auf Erwartungen, die Ihnen entgegenkommen? – Erleben Sie auch einen Vogel im Netz oder sonst ein leidendes Tier als eine Erwartung an Sie? – Ist Solidarität für Sie auf die Menschen beschränkt? – Ist Ihnen die Solidarität schon teuer zu stehen gekommen?
PW (1998)

Donnerstag

Als König Christian den Davidstern trug

König Christian X. von Dänemark pflegte regelmäßig einen Morgenritt durch Kopenhagen zu machen, und er tat dies auch während der Zeit der deutschen Okkupation Dänemarks.

Eines Tages kommt der Befehl aus dem Nazi-Haupt- 340
quartier, alle dänischen Juden hätten eine gelbe Armbinde mit einem Davidstern zu tragen. Noch in derselben Nacht gibt die Radiostation der Untergrundbewegung die Mitteilung durch, König Christian habe dem deutschen Befehlshaber geantwortet, daß alle dänischen Bürger gleich seien. Um dies deutlich zu machen, wolle er sich selbst den Judenstern anstecken, und er erwarte, daß alle Dänen seinem Beispiel folgen würden.

Am nächsten Morgen machte der König seinen üblichen Ausritt, um den Arm eine gelbe Binde mit einem Stern darauf. So gut wie alle Menschen auf Kopenhagens Straßen trugen ebensolche Armbinden wie ihr König. Die Deutschen sahen sich gezwungen, die Anordnung aufzuheben.

Dänisch (1941, af Klintberg)

Freitag

Kain zu Gott:
«Bin ich denn meines Bruders Hüter?»
Genesis 4,9 (Bibel)

Die Hohenpriester und Ältesten zu Judas:
«Was geht das uns an? Sieh du zu!»
Matthäus 27,4 (Bibel)

Samstag

Lassen Sie sich im Sitzen oder Liegen zur Ruhe kommen. Lassen Sie sich passiv werden, verabschieden Sie die Gedanken, die sich melden, und widmen Sie sich dem Atemfluss.

Sobald der Atem gleichmässig und ruhig geworden ist, nehmen Sie ihn zum Vorbild. Der Atem fliesst Ihnen zu und er fliesst – durch Sie beziehungsweise über Sie hinaus – allen zu. Er schafft eine Lebensgemeinschaft.

Lassen Sie sich durch den Atem in diese Lebensgemeinschaft integrieren, und vergegenwärtigen Sie sich die anderen Menschen und Geschöpfe, mit denen Sie verbunden sind. Antworten Sie auf den Atem, indem Sie innerlich die Bereitschaft wachsen lassen, diese Lebensgemeinschaft zu verantworten.
PW (1998)

Geschwisterlichkeit

Geschwisterlichkeit

Dass die Tugend des Monats Oktober nicht mehr «Brüderlichkeit» (fraternité) heisst, sondern Geschwisterlichkeit, belegt bereits durch die veränderte Begrifflichkeit, welche Dynamik in dieser Haltung verborgen ist und wie sehr sie mit Freiheit und Gleichheit verwandt ist. Die Aufbrüche rund um die Französische Revolution waren Männersache, sie wurden von Männerbünden propagiert und getragen, verherrlicht und ausgestanden. Dass die «Schwestern» an diesen Aufbrüchen ebenso interessiert gewesen wären und sie eigenständig hätten mitgestalten können, kam den «Brüdern» nicht in den Sinn ... Inzwischen waren die Frauen so frei, sich ihre eigene Revolution vorzustellen und sie voranzutreiben. Sie machten zudem darauf aufmerksam, dass der «brüderliche Umgang» auch seine brutalen Seiten hatte, eine Brutalität, die nicht weitergegeben werden musste. Sie zogen es vor, unter Schwestern zu bleiben, allenfalls unter Geschwistern ...

Geschwisterlichkeit: Die Dynamik der Annäherung, die Entdeckung der Tiefenverwandtschaft ist noch nicht an ihr Ende gelangt, noch zu viele Menschen sind nicht erfasst worden. Die europäischen Staaten zum Beispiel erleben anhand der Flüchtlingsströme, wie sehr es heute Menschen aus anderen Nationen und Kulturen in die politisch und wirtschaftlich verhältnismässig stabilen Länder zieht. Ob diese Menschen aus politischen oder wirtschaftlichen Gründen, aus Not oder aus dem einfachen Wunsch, am Reichtum teilzuhaben, nach Europa kommen, die Frage ist immer dieselbe: Begegnen wir ihnen als Geschwister, oder erkennen wir uns in ihnen nicht wieder? Erfahren wir die Fremdheit einer Kultur als herausfordernde Bereicherung oder als lästige Verunsicherung? Lassen wir uns diese Menschen lediglich als die Zutaten einer Ferienoase gefallen, oder gehören wir mit ihnen zur einen Familie dieser Erde?

Immer wieder flammt zwischen den Juden, Moslems und Christen Misstrauen auf. Diese abrahamitischen Traditionen, die durch eine gemeinsame Geschichte und gemeinsame Vorbilder geprägt worden sind, stehen sich mit einem Argwohn gegenüber, wie es wirklich nur verfeindete Brüder tun können. Was Gotthold Ephraim Lessing in seinem Theaterstück «Nathan der Weise» und mit der in dieses Stück integrierten «Ringparabel» 1779 in die Wege leiten wollte, ist noch nicht zum Abschluss gekommen, im Gegenteil: Internationale Auseinandersetzungen stehen immer noch unter dem Zeichen der religiösen Abrechnung, und in den Ländern, in denen diese drei Religionen nachbarschaftlich zusammenleben beziehungsweise zusammenleben müssen, kommt es selten genug zur gegenseitigen Toleranz und Förderung. Noch haben sich die abrahamitischen Traditionen nicht gefunden, und bereits sollten sie mit ganz anderen Religionen zusammenkommen ...

Die Geschwisterlichkeit hat sich heute einer weiteren Herausforderung zu stellen: einer verantworteten Verwandtschaft den Tieren gegenüber. Die Tiere sind in den letzten Jahrzehnten zu möglichst effizienten Nahrungsmittelproduzenten umfunktioniert worden; ihr Leben hat ausser dieser Funktion keinerlei Bedeutung. Inzwischen ist der Umfang ihrer Verwendbarkeit sogar noch gewachsen, das heisst, sie dienen den Menschen als mögliche Organspender: Tiere werden als Ersatzteillager gehalten. Ihr Leiden und ihr Tod im Dienst der überlebenden Menschen werden als selbstverständlich betrachtet. – Tiere geschwisterlich zu betrachten und zu behandeln, sie zu respektieren, dient der eigenen Würde. Es schafft einen familiären Raum. Was es heisst, über die eigene Familie hinaus geschwisterlich zu leben, ist unserer Zeit durch die letzten Nachkommen der zerstörten indianischen Kultur nochmals bewusst gemacht worden. Wir hören und lesen davon, eine romantische Saite wird in uns zum Klingen gebracht, aber zugleich erschrecken wir, denn diese Art Romantik hat nichts mit Verharmlosung zu tun, sondern mit Verantwortung.

Der Dichter Walter Helmut Fritz zählt auf, was wir verloren haben, wenn er den indianischen Freund sagen lässt:

Wenn wir ein Fest feiern,
sind alle dabei,
auch Kräuter, Mais und Kürbis,
der über Kiesel
springende Bach,
Antilope, Schlange und Büffel,
das Feuer und die Schatten,
die es erzeugt,
Wolke und Berg,
der Morgenwind, der sich
hinter den Ulmen erhebt,
das Grün, Gelb und Rot
des Regenbogens.
Sie alle sind unsere Geschwister.

PW (1999)

Einfühlungsvermögen

Kindersinn

Papa arbeitet im Garten. Es ist Samstag. Da wühlt er immer auf den Beeten herum. Tobias hat sich schon darauf gefreut. Er darf dem Papa helfen. Schliesslich ist er schon vier Jahre alt. Und schon so gross. Die kleine Schubkarre von Tobias steht neben der grossen von Papa, die kleine Schaufel neben der grossen.

Frühling im Garten ist schön. Die fette Erde um-
349 graben, den Gang einer Maus freilegen, die längsten Wurzeln herausziehen, dicke Engerlinge betrachten. Das macht Spass. Und man darf schmutzig werden dabei. Niemand schimpft. Je schmutziger, desto fleissiger. Tobias geniesst den Samstag mit Papa. Er sammelt schöne Steine in seine Karre, trägt Larven und Würmer an sichere Orte, beurteilt Papas Arbeit vom Holderbusch herab. Und fragt Löcher in Papas Bauch. Plötzlich wird es still. Papa hat schon zwei, drei Reihen umgegraben, da fällt es ihm auf. Im Augenwinkel entdeckt er den Sohnemann. Der steht vor einem Busch und hängt Regenwürmer auf die Äste. Regenwürmer liebt er. Jetzt zappeln sie im Busch, dicke und dünne, kurze und lange. Papa muss kommen und zusehen, wie sie turnen.

Dann trägt Tobias sie wieder zusammen und legt sie sorgfältig auf einen grossen Stein. Papa runzelt die Stirn. Doch Tobias macht unbeeindruckt weiter und stellt gelassen die Wurmfamilie vor: Da gibt es natürlich einen Papa-Wurm und einen Mama-Wurm, einen Tobias-Wurm und einen Lea-Wurm. Einer ist das Grosi, ein anderer der Grossvatti, ein dritter der Götti. Die Reihenfolge ist festgelegt und an der Länge erkennbar. Papa ist der längste Wurm.

Die Würmer dürfen sich jetzt wieder verkriechen. Tobias hilft ihnen dabei, indem er Gänge vorbohrt. Er passt auf, ob sie ihren Weg in die umgegrabene, weiche Erde finden. Papa ist bald fertig mit der Gartenarbeit.

Seine Gedanken bleiben aber bei der Wurmfamilie. Schön, dass Kinder mit den Dingen auf «Du» stehen. Tobias sagt «Du» zum Wurm wie zu ihm. Er sieht Beziehungen zwischen Tieren und Pflanzen, Belebtem und Unbelebtem. Sogar Bachkiesel oder Tannenzapfen können «Familien» bilden, wie er sie von zu Hause kennt. Alles in der Welt hat ein Zuhause, kann lachen und weinen, hat einmal ein Wehweh und braucht jemanden, der tröstet. Die Welt ist Schöpfung. Sie lebt.

Tobias, der Kleine, hört das Lied in allen Dingen. Selbst das Lied der Regenwürmer. Wie lange noch, fragt sich sein Papa. Hoffentlich immer wieder, denkt er, der Grosse.

MK (1994)

Einbruch

Scheich Abd Rabbuh der Verlorene sprach: Einst versuchte ich, mich in völlige Einsamkeit zu begeben. Aber das Seufzen der Menschen brach in meine Einsiedelei ein.
Nagib Machfus (1994)

Montag

Es ist gut, bei dem Glauben zu bleiben, daß alles wunderbar ist, weit mehr, als man begreifen kann; denn das ist die Wahrheit, und es ist gut, feinfühlig, bescheiden und zart von Herzen zu bleiben, auch wenn man dieses Gefühl manchmal verbergen muß, wie das öfter nötig ist; es ist gut, voller Wissen zu sein in den Dingen, die verborgen sind vor den Weisen und Verständigen dieser Welt, die aber von Natur den Armen und Einfältigen, den Frauen und Kindlein offenbart sind; denn was könnte man lernen, das besser wäre, als was Gott von Natur in jede Menschenseele gegeben hat und was auf dem Grund jeder Seele lebt und liebt und glaubt, es sei denn, daß man es mutwillig vernichtet.
Vincent van Gogh (1878)

Dienstag

Wünschelrute

Schläft ein Lied in allen Dingen,
Die da träumen fort und fort,
Und die Welt hebt an zu singen,
Triffst du nur das Zauberwort.
Joseph von Eichendorff (1838)

Mittwoch

Wie oft schon mussten Sie sich eingestehen, dass Sie sich in einem Menschen getäuscht haben? – Was mag jeweils der Grund für diese Täuschung gewesen sein? – Wie reagieren Sie, wenn Sie wissen oder spüren, dass es einem Menschen in Ihrer Umgebung schlecht geht? – Halten Sie sich diskret zurück ? – Vermeiden Sie es, das Gespräch auf den wunden Punkt zu bringen? – Oder fragen Sie nach dem Kummer und bieten sofort Trost und Ermutigung an? – Was halten Sie von dem heute oft verwendeten Satz: «Das ist dein Problem»? – Wann waren Sie das letzte Mal zu Tränen gerührt? – Inwiefern hatte das mit «Einfühlungsvermögen» zu tun? – Mit Ihrem eigenen oder mit dem anderer?
gzd (1998)

Donnerstag

Wenn ich da bin, wird alles, was in meinem Haus ist, mit mir lebendig. Ich selbst habe allen Dingen, als ich sie aussuchte, beigebracht, wie sie mich erfreuen können, damit ich sie liebe. Die Wände erkennen meine Stimme und sind von Grund auf treu.

Betrachte ich aber durch das offene oder geschlossene 352
Fenster die Reihe der Waisenkinder, wenn sie an die frische Luft geführt werden, dann begreife ich, daß meine Augen nicht alles sehen. Schaue ich dagegen den Bauern bei der Feldarbeit zu, ließe ich mir sogar von ihren Pflugscharen das Herz aufreißen, nur um ihnen die Freude zu machen, daß auch ich zum Saatboden werde.

Und betrachte ich die Pferde, die die hochbeladenen Wagen ziehen, wehre ich, wenn auch vergeblich, die Peitschenhiebe ab. Höre ich Landstreicher und Betrunkene singen, werde ich traurig; sehe ich Gemüsegärten, gefallen mir die Glocken, die so tun, als ob sie sie begießen; und gern würde ich mit den Sternen tauschen. Doch das Mondlicht macht sich einen Spaß und läßt mich das Käuzchen hören.

Federigo Tozzi (1917)

Freitag

Omnis natura Deum loquitur.
Omnis natura hominem docet.
Omnis natura rationem parit,
et nihil in universitate infecundum est.
Hugo von Sankt Viktor (1137)

Die ganze Natur erzählt von Gott.
Die ganze Natur unterweist den Menschen.
Die ganze Natur enthält Verstand.
Und nichts im Universum ist unfruchtbar.

Erspüren Sie im Sitzen oder während eines gemächlichen Spaziergangs im Freien Ihren Körper. Lassen Sie sich auch Ihre Sinne bewusst werden: die Augen, die Ohren, die Nase, den Geschmackssinn, die Haut. Werden Sie in der Stille ganz gegenwärtig.

Lassen Sie eine Erfahrung wieder auftauchen – wie lange sie zurückliegt, ist Nebensache –, in der für Sie die Natur zur Sprache, zur Botschaft geworden ist. Lassen Sie wieder aufleben, was Sie damals als Geborgenheit, Sinn und Bejahung erfüllt hat.

Schliessen Sie die Übung so ab, dass Sie mit möglichst vielen Sinnen bewusst aufnehmen: vielleicht eine Pflanze, ein Tier, einen Garten, eine Person, die mit Ihnen meditiert hat ...

Halten Sie zu einem anderen Zeitpunkt des Tages schriftlich fest, was Sie damals als Botschaft der Natur vernommen haben.
PW (1998)

Keuschheit

Pan und Syrinx

Im Herzen der Peloponnes, wo die Wälder am schattigsten sind und die Berge am höchsten, im alten Arkadien, lebte einst eine besondere Nymphe namens Syrinx. Sie war nämlich ebenso reizvoll anzusehen wie selten zu erblicken. Die Hirtenknaben der Gegend sangen Lieder über sie, doch von Angesicht war ihr keiner begegnet. Mancher junge Mann machte sich auf, seinem Traum von ihr auf die Spur zu kommen, und einige kehrten nie zurück. Die alten Männer Arkadiens aber erzählten sich Geschichten voll unerfüllbarer Sehnsucht, mit denen sie das Einerlei ihrer Tage ein wenig würzten.
Sogar der junge Pan war gepackt worden. Die Mär von der berückenden Schönheit dieser legendenumwobenen Syrinx liess ihn nicht mehr los. Und weil er der Gott der arkadischen Hirten war und wie sie all die Schlupfwinkel und Geheimnisse der Landschaft kannte, rechnete er sich besondere Chancen aus, die Schöne zu erobern und für sich zu haben.
Eines Tages streifte Syrinx durch einen lichten Hain. Es war Sommer. Die Zikaden feilten unermüdlich an ihrer schrillen Musik. Grosse Schmetterlinge schwebten über den gelben Gräsern der Lichtung. Unter Stecheichen und Pinien aber war gut Sitzen und Sin-

nieren. Syrinx liess sich nieder und lehnte an einen Stamm. Sie genoss den Mittagsfrieden, bis das Knakken eines dürren Zweiges sie aus ihren Gedanken riss. Plötzlich war sie hellwach. Hinten im Buschwerk erkannte sie Pan, und seine Absicht war eindeutig. Schnellfüssig und leicht wie ein Reh verschwand sie im Wald, sprang über Felsen, setzte über Bäche, glitt lautlos durch die Gräser der Auen und war wie der Wind davon und verschwunden. Pan hatte sie längst aus den Augen verloren.

357 Aber der junge Gott gab nicht auf. Im Gegenteil. Was seine Augen von ihr erfasst hatten, rief nach mehr, und sein Verlangen machte ihn zäh und ausdauernd. Mehrere Stunden lang durchstreifte er Wälder und Wiesen, doch ohne Erfolg. Syrinx hatte sich inzwischen an einem schilfumstandenen Teich niedergelassen und sass bei ihren Freundinnen, den Teichnymphen, im Röhricht. Erhitzt war sie und nahm nun ein kühles Bad. Das ausgelassene Plätschern und Planschen aber brachte Pan auf ihre Spur. Schon war er heran, verbarg sich diesmal aber, um einen günstigen Moment abzuwarten. Ihr wasserbeperlter Körper, ihre benetzten Hüften, ihr nasses Haar! Pan musste sich schon sehr zurückhalten.

Als Syrinx dann dem Teich entstieg und sich auf einer kleinen Sandbank ausruhte, als sie ihr goldenes Haar trocknen liess und ihren vollendeten Körper der Sonne darbot, da wusste Pan seine Zeit gekommen. Mit Macht brach er durchs Röhricht, die Schöne zu fassen. Die aber stiess einen schrillen Schrei in die Runde, rief ihre Freundinnen, sie in ein Schilfrohr zu verwandeln, und war verschwunden. Mit einem wuchtigen Satz war Pan an den Rand des Teiches gelangt und hatte dabei weiteres Röhricht geknickt. Jetzt machte er seinem Unmut Luft und stiess abgründige Seufzer aus. Doch wann immer der Hauch seines enttäuschten Begehrens die geknickten Rohre streifte, begannen sie zu tönen, lieblich und begehrlich, betörend schön.

Mit seinem Hirtenmesser schnitt Pan die geknickten Röhren, zwölf an der Zahl, gab ihnen verschiedene Längen für verschiedene Höhen, verstrich sie mit Wachs und band sie in leichter Krümmung zur vielstimmigen Flöte. «Syrinx» nannte er sie und liess sie nie mehr los.

Wenn ihn fortan die Sehnsucht riss, nahm er seine Syrinx zur Hand, hielt sie liebevoll in Händen, legte sie sanft an den Mund und entlockte ihr Weisen von unerreichter Sanftheit und Leichtigkeit. Die Teichnymphen, die Hirten Arkadiens, ja sogar der grosse Apoll konnten dann ahnen, welches Geschenk die keusche Syrinx denen hinterlässt, die in der Flüchtigkeit der Musik die Sternstunde der Erfüllung zu geniessen wissen.

MK nach Ovid (1998)

Das Wesentliche an der Keuschheit ist nicht ein Verzicht auf Lust, sondern eine Gesamtausrichtung des Lebens auf ein Ziel.
Keuschheit ist die Voraussetzung für klare und überlegene Gedanken.
Dietrich Bonhoeffer (1944)

Montag

A. Sie sollten gerade da, wo Sie besondere Antipathie empfinden, doppelt streng gegen sich selbst vorgehen, nicht aber Ihrer Antipathie nachlaufen, wie der Student seiner Flamme.
B. Wie? Ich sollte mich auf meine Instinkte nicht mehr verlassen dürfen?
A. Ja und nein. Schauen Sie Ihren Instinkten zu wie Ihren Hunden, mit denen Sie über Land gehen. Aber behalten Sie sich stets vor, sie zurückzupfeifen, und pfeifen Sie gelegentlich auch einmal ohne Grund, einfach weil Sie der Herr sind und die Instinkte Ihre Diener.
Christian Morgenstern (1911)

Dienstag

Wenn

Wenn
meine Seele
von meinem Geist
Besitz ergreifen könnte
gingen Kraftströme
von mir aus
wie im Magnetfeld
einer stromumflossenen Spule
die noch in den Wirbeln
ausgerichtet und klar sind

Wenn
meine Seele
von meinem Leib
Besitz ergreifen könnte
hätte die Liebe
diese ausbeuterische Art
einander zu begegnen
wieder ihren Namen verdient
und ihr Erkennen
in deinen und meinen Augen
würde uns nicht mehr
erschrecken

Eva Zeller (1979)

Mittwoch

Was heisst für Sie «jemandem zu nahe treten»? – Was kommt bei Ihnen öfter vor: dass man Ihnen zu nahe tritt oder dass Sie jemandem zu nahe treten? – Wie erklären Sie sich das? – Erinnern Sie sich an Situationen, wo Ihre Neugier so hemmungslos war, dass sie auch vor der Privatsphäre anderer nicht halt machte? – Erinnern Sie sich an Situationen, wo Sie Ihrer Neugier ganz bewusst Grenzen gesetzt haben aus Respekt vor der Intimsphäre eines andern Menschen? – «Intimsphäre»: Gibt es für Sie ausserhalb der Sexualität noch andere Dinge, die zum Geheimnis eines Menschen gehören, das nicht angetastet werden sollte?

gzd (1998)

Donnerstag

Die Brücke

Ich war steif und kalt, ich war eine Brücke, über einem Abgrund lag ich. Diesseits waren die Fußspitzen, jenseits die Hände eingebohrt, in bröckelndem Lehm habe ich mich festgebissen. Die Schöße meines Rockes wehten zu meinen Seiten. In der Tiefe lärmte der eisige Forellenbach. Kein Tourist verirrte sich zu dieser unwegsamen Höhe, die Brücke war in den Karten noch nicht eingezeichnet. – So lag ich und wartete; ich mußte warten. Ohne einzustürzen kann keine einmal errichtete Brücke aufhören, Brücke zu sein.

Einmal gegen Abend war es – war es der erste, war es der tausendste, ich weiß nicht –, meine Gedanken gingen immer in einem Wirrwarr und immer in der Runde. Gegen Abend im Sommer, dunkler rauschte der Bach, da hörte ich einen Mannesschritt! Zu mir, zu mir. – Strecke dich, Brücke, setze dich in Stand, geländerloser Balken, halte den dir Anvertrauten. Die Unsicherheit seines Schrittes gleiche unmerklich aus, schwankt er aber, dann gib dich zu erkennen, und wie ein Berggott schleudere ihn ans Land.

Er kam, mit der Eisenspitze seines Stockes beklopfte er mich, dann hob er mit ihr meine Rockschöße und ordnete sie auf mir. In mein buschiges Haar fuhr er mit der Spitze und ließ sie, wahrscheinlich wild umherblickend, lange drin liegen. Dann aber – gerade träumte ich ihm nach über Berg und Tal – sprang er mit beiden Füßen mir mitten auf den Leib. Ich erschauerte in wildem Schmerz, gänzlich unwissend. Wer war es? Ein Kind? Ein Traum? Ein Wegelagerer? Ein Selbstmörder? Ein Versucher? Ein Vernichter? Und ich drehte mich um, ihn zu sehen. – Brücke dreht sich um! Ich war noch nicht umgedreht, da stürzte ich schon, ich stürzte, und schon war ich zerrissen und aufgespießt von den zugespitzten Kieseln, die mich immer so friedlich aus dem rasenden Wasser angestarrt hatten.

Franz Kafka (1916)

Nachtgedanken, unter die Träume gemischt: das von der ersten Liebe erleuchtete Gesicht, wie das Abendrosa an den Mauern, im Winter. Was unweigerlich verlorengeht, dem beide Lebensgefährten untröstlich nachhängen.
Philippe Jaccottet (1978)

Erspüren Sie im Sitzen oder während eines gemächlichen Spaziergangs im Freien Ihren Körper. Lassen Sie sich auch Ihre Sinne bewusst werden: die Augen, die Ohren, die Nase, den Geschmackssinn, die Haut. Werden Sie in der Stille ganz gegenwärtig.

Wenn Sie die Erfahrung kennen, lassen Sie sie innerlich lebendig werden, wenn Sie Ihnen wenig vertraut ist, halten Sie sie innerlich als Sehnsucht wach: Wenden Sie sich einem Menschen zu, der Ihnen wertvoll ist. Füllen Sie diese Zuwendung nicht mit Wünschen, lassen Sie sie offen und absichtslos.

Versuchen Sie wahrzunehmen, wie die andere Person sich öffnet, Raum gewinnt, Ihnen nahe ist, im Mass, als Sie sie nicht vereinnahmen.

Suchen Sie zu einem andern Zeitpunkt des Tages nach einer Pflanze, einem Gegenstand oder einem Wort, das für Sie zum Symbol dieser Art Zuwendung werden kann.
PW (1998)

Gastfreundschaft

Abraham

Sie sitzen unter dem grossen Baum und schweigen. Es ist Abend. Isaak hat Geburtstag. «Du warst ein Geschenk», meint Abraham unvermittelt, «ein Geschenk, weisst du, ein Geschenk des Himmels!» Seine Augen glänzen voll Erinnerung. Der Heranwachsende weiss nicht, was er davon halten soll. «Alle Eltern sagen das», findet er schnippisch, «und ausserdem ist das schon lange her.»
«Für dich schon! Aber du weisst ja, dass deine Mutter und ich älter sind als andere Eltern. Das war nämlich

so ...» Doch der Junge fällt Abraham geschwind ins Wort. Er kennt seinen Alten und befürchtet, es folge eine seiner vielen Geschichten: «Das hast du doch neulich erst erzählt.»

«Nein, das nicht. Diese ist die Geschichte aller Geschichten. Ein Mensch erlebt sie nur einmal. Und viele verpassen sie ein Leben lang.» Abrahams Blick wird undurchsichtig und schweift in die Ferne. «Ich sass im Eingang des Zeltes. Es war Mittag und sehr heiss. Plötzlich standen sie da, mir gerade gegenüber. Es waren drei. Ich hatte sie gar nicht kommen sehen. Ihre Füsse waren staubig, und ich sah wohl, dass die Fremden Durst hatten. So stand ich auf, ging ihnen entgegen und bat sie, sich bei uns ein wenig auszuruhen. Ein Schluck Wasser und ein Brocken Brot würden sich schon noch finden lassen. Sie blieben und setzten sich unter unseren Baum.» Isaak unterbricht ihn ungläubig: «Aber du kanntest sie nicht einmal?»

Abraham überhört die Frage. «Ich brachte ihnen Wasser zum Trinken und zum Waschen der Füsse. Im Zelt wurde deine Mutter ganz geschäftig. In aller Eile buk sie Fladen, während ich Fleisch von einem schönen Kalb briet. Dazu gabs saure Milch und frische obendrein.» Abraham gerät in Fahrt. Sein Sohn aber meint wiederum: «Und das alles für drei Fremde, die bald wieder weiterwandern? Soviel Aufwand? Die reinste Verschwendung!»

Doch Abraham lässt sich nicht stören: «All das setzte ich den Männern vor. Und sie assen. Gerade hier. Im Schatten unseres grossen Baumes. Ich stand etwas abseits, für den Fall, dass sie noch etwas brauchten.» Isaak stochert ungeduldig im Sand.

«Als sie sich gestärkt hatten, kamen sie zu mir und fragten plötzlich nach deiner Mutter. Sie wäre wohl noch im Zelt beschäftigt, war meine Antwort. Da sagte einer der Fremden geheimnisvoll: ‹Übers Jahr wird Sara einen Sohn haben.› Einen Sohn, verstehst du? Wo wir doch schon alt waren und uns längst damit abgefunden hatten, ohne Kinder zu sterben. Einen Sohn! Und ‹Sara› sagte er und wusste ihren Namen.» Isaak blickt auf. «Mutter konnte es im Zelt auch hören. Sie war ganz verwirrt.»

Abraham hält inne. Sein Blick weilt hinter dem Horizont der Dinge, an ihren Quellen. «Du bist der Sohn. Ein Geschenk, eine Verheissung. Als die Fremden gingen, erkannte ich ihre Wahrheit.» Nach langen stillen Minuten fragt Isaak, nun doch nachdenklich geworden, ganz unvermittelt: «Welche Wahrheit?»

«Jeder Gast ist heilig. Und jeder Fremde kann Gott sein. Verpass die Geschichte aller Geschichten nicht, wenn sie dir begegnet. Von ihr lebst du.» Vater und Sohn schweigen. Das Blätterdach des grossen Baumes raschelt im Abendwind.

MK nach Genesis 18,1-16a (1994)

Der Gastfreundschaft vergesset nicht!
Denn durch diese haben etliche ohne ihr Wissen
Engel beherbergt.
Hebräer 13,2 (Bibel)

Oft tragen die Götter
entfernter Fremdlinge Bildung.
Unter jeder Gestalt
durchwandeln sie Länder und Städte,
daß sie den Frevel der Menschen
und ihre Frömmigkeit schauen.
Odyssee 17, 484-487 (Homer)

Montag

Zwei Russen, die für uns Holz schlagen, erzählten Perpetua in der Küche, dies sei nach dreijähriger Gefangenschaft das erste Mal gewesen, dass man sie in einem Hause, für das sie arbeiteten, bewirtete. Das ist bedenklicher als selbst die Grausamkeit. Freilich hat Rozanow derartiges schon nach dem Ersten Weltkrieg in Rußland gesehen; es ist ein Leiden allgemeiner Art. Einer Zeit, die sich so auf die Energetik versteht, ist doch die Kenntnis der ungeheuren Kräfte verlorengegangen, die in einem Stückchen mitgeteilten Brotes verborgen sind.
Ernst Jünger (1945)

Dienstag

Der indianische Freund sagt

Wir machen keinen Wettstreit.
Wenn einer leidet,
leiden die andern.
Wir sind gastfreundlich
und halten Wort.
Die Geister der Toten
367 sind uns vertraut.
Den Nutzen achten wir nicht.
Wenn wir ein Fest feiern,
sind alle dabei,
auch Kräuter, Mais und Kürbis,
der über Kiesel
springende Bach,
Antilope, Schlange und Büffel,
das Feuer und die Schatten,
die es erzeugt,
Wolke und Berg,
der Morgenwind, der sich
hinter den Ulmen erhebt,
das Grün, Gelb und Rot
des Regenbogens.
Sie alle sind unsere Geschwister.
Walter Helmut Fritz (1977)

Mittwoch

Haben auch schon fremde Leute an Ihrem Tisch gegessen oder in Ihrem Haus übernachtet? – Wenn ja: wie haben Sie das erlebt? – Wenn nein: warum ist es nie dazu gekommen? – Woran liegt es Ihres Erachtens, dass die Gastfreundschaft in unserer Kultur eine soviel geringere Rolle spielt als etwa in Ländern, in denen wir gerne unsere Ferien verbringen? – Wie reagieren Sie auf unangemeldete Gäste? – Fühlen Sie sich geehrt durch die Tatsache, dass jemand das spontane Bedürfnis hatte, Sie zu sehen? – Oder fühlen Sie sich gestört, weil Sie nicht vorbereitet sind und Ihre Pläne durcheinandergeraten? – Gehören Sie selber zu den Leuten, die spontane Besuche machen? – Oder pflegen Sie hie und da zu ihren Freunden zu sagen: «Vor einer Woche sind wir ganz nah bei euch vorbeispaziert, aber wir wollten nicht stören»?
gzd (1998)

Donnerstag

Wertbestimmung

In einen mit Kreuzern gefüllten Sack geriet zufällig einmal ein Dukaten. Nachdem er einige Zeit bei ihnen geweilt hatte, sagten sie: «Wir müssen unserem Gastfreunde einen Rang anweisen, lasst uns denn zuvor seinen Wert bestimmen.»

Die alten, die Patinierten, traten zusammen, berieten lange und brachten es endlich zu dem Vorschlage: «Der gelbe Bursche ist zwar schwächlich, doch beantragen wir, ihn um seines hellen Klanges und seiner feinen Legierung willen ebenso viel gelten zu lassen wie unsereinen.»
«Von meinesgleichen werde ich höher gehalten», wagte der Dukaten einzuwenden, und sogleich brachen die neuen, blanken Kreuzer, die schon über den Vorschlag der alten gemurrt hatten, in einen Sturm des Unwillens aus.
«Was geht uns an, wie deinesgleichen dich schätzen», riefen sie. «Im Kupferlande gilt das Gold ein für allemal – nichts.»
Das wurde zum Gesetz erhoben.

Marie von Ebner-Eschenbach (1892)

Freitag

Gott wohnt,
wo man ihn einlässt.
Menachem Mendel von Kozk (19.Jh., Buber)

Samstag

Erspüren Sie im Sitzen oder während eines gemächlichen Spaziergangs im Freien Ihren Körper. Lassen Sie sich auch Ihre Sinne bewusst werden: die Augen, die Ohren, die Nase, den Geschmackssinn, die Haut. Werden Sie in der Stille ganz gegenwärtig.

Malen Sie sich innerlich aus, wie das ist, wenn Sie mit Menschen zusammensitzen und feiern, wenn Sie eine Party geben. Malen Sie sich aus, dass Sie ganz unterschiedliche Menschen einladen: Ihre Eltern, Arbeitskolleginnen, Ihren besten Freund, eine Familie aus dem Asylantenheim, Kinder aus der Nachbarschaft, zufällige Touristen ...

Versuchen Sie wahrzunehmen, wie sich Ihr Fest, wie Sie sich selber je nach den Gästen verändern.

Nehmen Sie sich an diesem Tag auch Zeit, ein kleines oder grosses Fest zu planen.
PW (1998)

Freundlichkeit

Vorplatz der Kirche
bitte freihalten
Eingang um die Ecke

Boas und Ruth

Ruth stiess mit dem Fuss die Tür zur Hütte auf. Sie flog so hart gegen die Wand, dass der alten Naemi ein erschrockener Schrei entfuhr. Der Sack war schwer, den Ruth absetzte, und das Bündel nicht leicht, das sie zusätzlich noch unter den Arm geklemmt hatte.
«Wie hast du nur so viel zusammenklauben können? Alles an einem einzigen Tag!», wunderte sich Naemi, während sie neugierig den Sack und das Bündel untersuchte. «Wie ist es dir ergangen? Und wo hast du die Sachen her?» – «Da staunst du! Ich habe auch gestaunt.» Die junge Frau musste erst verschnaufen. Naemi brachte ihr einen Becher Wasser und war schon wieder bei den mitgebrachten Schätzen.
«Mein Herz hat ziemlich geklopft, am Morgen, als ich zu den Schnittern ging. Die wissen natürlich, dass Arme Ähren lesen dürfen, doch wir alleinstehende Frauen und ich als Ausländerin ... Aber sie haben mich nur aus den Augenwinkeln gemustert, mit dem Kopf genickt und weiter gesichelt. Kein Wort ist gefallen.»
Naemi liess die Gerstenkörner durch ihre Hand gleiten. «Und auf wessen Acker warst du?»
«Plötzlich war der Grossbauer da, stand beim Aufseher und zeigte mit dem Finger auf mich. Jetzt jagt er mich fort, dachte ich. Aber er wollte wohl nur wissen, wo ich hingehöre. Nachher kam er dann zu mir.» Na-

emi wurde ungeduldig: «Wie heisst er? Und was hatte er mit dir zu reden? Sag doch!»

«Er meinte, es wäre sicherer für mich, wenn ich nur auf seinem Feld lesen würde. Ich sollte mich zu seinen Mägden halten. Und wenn ich Durst bekäme, so würden sie mir Wasser geben. Das war mehr, als ich erwarten konnte. Ich war sicher rot im Gesicht, als ich ihn fragte, wieso er zu einer Fremden so freundlich wäre.» Naemi setzte sich neben Ruth und legte die Hand auf ihren Arm. «Und? Was hat er geantwortet?»

373 «Er wusste alles über uns. Von dir, deiner Auswanderung nach Moab und dem Tod deines Mannes, sogar von mir, dass ich auch verwitwet und mit dir hierher gekommen bin, um nach dir zu schauen.» Naemi hatte wieder eine Frage, doch Ruth kam ihr zuvor: «Warte, es kam noch schöner. Zur Mittagszeit rief er mich zu sich und hiess mich, mit ihm zu essen. Geröstete Körner gab es, und von seinem Most musste ich trinken. Und als die Schnitter weitermachen wollten, gab er ihnen Weisung, mich nicht nur hinter ihnen die liegengebliebenen Ähren lesen zu lassen, auch zwischen ihnen, während sie die Garben noch zu Bündeln banden, sollte ich lesen dürfen.» Ruth nahm noch einen Becher Wasser, während Naemi immer ungeduldiger bohrte: «Wer war es?»

«Am Nachmittag kam ich kaum noch nach. Ich glaube, die Mägde und Knechte haben viele Halme mit Absicht liegen lassen. Sicher hat er ihnen das zugeflüstert.» Naemi stand auf und konnte sich kaum fassen: «Wer immer er sei, der Mann soll gesegnet sein! Allein von diesem schweren Sack können wir im Winter einige Wochen leben. Aber ich möchte seinen Namen wissen. Hat er ihn denn nicht gesagt?»

«Am Abend hat er sich persönlich von mir verabschiedet. Das Bündel hat er mir einfach in die Hand gedrückt. Es sind die Reste vom Mittagessen, glaube ich. Und eingeladen hat er mich, stell dir vor, eingeladen, bis zum Schluss der Ernte auf seinen Feldern zu lesen. Nächste Woche kommt der Weizen dran. Der freundliche Mann heisst übrigens Boas.» Naemi setzte sich wieder und wurde nachdenklich. «Boas? Mein Mann hat einmal von einem Boas erzählt, einem entfernten Verwandten von ihm. Ob er dieser Boas ist? Aber vielleicht gibt es hier inzwischen noch einen anderen Boas?»

Unterdessen war das Öl in der Lampe zur Neige gegangen, und während Naemis Nachdenklichkeit war Ruth vom Schlaf eingeholt worden. Wie sie war, lag sie auf der Bank und schlummerte nach einem langen Tag des Bückens und des Glücks. Die alte Naemi aber, die noch rasch das Bündel versorgen wollte und dabei genüsslich einige geröstete Körner naschte, sagte zu sich selber: «Boas! Ob er wohl schon verheiratet ist?»

MK nach Ruth 2 (1998)

Gram im Herzen eines Mannes beugt ihn nieder,
ein freundliches Wort macht ihn wieder froh.
Sprüche 12,25 (Bibel)

Montag

Das Höfliche, oft als leere Fratze verachtet, offenbart sich als eine Gabe der Weisen. Ohne das Höfliche nämlich, das nicht im Gegensatz zum Wahrhaftigen steht, sondern eine liebevolle Form für das Wahrhaftige ist, können wir nicht wahrhaftig sein und zugleich in menschlicher Gesellschaft leben, die hinwiederum allein auf der Wahrhaftigkeit bestehen kann – also auf der Höflichkeit.
Höflichkeit natürlich nicht als eine Summe von Regeln, die man drillt, sondern als eine innere Haltung, eine Bereitschaft, die sich von Fall zu Fall bewähren muß –
Man hat sie nicht ein für allemal.
Max Frisch (1950)

Dienstag

Ohne Visum

Ohne Visum zur Welt gekommen
sie drückt kein Auge zu
unsereiner ist immer
verdächtig

Ich hisse ein weißes Taschentuch
auf dem Aussichtsturm
nach allen Richtungen

mache mir Hoffnung
auf ein Visum nach Liebe
im grünen Glauben
Keime

Es könnte sogar
Frühling werden

Rose Ausländer (1974)

Mittwoch

Gibt es in Ihrer Umgebung Leute, die finden, Sie seien keine freundliche Person? – Ist diese Meinung berechtigt oder beruht sie nur auf einem Missverständnis? – Falls Sie tatsächlich gelegentlich unfreundlich sind, welche Ihrer Charaktereigenschaften treibt Sie am ehesten dazu: Ungeduld, Wut, Minderwertigkeitsgefühl, Launenhaftigkeit, Arroganz, depressive Verstimmtheit? – Hat Ihnen schon einmal eine unbekannte Person (auf der Strasse, im Zug, in einem Laden, vor einem Schalter) grundlos zugelächelt? – Wie fanden Sie das? – Tun Sie das gelegentlich auch?

gzd (1998)

Donnerstag

Was flüsterst du, Linde, mir ins Ohr? –
«Grün, grün ist die zarte Farbe der Seelenruh', grün im Abendschein ist die Wiege der Träume! Und jeder Halm wiegt einen Traum, und mein Geblätter raschelt im Netz der Träume, und es winkt dir!» –
Ach, schweig du, Linde, es ist Nachtzeit, die Sterne glitzern durch dein Laub und reden anderes; und das rieselt mir durchs Gebein! – Ahnung soll künftig meine Seherin sein, und wenn ich ihr die Töne meiner liebenden Trauer geliehen hab', um das Schwellen zu malen und das Sinken ihrer sehnenden Gewalt, so soll sie mich wieder trösten, die, ein ewiges Meer, alle Wehmutstränen in ihren Wogen fortwälzt, bis sie vom Trübsinn gereinigt aufsteigen als elektrisch Feuer aus ihrem Wellenschoß. –
«Ach du!» flüstert die Linde – «sei nicht hoffärtig, das löst nicht den Zauber.»
Ich horche auf dich nicht, Linde, ich lausche den Sternen da oben! – ich hör' Musik, sie schmelzen ihr Licht ins dunkle Nachtblau, ihre Strahlen klirren im Tanz aneinander.
«Was du nur willst mit deinen hochstrebenden Gefühlen», sagt wieder die Linde; «sie langen ja nicht hinauf, komm unter meine Krone, sie schüttelt ihren Tau auf dich, damit fühl' ich dich gesegnet.»
Ach nein, immer lauter und klarer klingen die Sterne, ich hör', wie sie freudig ihre harmonische Verwandtschaft in die freien Lüfte tönen.
«O wehre meinem Flüstern nicht», sagt wieder die Linde und schmeichelt – und meint, «was ist denn Musik der Sterne dagegen? – Wolle mich denken, du schaffest meinen Geist durch dein Begreifen meiner Natur, daß der wieder sich um dich winde, wie jetzt der deinige sich um mich windet, er soll dich berühren und immer, bis deine Seele leicht und kühn sich aufschwingen lernt zu eigener Freude, in einem Zug lieblich sprechender Töne!»
Was sagst du, Linde? – Ist mein Begreifen deines Gei- 376
stes spielende Seele? –
Linde sagt: «Meine Seele rieselt mit Schauern zu dir hinüber, weil du sie denken magst. Denken beseelt, alle Wesen färben sich im Gedankenlicht. Was ist der Abendschein deinen Gedanken, daß sie weit über Feld mit ihm fliegen, und weil du ihn fühlst. Und wäre Denken nicht, so würde kein Wesen mehr beseelt sein, und die Schöpfung würde stumm in sich versinken. Denken beseelt, und alles Wesen erklingt in eigner spielender Farbe in seinem Licht, wodurch alles lebt und sich unsterblich glaubt, und doch hängen sie nur vom Geiste ab, der das Denken ist.
Wir glauben uns selbst zu erkennen als lebend, und die geheime Freude des Werdens in uns ist doch, weil wir erklingen im Geist, der uns denkt!» –
Bettina von Arnim (1803)

Zeichen im Sand.
Mit dem Finger geschrieben.
Bedenkzeit.

Du brauchst keinen Stein mehr zu werfen.

Franz Fassbind (1975)

Samstag

Erspüren Sie im Sitzen oder während eines gemächlichen Spaziergangs im Freien Ihren Körper. Lassen Sie sich auch Ihre Sinne bewusst werden: die Augen, die Ohren, die Nase, den Geschmackssinn, die Haut. Werden Sie in der Stille ganz gegenwärtig.

Vergegenwärtigen Sie sich den Wortlaut des Gedichts; es porträtiert Jesus, der nicht auf die Anschuldigungen eingeht, die Pharisäer und Gesetzeslehrer gegen eine Ehebrecherin vorbringen. Mit seinem Schweigen, seinem Schreiben im Sand schafft er Raum, einen Raum, in dem Menschen sich selber neu sehen, sich verändern können.

Lassen Sie sich die Zeit des schweigenden Verweilens in einem ähnlichen Sinn als Raum der Veränderung schenken, als Raum, in dem das verständnisvolle Verzeihen wachsen kann.

Notieren Sie sich zu einem andern Zeitpunkt des Tages, in welchen Bereichen Sie selber oder Menschen Ihrer Umgebung sich nach der Freundlichkeit des Verzeihens sehnen.

PW (1998)

Zivilcourage

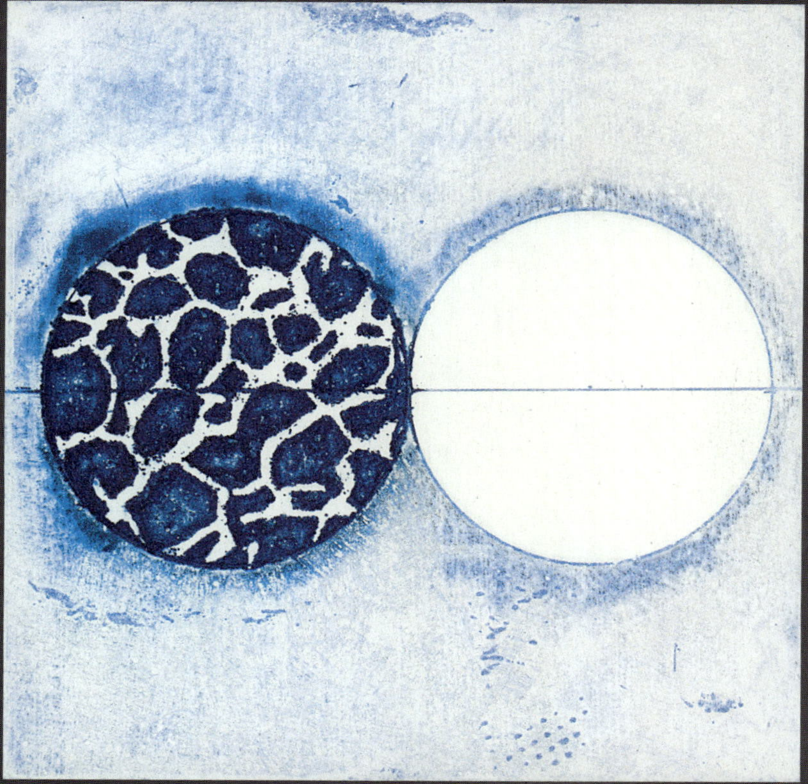

Zivilcourage

Dem Wort sähe man gerne eine sprachgeschichtliche Herkunft aus der Französischen Revolution an. Aber es ist eine deutsche Neuschöpfung von Bismarck (1864) aus der Zeit der Reaktion nach 1848.

Die damit gemeinte Sache lässt sich aber leicht mit der Französischen Revolution und ihrer «citoyenté » in Verbindung bringen. Ebenso mit einem ihrer Väter, mit Kant und seinem programmatischen Motto zur Aufklärung: «Habe Mut, dich deines eigenen Verstandes zu bedienen!» – oder schliesslich mit einer urprotestantischen Position des Gewissensentscheides im Sinne von «Hier stehe ich; ich kann nicht anders.» Allemal geht es auf der Grundlage der bürgerlichen Rechte von Freiheit, Gleichheit und Geschwisterlichkeit um den Kampf gegen Absolutheitsansprüche von Institutionen. Darum meint «zivil» in «Zivilcourage» immer auch den Gegensatz zu Etatismus, Militarismus, Rechtswillkür und Hierokratie. Allemal geht es um den beherzten, existentiell engagierten Kampf von einzelnen oder Minderheiten im Interesse des Ganzen, der Bürgerschaft, der Polis: also um einen politischen, nicht um einen privaten Protest; für die citoyenté, und nicht für die «bourgeoisie».

Im 20. Jahrhundert kann von Zivilcourage nicht die Rede sein, ohne dass noch eine andere Tradition mitschwingen würde: die auf David Thoreau zurückgehende, von Mahatma Gandhi und Martin Luther King praktizierte «civil disobedience», die sich im Gefolge der Bergpredigt Jesu dezidiert der Gewaltfreiheit verpflichtet, also in der Wahl ihrer Mittel «zivil», und nicht «militärisch» ist und als Hauptmittel des Kampfes den seine wilde Aggression in der Feindesliebe zivilisierenden Menschen sieht. Dabei baut sie auf die mentale Motivation der Beteiligten, auf ihre Beherztheit (courage und coeur sind gleichstämmig), auf ihren langen Atem für den langen Marsch, auf ihre Fairness im Kampf – sanft in der Form, stark in der Sache.

Dietrich Bonhoeffer stösst im Zweiten Weltkrieg an die Grenze der Möglichkeit gewaltfreier Zivilcourage. Er sieht angesichts des Faschismus keinen Weg mehr, sich die Hände in Unschuld waschen zu können – keinen Ausweg mehr aus eigener Verstrickung in tragische Schuld. Er notiert 1943: «Civilcourage aber kann nur aus der freien Verantwortlichkeit des freien Mannes erwachsen. Die Deutschen fangen erst heute an zu entdecken, was freie Verantwortung heißt. Sie beruht auf einem Gott, der das freie Glaubenswagnis verantwortlicher Tat fordert, und der dem, der darüber zum Sünder wird, Vergebung und Trost zuspricht.» Das ist kein Blanco-Versprechen «billiger Gnade», sondern das Dilemma und der Preis zivilcouragierter Haltung werden hier geklärt.

Richtet sich Zivilcourage traditionellerweise gegen Fremdbestimmung, Heteronomie, und Absolutheitsansprüche, also gegen Uniformität und Überstrukturierung, so erhält sie im 20. Jahrhundert im Zuge des Institutionenzerfalls, der Werte-Erosion, der Individualisierung und der postmodernen Beliebigkeit eine zweite, gerade gegenteilige Front: Unbestimmtheit, Anomie, Chaos, Profillosigkeit, Form- und Strukturlosigkeit. Hat traditionellerweise der «autoritäre Charakter» und sein Kadavergehorsam die Zivilcourage verunmöglicht und zugleich notwendig gemacht, so ist es heute die «Identitätsverwirrung» des «unzivilisierten», «charakterlosen», manipulierbaren Beliebigkeitswesens, des Menschen ohne Eigenschaften. Hat die Zivilcourage traditionellerweise das Recht der Befreiung aus den Fesseln von Natur und Geschichte sowie aus selbst- und fremdverschuldeter Unmündigkeit eingeklagt, so muss sie heute auch die Pflicht zur nachhaltigen Bewahrung der Tradition, der Moral, des Staates oder der Natur einfordern.

Die beiden Tugenden «Zivilcourage» und «Geschöpflichkeit» stehen für das 20. Jahrhundert. Die Zivilcourage hat sich in der ersten Hälfte des Jahrhunderts auf dem Feld der Geschichte entfaltet. In der zweiten Hälfte und darüber hinaus muss sie sich wohl in besonderem Masse auf dem Feld der Natur bewähren.

ff (1998)

Entschlossenheit

Ehud

Die Alten im Tor wunderten sich. Misslaunig war er fortgezogen, aber heiter kam er zurück, steuerte mit federnden Schritten und wehendem Kittel auf das Tor seiner Heimatstadt zu. Seine Begleiter waren schon einige Stunden früher zurückgekehrt, nachdem sie zusammen mit ihm den Tribut abgeliefert hatten, Säcke voll Gerste, Kisten mit Schafskäse, Bündel aus Fellen und Gewobenem: alles pünktlich und gehorsamst dem Eglon, König von Moab, dem sie hörig waren, die kleinen Benjaminiten.

Auch das hatte die Alten schon verwundert, dass seine Träger ohne den Sohn des Gera zurückgekommen waren.

Wie er so daherkam, kleine Staubwölkchen hinter den tänzelnden Füssen, da erhoben sich die Alten im Tor. Was sie nur tun, wenn es um Leben und Tod geht oder wenn sie neugierig sind. Ehud ging stracks auf den Ältesten zu, grüsste und schwieg. Was die Pflicht des Jüngeren war.

Doch die Alten konnten kaum warten, welche Neuigkeit er wohl aus Moab brächte.

«Eglons Gesicht hättet ihr sehen sollen!» Ein vielsagendes Grinsen huschte durch Ehuds Mundwinkel. «Doch der Reihe nach: Mit meinen Leuten ging ich bis zu den Bildmalen beim Gilgal. Dort liess ich sie ziehen, damit sie in Sicherheit wären und ich allein. Als sie mich nicht mehr sahen, machte ich kehrt, um nochmals zu Eglon zu gehen. Die Wachen kannten mich ja schon und liessen mich schnell vor. Der König

war überrascht, hiess mich aber, kaum dass ich ihm angedeutet hatte, mir sei ein ‹geheimes Wort› für ihn zugekommen, zur Privataudienz nähertreten. Seine Berater mussten sich verziehen. Wir waren allein in seinem kühlen Obergemach. Jetzt spielte mein Plan.»
Die Alten traten gespannt von einem Bein aufs andere. Einzelnen dämmerte, wieso Ehud vor seiner Abreise so geheimnisvoll getan hatte.
«Da sitzt er also, unser Tyrann, das fette Mastkalb von Moab. Sitzt wichtig und eitel, will wissen, welches
385 Orakel ich ihm vom Gilgal zu bringen hätte. Ich wiederhole also, um seine Wichtigkeit und Eitelkeit noch weiter anzuspannen, mir sei ein ‹Wort Gottes› für ihn zugekommen. Und richtig, beim ‹Wort Gottes› quält sich der Fleischberg vom Thron, steht auf und nimmt Stellung an. Meine Zeit ist gekommen.»
Inzwischen hatten sich Kinder und Frauen unter die Alten gemischt. Es war kaum noch Platz im Tor. Alle wollten Ehud hören. Die Spannung hatte den Siedepunkt erreicht.
«Ich greife also mit meiner gesunden Linken unter mein Gewand, ziehe von der rechten Hüfte, wo auch Eglon ihn nicht vermutet, meinen Dolch hervor, stosse ihn bis zum Heft in seinen Ranzen, lasse ihn stecken, nutze die Schrecksekunde zum Gehen, schliesse die Tür zum Obergemach, nicke draussen den Höflingen noch freundlich zu und bin schon fort.»
Stille im Tor. Das war kaum zu glauben. Der Sohn des Gera, linkshändig und kriegsuntauglich, will den dicken Eglon, der kleine Benjaminit den grossen König, der Untertan den Oberherrn erstochen haben. Erst langsam löste sich die Spannung in Wohlgefallen auf: Das Joch war abgeschüttelt. Zuerst die Kinder, dann die Frauen, zuletzt sogar die Alten begannen im Reigen zu tanzen. Handpauken wurden hervorgeholt. Und erst spät in der Nacht kam die kleine Stadt im Landstrich Benjamin zur Ruhe. Nach so viel Gelächter über so viel List.
Jahre später, Ehud galt längst als «Retter Benjamins», gab es nochmals eine kleine Gelegenheit zum Gelächter. Ein Kaufmann wusste nämlich zu berichten, Eglons Höflinge hätten den Tod ihres Herrn längere Zeit nicht bemerkt. Ein gewisser Geruch sei zwar aus dem Obergemach gedrungen. Weil Seine Majestät aber seiner Fettleibigkeit wegen auch die andern Geschäfte im selben Raum zu verrichten pflegte, hätten sie keinen Verdacht geschöpft.
Die Alten im Tor neigten dazu, wann immer sie sich die Geschichte wiederholten, auch diesen letzten Tatbestand der Schläue und List ihres kleinen Helden zuzuschreiben. «Der Kluge arbeitet mit Kenntnis», sagten sie dann verschmitzt zu den Jungen, «aber der Selbstzufriedene verbreitet nur Selbstklugheit.»
MK nach Richter 3,15-26 und Sprüche 13,16 (1996)

Zum Bilde der Rettung gehört der feste, scheinbar brutale Zugriff.

Walter Benjamin (1928)

Montag

Wer wollte dem Deutschen bestreiten, daß er im Gehorsam, im Auftrag, im Beruf immer wieder das Äußerste an Tapferkeit und Lebenseinsatz vollbracht hat? Seine Freiheit aber wahrte der Deutsche darin (...), daß er sich vom Eigenwillen zu befreien suchte im Dienst am Ganzen. Beruf und Freiheit galten ihm als zwei Seiten derselben Sache. Aber er hatte damit die Welt verkannt; er hatte nicht damit gerechnet, daß seine Bereitschaft zur Unterordnung, zum Lebenseinsatz für den Auftrag mißbraucht werden könnte zum Bösen. Geschah dies, wurde die Ausübung des Berufes selbst fragwürdig, dann mußten alle sittlichen Grundbegriffe des Deutschen ins Wanken geraten. Es mußte sich herausstellen, daß eine entscheidende Grunderkenntnis dem Deutschen noch fehlte: die von der Notwendigkeit der freien, verantwortlichen Tat auch gegen Beruf und Auftrag. An ihre Stelle trat einerseits verantwortungslose Skrupellosigkeit, andererseits selbstquälerische Skrupelhaftigkeit, die nie zur Tat führte. Civilcourage aber kann nur aus der freien Verantwortlichkeit des freien Mannes erwachsen. Die Deutschen fangen erst heute an zu entdecken, was freie Verantwortung heißt. Sie beruht auf einem Gott, der das freie Glaubenswagnis verantwortlicher Tat fordert, und der dem, der darüber zum Sünder wird, Vergebung und Trost zuspricht.

Dietrich Bonhoeffer (1942)

Dienstag

Japanischer Holzschnitt

Ein rosa Pferd,
gezäumt und gesattelt, –
für wen?

Wie nah der Reiter auch sei,
er bleibt verborgen.

Komm du für ihn,
tritt in das Bild ein
und ergreif die Zügel!
Günter Eich (1955)

Mittwoch

Was in Ihrer heutigen Lebenssituation würden Sie als das Ergebnis eines persönlichen Entschlusses bezeichnen? – Was dagegen hat sich einfach so ergeben oder ist über Sie beschlossen worden? – Sind Ihnen wichtige Entscheidungen leicht gefallen, weil Sie immer sehr genau wussten, was sie wollten? – Oder haben Sie sich mit wichtigen Entscheidungen schwer getan? – Könnte es sein, dass über Sie beschlossen wurde, weil Sie sich nicht entschliessen konnten? – Gibt es Entschlüsse, die Sie bereuen? – Wem geben Sie die Schuld daran, sich selber, Ihren Eltern, die Sie falsch erzogen haben, oder den Umständen, die Sie gezwungen haben, sich so zu entschliessen? – Haben Sie sich mit der so entstandenen Situation abgefunden, oder sind Sie entschlossen, sie zu verändern? – Haben Sie sich auch schon einmal zu etwas eher Ungewöhnlichem, vielleicht sogar Kühnem entschlossen und damit die Menschen in Ihrer nächsten Umgebung vor den Kopf gestossen? – Sind Sie trotzdem bei Ihrem Entschluss geblieben, oder haben Sie ihn fallengelassen, weil Sie Ihre Nächsten nicht verletzen wollten?
gzd (1998)

Donnerstag

Das letzte Zimmer

Nein, spricht sie, als er ihr zuredet, das Haus zu verlassen – und wenn es morgen abgerissen wird.
Nein, sagt sie, als er fortfährt, die Zimmer auszuräumen – auch wenn du den Baugrund für eine Wochenenddatsche brauchst.
Nein, sagt sie, als zwei Möbelwagen vorfahren, vier Männer Schränke und Betten die Treppen herunter bugsieren – selbst wenn du drei Neubauwohnungen hättest.
Mein Zimmer ist noch mein Zimmer, ruft sie, als Sohn, Tochter, Schwiegertochter mit Fäusten gegen die verschlossene Tür klopfen.
Ich geh in kein Altersheim, ruft sie, als ihr Sohn tags darauf über Lautsprecher bekannt gibt, der Abriß beginne in zwei Stunden.
Ha, ha, macht sie, als der hydraulische Wagenheber eine halbe Stunde vergeblich versucht, das Haus zu bewegen.
Mich kriegt ihr nicht, ruft sie, als die Seile befestigt sind, der Bagger zum ersten Mal zieht, zwei Wände Risse bekommen.
Mich nicht – als der Bagger das Treppenhaus und eine halbe Außenwand zum Einsturz bringt.
Ich habe zwei Kriege überlebt, schreit sie, als der erste Schutt weggeräumt wird, Sohn, Tochter, Schwiegertochter abwechselnd mit ihr reden wollen.
Macht, was ihr wollt, brüllt sie, als zwei von der Sozialfürsorge unter dem Fenster stehen, um sich zu überzeugen, was an dem Gerücht dran sei, daß hier eine ältere Frau gefangengehalten werde.
Ihr Idioten, flüstert sie, als ein Feuerwehrauto vorfährt, schließt den Laden vorm Fenster, rückt an der Wand das Bild ihres Mannes gerade, ehe sie den Schreibtisch öffnet und das Album mit den alten Fotos hervorzieht.
Unten wird die Leiter ausgefahren.
Sie schiebt Bücher, die aus dem umgestürzten Regal gefallen sind, zur Seite, schenkt sich Tee nach, reißt aus ihrem Vorrat die nächste Tüte Zwieback an und beginnt im Album zu blättern.
Lutz Rathenow (1984)

Wer sich für einen Weg entschieden hat,
ist schon ein Stück von ihm. Er geht in sich
Elazar Benyoëtz (1992)

Samstag

Lassen Sie sich zur Ruhe kommen. Horchen Sie auf die rhythmische Atembewegung, lassen Sie sich vom Gleichmass dieser Bewegung prägen.

Wiederholen Sie innerlich – oder laut gesprochen –, gut verteilt auf mehrere Atemzüge, längere Zeit den Text von Elazar Benyoëtz. Achten Sie darauf, wie er in Ihnen nachklingt.

Vielleicht stellen sich auch Bilder ein: der Anfang eines Weges, der Weg, die Selbstverständlichkeit, mit der dieser Weg zum Ziel führt ...

Wie klingt dieser Satz für Sie im Hinblick auf Jesus, der sich als Weg verstanden hat?
PW (1998)

Fairness

Nathan und David

392

Er war mit sich zufrieden. Sehr sogar. Rundum. Der sternklare Himmel, ein kühler Nachtwind, seine schlafende Stadt, sie alle trugen zu seiner Zufriedenheit bei: Hinaufgearbeitet hatte er sich, vom Hütejungen zum Heerführer, vom Freischärler zum Doppelkönig. Hatte sie erklommen, die Mauern der hochgebauten Stadt, sie zu seinem Jerusalem gemacht. Väterliche Gefühle sickerten in seine Zufriedenheit und gaben ihr wohlige Tiefe. König war er, soweit sein Auge reichte und weiter noch, bis in die letzten Winkel der Dunkelheit.
David war zufrieden. Angefüllt mit Wohlbefinden, Selbstgewissheit und Zuversicht ruhte er. Er allein in sich selbst, auf dem flachen Dach seines Palastes, in einer stillen Sommernacht: Die Ammoniter hatte er nun auch im Griff, auf seinen General konnte er sich restlos verlassen, gerade war die Belagerung der am-

monitischen Hauptstadt im Gang. Ein prachtvolles Weib hatte er sich genommen, eine seltene Schönheit, deren Anblick ihm gerade von hier oben aus geschenkt worden war, auch sein Nachwuchs reifte heran. Und ihren Mann, diesen ausländischen Söldner, einen guten Soldaten zwar, aber nicht gut genug, hatte er in die vorderste Front schicken lassen, mit Erfolg, wie ihm sein ergebener General gerade hatte mitteilen lassen. «Das Schwert frisst bald so, bald so», hatte er dem Boten geantwortet und sich ein Lächeln verkniffen.

393

Jetzt aber ruhte er allein und genoss die Kühle der Nacht. Da riss ihn eine Stimme aus seiner Zufriedenheit. David erkannte die Stimme sofort, denn es gab nur eine einzige Stimme, die es wagen durfte, den König jederzeit, sogar mitten in der Nacht, zu erreichen: die Stimme Nathans, des Propheten. Der König runzelte die Stirn: «Was gibt's? Komm herauf!» Und Nathan, der als einziger am Hof des Königs die Worte wählen durfte, wie er wollte, und die Sätze formen konnte, wie es ihm geboten schien, Nathan, der Prophet, antwortete: «Ich habe eine Geschichte gefunden für dich.» David aber in seiner runden und tiefen Zufriedenheit liess sichs gefallen, lud Nathan zum Sitzen ein und sagte: «Erzähl!»

So erzählte Nathan von zwei Männern, die in derselben Stadt wohnten. Der eine war reich, ein Besitzer vieler Schafe und Rinder, die er hüten liess, irgendwo draussen im grasreichen Hügelland. Der andere aber war ein armer Schlucker, der in den Besitz eines einzigen Lammes gekommen war, das er selbst vor der Stadtmauer, auf verwachsenen Grundstücken und an staubigen Strassenrändern zum Weiden führte. Abends ging er mit dem Lamm nach Hause, gab ihm von seinem Brot, liess es sogar aus seinem eigenen Becher trinken und nahm es mit in sein Bett. Eines Tages aber erhielt der reiche Mann unerwartet Besuch. Und weil seine Schafe weit draussen vor der Stadt waren und er sich überdies bereits den Erlös ausgerechnet hatte, eilte er kurzerhand auf die Gasse, passte den armen Schlucker ab, packte das wohlgenährte Lamm, schlachtete es, briet es und setzte es seinem Gast vor. Mit einem guten Wein, versteht sich.

Da konnte sich David nicht mehr halten. Er sprang auf, verwarf die Hände in den sternklaren Himmel und schrie in seine schlafende Stadt das Wort, das er als einziger im Lande sagen durfte, und schleuderte in den kühlen Nachtwind den Satz, den er als einziger am Hof bilden durfte: «So wahr der Herr lebt: Der Mann, der das getan hat, ist ein Kind des Todes!»

Nathan aber, der sich ebenfalls erhoben hatte und bereits im Gehen war, sprach zufrieden lächelnd: «Du bist der Mann!»

MK nach 2.Samuel 12,1-7 (1998)

Der größte Feind des Rechtes ist das Vorrecht.
Marie von Ebner-Eschenbach (1880)

Montag

Du sagst: Ich liebe. Er wird sagen: Ich liebe nicht. Du sagst: Schön. Er wird sagen: Nicht schön. Du sagst: Er ist gut, sie ist gut. Er sagt: Er ist nicht gut, und sie ist schlecht. Gestern sagtest du: Ich liebe. Jetzt sagst du: Ich liebe nicht. Morgen wirst du sagen: Ich liebe. Am Morgen sagst du: Ich liebe, am Abend: Ich liebe nicht. Das sind deine und seine Wahrheiten und deine Wahrheit von gestern und deine Wahrheit von heute abend. Du sagst: Er hat mich zuerst geschlagen. Du lügst nicht. Er sagt, daß du ihn zuerst geschlagen hast. Er lügt nicht. Du weißt es anders, und er weiß es anders, was heute war. Du sagst: Ich sehe. Er sagt: Ich sehe nicht. Du sagst: Ich höre. Er sagt: Ich höre nicht. Du sagst: Nah. Er sagt: Weit. Du sagst: Interessant. Er sagt: Langweilig. Du sagst: Schwer. Er sagt: Leicht. Deine Wahrheit ist anders, denn du bist anders. Ich sage: Eins. Auch er sagt: Eins. Und eins ist eins. – Aber ich sage: Eine kleine Blume; er sagt: Eine große Welt, Staub, Mensch, Gott. Zwei sind zwei. Zwei Hände, zwei Füße, ein Kopf, ein Herz. Ein Tag. Ein Jahr. Ein Schritt auf deinem Weg und dreitausend Schritte durch dreitausend Jahre des ganzen Volkes. Sei nicht böse, wenn ich anders erzähle, als du es möchtest. Sei nicht böse, wenn ich es anders sage, als du es weißt. Sei nicht böse, wenn ich sage: Ich weiß nicht. Sei nicht böse, wenn ich frage: War es wirklich so?
Janusz Korczak (1922)

Dienstag

Die blaue Hand

Ein Richter war, der sah nicht wohl,
Ein Färber kömmt, der schwören soll.
Der Färber hebt die blaue Hand;
Da ruft der Richter: Unverstand!
Wer schwört im Handschuh? Handschuh aus!
Nein! ruft der Färber, Brill heraus!
Gotthold Ephraim Lessing (1752)

Mittwoch

Mit welchen deutschen Wörtern würden Sie den englischen Begriff «fairness» umschreiben? – Gehört der Begriff in Lebensbereiche, in denen gekämpft wird: Sport, Politik, Wirtschaft? – Bezeichnet Fairness eine bestimmte Art des Umgangs mit einem Gegner? – Wer sind Ihre Gegner, und wie gehen Sie mit ihnen um? – Sie haben keine Gegner? – Kommt Fairness für Sie eher im Umgang mit Menschen, die irgendein Handicap haben, zum Tragen? – Können Sie sich trotzdem vorstellen, dass auch Menschen, die Ihnen überlegen sind, auf Ihre Fairness angewiesen sind? – Haben Sie auch schon jemanden ausdrücklich gewürdigt? – Bei welcher Gelegenheit? – In privatem Rahmen oder öffentlich? – Schriftlich oder mündlich? – Wie reagieren Sie, wenn jemand vor Ihnen gerühmt wird, den Sie nicht besonders mögen?
gzd (1998)

Donnerstag

Der kleine Prinz war jetzt ganz blaß vor Zorn.
«Es sind nun Millionen Jahre, daß die Blumen Dornen
hervorbringen. Es sind Millionen Jahre, daß die Scha-
fe trotzdem die Blumen fressen. Und du findest es un-
wichtig, wenn man wissen möchte, warum sie sich so
viel Mühe geben, Dornen hervorzubringen, die zu
nichts Zweck haben? Dieser Kampf der Schafe mit
den Blumen soll unwichtig sein? Weniger ernsthaft als 396
die Additionen eines dicken, roten Mannes? Und
wenn ich eine Blume kenne, die es in der ganzen Welt
nur ein einziges Mal gibt, nirgends anders als auf
meinem kleinen Planeten, und wenn ein kleines Schaf,
ohne zu wissen, was es tut, diese Blume eines Mor-
gens so mit einem einzigen Biß auslöschen kann, – das
soll nicht wichtig sein?!»
Er wurde rot vor Erregung und fuhr fort:
«Wenn einer eine Blume liebt, die es nur ein einziges
Mal gibt auf allen Millionen und Millionen Sternen,
dann genügt es ihm völlig, daß er zu ihnen hinauf-
schaut, um glücklich zu sein. Er sagt sich: Meine Blu-
me ist da oben, irgendwo ... Wenn aber das Schaf die
Blume frißt, so ist es für ihn, als wären plötzlich alle
Sterne ausgelöscht! Und das soll nicht wichtig sein?»
Antoine de Saint-Exupéry (1943)

Freitag

Man müßte sich ein bißchen Sonne suchen,
ohne einen anderen in den Schatten zu drängen.
Vincent van Gogh (1888)

Samstag

Lassen Sie sich zur Ruhe kommen. Horchen Sie auf die rhythmische Atembewegung, lassen Sie sich vom Gleichmass dieser Bewegung prägen.

Wiederholen Sie innerlich – oder laut gesprochen –, gut verteilt auf mehrere Atemzüge, längere Zeit den Text von Vincent van Gogh. Achten Sie darauf, wie er in Ihnen nachklingt.

Vielleicht stellen sich auch Bilder ein: die Sonne, und alles, was in der Sonne steht, wirft Schatten ... Man müsste transparenter werden oder beweglicher, ein anderes Licht suchen ...

Wie klingt dieser Satz für Sie im Hinblick auf Jesus, der sich als Licht verstanden hat?
PW (1998)

Unerschrockenheit

Noah

Mich hatte er zum Stallmeister bestimmt. Ich könne es gut mit den Tieren, meinte er, hätte das rechte Gespür für die Eigenheiten der Arten und ausserdem die längste Erfahrung mit der Aufzucht und Pflege. Mir blieb auch nicht viel übrig, wenn ich dabeisein und überleben wollte. Denn das muss man sagen: Was Noah sich in den Kopf gesetzt hatte, das musste nun auch geschehen. Die Pläne für das Schiff, die Beschaffung des Baumaterials, die frühzeitige Ausführung der Bauarbeiten, die Besetzung aller Posten mit geeigneten Leuten, die Einteilung der Vorräte, all dies stand schon lange fix vor seinen Augen. Nur gerade die Auswahl der Tiere, von jeder Sorte ein zur Zucht geeignetes Paar, überliess er mir. Ich hätte da die besseren Augen, meinte er.

Was er sich nicht alles anhören musste! Witze und ironische Sprüche gingen ja noch, auch die spitzen Bemerkungen: Spinner seien wir, hoffnungslose Schwarzmaler, ideologisch verblendete Systemgegner, eine fünfte Kolonne in ausländischen Diensten ... Eine Bedrohung von solchen Ausmassen? Das könne es überhaupt nicht geben, krankhafte Phantasie sei das!

Noah liessen solche Anfeindungen kalt, denn die drohende Flut war ihm eine unerschütterliche Gewissheit. Wenn sie aber die Lieferungen störten, übersetzte Preise verlangten oder gar den Bau des Schiffes sabotierten, dann konnte selbst Noah aus der Fassung geraten: «Euer Gerede und Getue beweisen einmal mehr, dass die Welt voll Bosheit ist. Gott wird sie euretwegen reinigen!»

Der grosse Regen setzte ein, als wir alles an Bord hatten. Ich weiss noch, wie ich gerade das letzte Fuder Heu versorgt hatte, als von oben einer rief: «Es regnet wie aus Kübeln!» Und wirklich, es sah aus, als ob der schwarze Himmel seine Luken aufgetan hätte.

Mit dem langen Regen kam das lange Warten. Längst schwammen wir, längst war von unseren Feldern und

Dörfern nichts mehr zu sehen. Nur noch wenige Gebirge ragten als Inseln aus der Flut. Je länger es regnete, desto geringer wurden unsere Vorräte. Schon war Platz in den Stauräumen, denn Korn und Heu gingen zur Neige. Einige Tiere wurden krank, weil sie zu wenig Bewegung hatten, andere, weil die Nahrung auf Dauer zu einseitig war. Wasser hatten wir genug, aber die Geduld war bald verbraucht.

«Wären wir nur geblieben, wo wir waren! Was nutzt es, einige Wochen später zu ertrinken? Wir hatten zwar Recht, aber was nützt uns das?» So und anders tönte es in den Zwischendecks, zuerst heimlich und dann unverhohlen. Fünf Monde lang stieg das Wasser. Unser Schaf hatte sogar schon abgelammt. «Welch ein Irrsinn, im Untergang noch Junge zu gebären und aufzuziehen!»

Noah schwieg. Solche Reden brachten ihn nicht aus der Fassung. Erst zu Beginn des sechsten Mondes, als die Flut merklich sank, rief er alle aufs Deck: «Ich kenne eure Sorgen. Ich sehe unsere Not. Wir werden nochmal fünf Monde warten müssen, bis das Wasser abgelaufen ist. Bis dahin teilen wir ein, was wir haben. Es wird nicht viel sein, aber reichen.» Für uns waren diese Worte kein Trost, aber ihre Bestimmtheit liess uns schweigen und an unsere Plätze gehen. Was in Noahs Kopf war, geschah, egal, was die anderen oder auch die eigenen Leute darüber dachten. Er hatte seine bestimmte Vorstellung und liess sich durch nichts in Schrecken versetzen.

So warteten wir weiter und teilten uns ein, was wir hatten, hungrig im Magen und stumpf im Sinn. Dass der Rabe, den ich Noah bringen musste, nur ständig um das Schiff kreiste und die Taube, die er danach anforderte, bald wieder in ihren Schlag kroch, machte uns nur noch verzweifelter. «Selbst die Tiere haben aufgegeben. Worauf können wir noch warten?» Noahs Miene war jetzt verbissen und abweisend.

Im zehnten Mond dann verlangte er die Taube zum zweiten Mal. Ich brachte ihm das Tier, er warf sie in die Luft, sie flog davon und blieb fort. Niemand von uns wusste, wie dies zu deuten wäre, doch Noahs Augen bekamen wieder ihren alten Glanz. Und wirklich, am Abend kehrte das Tier zurück und brachte im Schnabel etwas mit: ein frisches Blatt vom Olivenbaum.

Da wussten wir, dass unsere Welt nicht verloren war. Wir fielen einander um den Hals und weinten vor Freude. Ich rannte zu meinen Tieren, und mir schien, auch sie hätten die Botschaft der Taube bereits vernommen. Nur Noah blieb abseits. Später sahen wir ihn knien und beten, und eine Ahnung machte die Runde, dass Noahs Kraft und Wille von Anfang an nicht seinem eigenen Kopf entsprungen waren.

MK nach Genesis 6-9 (1998)

Nur Lebendiges schwimmt gegen den Strom.
Karlheinz Deschner (1985)

Montag

Wenige Menschen sind bereit, der Mißbilligung ihrer Mitmenschen, der Kritik ihrer Kollegen und der zornigen Feindschaft ihrer Gesellschaft standzuhalten. Moralischer Mut ist ein selteneres Gut als Tapferkeit in der Schlacht oder hohe Intelligenz; und doch ist er die eine, wesentliche, unerläßliche Qualität derer, die eine Welt verändern wollen, die sich nur widerwillig der Veränderung beugt.
Robert Kennedy (1968)

Dienstag

wo chiemte mer hi?

wo chiemte mer hi
wenn alli seite
wo chiemte mer hi
und niemer giengti
für einisch z'luege
wohi dass me chiem
we me gieng
Kurt Marti (1967)

Mittwoch

Sind Sie mit zunehmendem Alter eher unerschrockener oder eher, sagen wir mal, vorsichtiger geworden? – Hat Unerschrockenheit für Sie etwas mit Unabhängigkeit zu tun? – Sind Sie unabhängig genug, um sich Unerschrockenheit leisten zu können? – Wo glauben Sie kuschen zu müssen? – Was stellen Sie sich unter «Tapferkeit vor dem Freund» vor? – Wie verhalten Sie sich, wenn es gilt, jemandem etwas Unangenehmes, Kritisches oder Abschlägiges zu sagen? – Schreiben Sie einen Brief? – Greifen Sie zum Telefon? – Ziehen Sie ein Gespräch von Angesicht zu Angesicht vor? – Oder neigen Sie dazu, das andern zu überlassen (zum Beispiel im Umgang mit Söhnen und Töchtern, die Schwierigkeiten machen, Ihrer Ehefrau)? – Sind Frauen unerschrockener als Männer? – Haben Sie schon einmal ein heisses Eisen angefasst? – Würden Sie das wieder tun? – Wieviel Unbeliebtheit ertragen Sie?
gzd (1998)

Donnerstag

3 November

Der letzte Wunsch

Bei der Hinrichtung von vier Altonaer Arbeitern, die – bald nach Hitlers Machtantritt – zum Tode verurteilt worden waren, weil sie sich gegen schießende SA-Männer mit Schüssen gewehrt hatten, kam es zu einem Zwischenfall, von dem noch lange in allen Hafenkneipen, Fabrikskantinen und Mietskasernen Hamburgs gesprochen wurde.
Als man unmittelbar vor der Hinrichtung, zu der fünfundsiebzig Gefangene aus ihren Zellen geholt wurden, um das Sterben ihrer Genossen mit anzusehen, den jüngsten der Verurteilten, einen Neunzehnjährigen, fragte, ob er noch einen Wunsch habe, sagte er: Ja, den habe er, er wolle sich noch einmal richtig recken, man möge ihm doch die Handfesseln lockern.
Der Wachtmeister nahm ihm die Eisen ab. Der junge Arbeiter reckte sich. Mit zum Himmel erhobenen Fäusten stand er einen Augenblick still da; dann schlug er blitzschnell, bevor noch die Umstehenden begriffen, was vorging, dem SA-Führer, der die Wachmannschaft kommandierte, die Vorderzähne ein.
F.C. Weiskopf (1934)

Freitag

Das Zahnrad

läuft läuft läuft
ein andres mit
und greift in deine Zähne

Bewegung
nichts als Monotonie

Da klingt leisestes Stottern
subversiv
Reinhard Bernhof (1965)

Lassen Sie sich zur Ruhe kommen. Horchen Sie auf die rhythmische Atembewegung, lassen Sie sich vom Gleichmass dieser Bewegung prägen.

Wiederholen Sie innerlich – oder laut gesprochen –, gut verteilt auf mehrere Atemzüge, längere Zeit den Text von Reinhard Bernhof. Achten Sie darauf, wie er in Ihnen nachklingt.

Vielleicht stellen sich auch Bilder ein: Maschinen, die unheimlich selbsttätig laufen ..., Menschenmassen, die einem Sänger, einem Politiker, einem Einkaufszentrum wie gebannt zuströmen ...

Wie klingt dieses Gedicht für Sie im Hinblick auf Jesus, der sich als offenes Tor verstanden hat, durch das man jederzeit frei und ohne Angst ein- und ausgehen kann?
PW (1998)

Gewaltlosigkeit

Glaukos und Diomedes

Es war die Lebensart der Mnemosyne, unstet und flüchtig zu sein. Hier tauchte sie auf, und dort verschwand sie wieder, die Göttin der Erinnerung. Immer ging sie so überraschend, wie sie gekommen war, stellte sich so plötzlich ein wie ein Blitz im Geist und verschwand so heimlich wie ein Gesicht im Nebel. Die Tochter der Erde und des Himmels war älter als die Menschheit. Seit jeher durchstreifte sie weite Räume, um tags oder nachts bei den Menschen einzukehren. Und wer von ihr berührt wurde, geriet in eine denkwürdige Bewegung.
Einst beschloss Mnemosyne, sich nach Troja zu begeben. Der Krieg war gerade ausgebrochen, das Schlachtgetümmel bereits in vollem Gange, die Namen der Helden schon bis zum Olymp gedrungen. Ein gewisser Diomedes, hiess es, habe den Befehl über achtzig Schiffe aus der Argolis, und selbst sei er der tapferste der westlichen Feldherrn. Sogar Aeneas habe er schwer verwundet, berichtete die Göttin Aphrodite, die ebenfalls eine Blessur davongetragen und sich heulend auf den Olymp geflüchtet hatte. Nicht minder tapfer sei Glaukos aus Lykien, der Befehlshaber der östlichen Truppen, die Troja zu Hilfe geeilt waren.

Mnemosyne wollte sich die beiden berühmten Helden besehen. Sie zog nach Troja.

Die Morgenröte war gerade über den Horizont geklettert, und einmal mehr standen sich die Heere des Westens und des Ostens kampfbereit gegenüber. Zwischen den Heeren traten Glaukos und Diomedes aufeinander zu, beide in voller Rüstung und beide in äusserster Anspannung. Der anbrechende Tag könnte die Entscheidung bringen. Die Morgensonne liess die goldene Rüstung des Glaukos erstrahlen und gab der
409 bronzenen des Diomedes blutige Tiefe. Darunter glühten die Helden vor Eifer. Vor dem Kampf aber, das gebot gemeinsame Sitte, stellten sie sich einander vor.

«Noch nie habe ich dich gesehen», rief Diomedes. «Wer bist du, dass du es wagst, mir entgegenzutreten? Woher dein Mut, dich golden wie ein Gott meiner erfolgverwöhnten Lanze zu zeigen?» Er reckte herausfordernd den Hals. «Mutiger Diomedes», entgegnete Glaukos, «ich kenne dich wohl! Meine Vorfahren nämlich stammen aus deiner Heimat. Aber den Familien geht es wie den Bäumen: Die einen wurzeln fest, die anderen sterben ab, aber ihr Same wird vom Wind davongetragen und wurzelt anderswo zu neuem und stärkerem Wald. Mein Grossvater jedenfalls fasste Tritt im Lykerland. Nach harter Bewährung erhielt er sogar die Königstochter zur Frau, dazu das halbe Königreich. Bellerophon war sein Name, und ...» «Bellerophon?» Ein Lächeln lief über Diomedes' Gesicht und entspannte seine Züge. Mit Nachdruck stiess er seine Lanze in die Erde. Es schien, als mache der Krieg eine Pause. «Bellerophon! Das war doch der tapfere Held, den mein Grossvater Oineus als Gastfreund empfing. Zwanzig Tage soll das Gastmahl gedauert haben. Den goldenen Becher, prachtvoll ist er, mit zwei Henkeln, den habe ich noch zu Hause. Dein Grossvater hatte ihn meinem Grossvater zum Abschied geschenkt.» Da reckte Glaukos den Hals und zeigte auf seinen Gürtel, dessen Purpur sich wunderbar von der goldenen Rüstung abhob: «Und dies war das Gastgeschenk deines Grossvaters an meinen!»

Die Sonne war inzwischen weiter gestiegen und tauchte die beiden kampfbereiten Heere in ihr Licht. Doch die Gegend wurde kein Schlachtfeld und der Tag kein historisches Datum. Der Krieg hatte wirklich Pause, denn Glaukos und Diomedes legten ihre Rüstungen ab, gaben sich die Hand und beschlossen unverbrüchliche Freundschaft. Zum Zeichen dafür tauschten sie ihre Rüstungen aus, die goldene gegen die bronzene und die bronzene gegen die goldene.

Mnemosyne aber, die unerkannt dem Geschehen gelauscht hatte, schlich davon, nicht ganz sicher, ob ihre Gegenwart der Tapferkeit der Helden nun Abbruch getan hatte oder nicht.

MK nach Homer (1998)

Wenn jemand einem Menschen das Leben erhält,
so soll es sein, als hätte er
der ganzen Menschheit das Leben erhalten.
Sure 5,32 (Koran)

Wenn jemand eine Seele vernichtet, ist es,
als hätte er eine ganze Welt vernichtet,
und wenn jemand eine Seele erhält, ist es,
als hätte er eine ganze Welt erhalten.
Mischna Sanhedrin 4,5 (Talmud)

Montag

Meine Gewaltfreiheit erlaubt es nicht, vor der Gefahr wegzulaufen und seine Lieben ohne Schutz zu lassen. Wenn nur die Wahl zwischen Gewalt und feiger Flucht bestünde, würde ich der Gewalt den Vorzug geben. Ich kann einem Feigling ebensowenig Gewaltfreiheit predigen, wie ich einen Blinden dazu verführen kann, schöne Gegenden anzusehen. Gewaltfreiheit ist der Gipfel der Tapferkeit. Ich hatte keine Schwierigkeiten, Leuten, die in der Schule der Gewalt aufgewachsen waren, die Überlegenheit der Gewaltfreiheit zu beweisen. Als Feigling, der ich jahrelang war, hielt ich mich an Gewalt. Ich begann Gewaltfreiheit erst dann zu schätzen, als ich meine Feigheit aufgab.
Mahatma Gandhi (1922)

Dienstag

Völker der Erde,
ihr, die ihr euch mit der Kraft der unbekannten
Gestirne umwickelt wie Garnrollen,
die ihr näht und wieder auftrennt das Genähte,
die ihr in die Sprachverwirrung steigt
wie in Bienenkörbe,
um im Süßen zu stechen
und gestochen zu werden –

Völker der Erde,
zerstöret nicht das Weltall der Worte,
zerschneidet nicht mit den Messern des Hasses
den Laut, der mit dem Atem zugleich geboren wurde.

Völker der Erde,
O daß nicht Einer Tod meine, wenn er Leben sagt –
und nicht Einer Blut, wenn er Wiege spricht –

Völker der Erde,
lasset die Worte an ihrer Quelle,
denn sie sind es, die die Horizonte
in die wahren Himmel rücken können
und mit ihrer abgewandten Seite
wie eine Maske dahinter die Nacht gähnt
die Sterne gebären helfen –
Nelly Sachs (1949)

Mittwoch

Sind Sie sicher, dass Sie ein friedlicher Mensch sind? – Zu welcher Art von Gewalttätigkeit neigen Sie am ehesten: Ohrfeigen und Schlägen, verletzenden Worten, tagelangem Schweigen, Sperrung von Geldmitteln, einsamen Entschlüssen über die Köpfe anderer hinweg, Liebesentzug, Tyrannei durch Launenhaftigkeit, Verweigerung von Hilfe, Einschüchterung durch geistige Überlegenheit? – Falls Sie immer noch überzeugt sind, ein friedlicher Mensch zu sein: Woran liegt es, dass Sie offenbar nie versucht sind, Gewalt anzuwenden? – Nehmen Sie alles so hin, wie's eben kommt? – Oder setzen Sie auf die Möglichkeit, gewaltlos Widerstand zu leisten? – Welche Wege und Mittel stehen Ihnen dabei zur Verfügung? – Und wie ist es Ihnen dabei ergangen? – Haben Sie Ihr Ziel erreicht, oder haben Sie selber Gewalt erfahren? – Würden Sie, auch wenn Letzteres zutrifft, wieder gewaltlos kämpfen?
gzd (1998)

Donnerstag

4 November

Vom Gewicht des Nichts

«Sag mir, was wiegt eine Schneeflocke?» fragte die Tannenmeise die Wildtaube.
«Nicht mehr als Nichts», gab sie zur Antwort.
«Dann muß ich dir eine wunderbare Geschichte erzählen», sagte die Meise. «Ich saß auf dem Ast einer Fichte, dicht am Stamm, als es zu schneien anfing; nicht etwa heftig mit Sturmgebraus, nein, wie im Traum, lautlos und ohne Schwere. Da ich nichts Besseres zu tun hatte, zählte ich die Schneeflocken, die auf die Zweige und Nadeln meines Astes fielen und darauf hängenblieben. Genau drei Millionen siebenhunderteinundvierzigtausendneunhundertzweiundfünfzig waren es. Als die drei Millionen siebenhunderteinundvierzigtausendneunhundertdreiundfünfzigste Flocke niederfiel – nicht mehr als Nichts, wie du sagst –, brach der Ast ab.»
Damit flog sie davon.
Die Taube, seit Noahs Zeiten eine Spezialistin in dieser Frage, sagte zu sich nach kurzem Nachdenken:
«Vielleicht fehlt nur eines einzigen Menschen Stimme zum Frieden der Welt.»
Kurt Kauter (1973)

Freitag

Ce n'est pas le naufrage c'est notre désir
Qui est fatal et c'est la paix qui est inévitable.
Paul Eluard (1951)

Nicht das Scheitern, die Sehnsucht
Ist unser Schicksal und der Frieden ist unvermeidlich.

Samstag

Lassen Sie sich zur Ruhe kommen. Horchen Sie auf die rhythmische Atembewegung, lassen Sie sich vom Gleichmass dieser Bewegung prägen.

Wiederholen Sie innerlich – oder laut gesprochen –, gut verteilt auf mehrere Atemzüge, längere Zeit den Text von Paul Eluard. Achten Sie darauf, wie er in Ihnen nachklingt.

Vielleicht stellen sich auch Bilder ein: Projekte, die gescheitert sind und Hoffnungslosigkeit geweckt haben ..., das Herz mit seinem vertrauensvollen Wissen, das feiner und stärker ist als alle Widerstände ...

Wie klingt dieser Satz für Sie im Hinblick auf Jesus, der sich als Leben verstanden hat.
PW (1998)

Geschöpflichkeit

Geschöpflichkeit

Wer uns Menschen als «geschöpfliche» Wesen wahrnimmt, sieht uns wie Glieder eines riesigen Leibes, der gesamten Schöpfung nämlich. Die Schöpfermacht wäre wie das Haupt dieses Leibes. Geschöpflichkeit vollzieht sich in der Trias von Schöpfer, Schöpfung und Geschöpf.

Wer nun Mensch, Welt und Gott «geschöpflich» wahrnimmt, verdankt das einer «Resonanzerfahrung» (Gerd Theissen 1978): einem Staunen darüber, dass etwas ist und nicht vielmehr nichts, dass ich bin und nicht vielmehr nicht, dass Du bist, und nicht vielmehr nicht – einem Mitschwingen im Klang der Schöpfung – einer Evidenz, dass es hinter allem, was ist, einen Urgrund gibt.

Dieses Resonanzerlebnis liegt in einer religiösen Dimension und bringt eine ethische Dimension zum Klingen: Wir fühlen uns als Geschöpfe verantwortlich vor unserem Schöpfer für einen sorgfältigen Umgang mit der Schöpfung, für mehr Gerechtigkeit und Frieden unter den Geschöpfen.

Prägnant hat im 20. Jahrhundert diese religiös-ethische Haltung ihre Gestalt gefunden in Denken und Handeln, in Person und Werk von Albert Schweitzer (1875–1965). Seine im ersten Viertel des Jahrhunderts auf die Formel «Ehrfurcht vor dem Leben» gebrachte Haltung hat auf der Schwelle ins 3. Jahrtausend angesichts der systemischen Krisen im Raumschiff Erde an Aktualität nur noch gewonnen: «*Ich bin Leben, das leben will inmitten von Leben, das leben will.* Dies ist nicht ein ausgeklügelter Satz. Tag für Tag, Stunde für Stunde wandle ich in ihm. In jedem Augenblick der Besinnung steht er neu vor mir. Wie aus nie verdorrender Wurzel schlägt fort und fort lebendige Lebensanschauung aus ihm aus. Mystik ethischen Einswerdens mit dem Sein wächst aus ihm hervor.» (1923)

«Ehrfurcht» (lateinisch: pietas, religio, reverentia) bezeichnet eine mögliche (eher mystische) Art von Resonanzerfahrung, welche uns verantwortlich werden lässt vor dem Schöpfer für die Schöpfung und ihre Geschöpfe.

Auf der Linie «geschöpflicher» Neubesinnung in unserem Jahrhundert liegt die Umorientierung von Kolumbus zu Franziskus (Kurt Koch 1996): Kolumbus steht für Eroberung, Beherrschung und Ausbeutung der Natur, auch der menschlichen. Er steht für die Reduktion der Schöpfung und der Geschöpfe auf Materie, Material, Objekt. Er steht für den «objektivierenden» Menschen, der sich selber zum Schöpfer aufspielen will mit seinem absoluten, unersättlichen Willen zur Macht durch Wissen. Der Mensch wird zum Unmenschen, der die Schöpfung erschöpfen will. Gott wird ins Weltlose marginalisiert. Die Welt wird ins Gottlose entzaubert. Die Trias der Geschöpflichkeit zerbricht.

Franziskus steht für Fingerspitzengefühl statt für naturwissenschaftlich-technische Faust-Regeln, für Geschwisterlichkeit und Güte der vielen (nicht nur menschlichen) Glieder am einen Leib der Schöpfung statt einer «rassistischen» Spaltung von herrschsüchtigem Subjekt und zu beherrschendem Objekt. Er steht für den Menschen, der sich nicht zur Krone der Schöpfung macht, sondern Gott als seinem – und nicht nur seinem – Schöpfer im Lobgesang die Reverenz erweist und selber aus Dankbarkeit auf Vorrechte und Dünkel verzichtet, Verantwortung übernimmt und durch Verzicht gewinnt. Franziskus steht für eine geschöpfliche Wahrnehmung von Gott, Welt und Mensch, wo mit Gott auch Mensch und Welt die ihnen gebührende Eigenheit, Andersartigkeit, Ehrfurcht und Würde wieder zurückerhalten.

ff (1998)

Fingerspitzengefühl

Midas

Er brütete über Bauplänen, die ihm seine Hofbaumeister gerade abgegeben hatten. Sie lagen verstreut auf dem Boden. Schön würde der neue Palast werden, Phrygiens strahlendes Juwel. Weithin leuchtend bei Tage, geheimnisvoll funkelnd in der Nacht. Mit ihm erhielten seine Weisheit und Macht endlich eine unübersehbare Gestalt. Grösser als alles, was der Osten kannte, würden diese Anlagen werden. Mit ihren Gärten und Terrassen, Teichen und Hainen, mit Sälen für Empfänge und Feste, mit Bädern und Höfen für Spiele und Gelage. Midas sah sich bereits durch Säulengänge aus Marmor wandeln. Doch die Fülle der künftigen Schönheit fiel in sich zusammen und wurde wieder zu Papier, als ihm lange Kolonnen von Zahlen vor Augen traten. Was die Baumeister alles brauchten! Da müsste wohl zuerst eine Eroberung gemacht werden. Midas brütete.

Plötzlich unterbrach ihn heftiger Lärm. Die Diener hatten Mühe, eine Schar entrüsteter Bauern zurückzuhalten. Die Tür flog auf, und die Bauern standen vor ihrem König, ein zerlumpter Alter unter ihnen, gefesselt zwar, aber mit einem Blätterkranz ums ergraute Haupt. Den hätten sie aufgegriffen. Völlig betrunken sei er gewesen. Habe ihre Weingärten zersaust, den jungen Mädchen nachgestellt und in den Gassen gelärmt, bis er verdreckt und lallend liegengeblieben und eingeschlafen sei, der alte Bock.

Zuerst war Midas verärgert über die Störung seiner Träume. Doch dann besah er sich den Störenfried und war unversehens hellwach. Er kannte den komischen Alten, doch das mussten die Bauern nicht wissen. So versprach er ihnen Hilfe beim Herrichten der Gärten und schickte sie kurzerhand weg. Den Alten aber – es war Silen, geil auf Leibesfreuden und hellsichtig im Kopf, der Erzieher des jungen Freudengottes Dionysos – diesen Alten wollte er behalten: als Pfand für seinen Traum und dessen Kosten.

Anderntags machte sich Midas heimlich davon, mit Silen, der inzwischen ausgenüchtert war und schon wieder flunkernd und zwinkernd seine Sprüche machte. Midas kannte die verschlungenen Pfade zur Grotte des jungen Dionysos. Dort lieferte er Silen ab. Und wie erwartet bedankte sich der Gott mit der Gewährung eines Wunsches. Midas tat etwas verlegen, kam aber schnell zur Sache. Dass ihm alles, was er mit den Fingern berühre, zu Gold würde, war sein Wunsch. Jung, unerfahren und ohne den skeptischen Blick Silens zu beachten, gewährte Dionysos die Erfüllung des Wunsches.

Midas ging heiter und beschwingt von dannen. Brach
unterwegs den Zweig einer Eiche: Gold. Pflückte im
ersten Obsthain einen Apfel: Gold. Klaubte einen Erd-
421 brocken vom Acker: Gold. Liess eine reife Ähre durch
die Finger gleiten: Gold. Am Hintereingang seiner
Burg angelangt, streckte er seinen Zeigefinger vor-
sichtig dem Türsturz entgegen, berührte ihn, und sie-
he, der ganze Bogen verwandelte sich aus rauhem
Stein in gleissendes Metall. Ende des Grübelns. Sein
Traum würde wahr. Phrygiens Juwel war in greifbare
Nähe gerückt.

Doch dann hatte der König Hunger. Speisen wurden aufgetragen, Weine kredenzt. Das geröstete Brot aber, das Midas sich in den Mund schob, wurde zwischen seinen Zähnen hart. Und der gute Rote, von dem er einen Zug nahm, gerann auf der Zunge: Gold die Olive, Gold der Lammbraten, Gold die Körner vom Salzfass. Damit hatte Midas nicht gerechnet. Er hatte Hunger und litt Durst, zunehmende, brennende Schmach. Und rang die Hände und flehte zum jungen Gott.

Dionysos war gnädig. Er konnte zwar die Gabe nicht einfach zurücknehmen, aber er liess ihn wissen: Wenn er den grossen Fluss hinaufwandern würde, allein wie ein Pilger, und wenn er sich dann im Sprudel der Quelle reinigen würde, drei Tage lang, vor allem seine Finger, dann würde der verhängnisvolle Zauber ein Ende nehmen.

So wurde aus Midas, dem König, Midas, der Pilger. Lange war er unterwegs, immer flussaufwärts. Lernte sein Königreich ganz anders kennen. Gewann einen Blick für Wellen und Windungen, Strudel und Brackwasser. Bekam Augen für die Arbeit der Fischer und Bauern, Ohren für das Lachen der Kinder und ein Herz für Gezeiten und Geschicke. Im Strudel der Quelle spürte er die Kraft des Wassers und die Bewegung des Ewigen.

Vor der ersten Hütte, die er auf seinem Rückweg antraf, machte er Halt, klopfte an und erhielt, was Pilger erhalten: ein Stück trockenes Brot, einen Becher klares Wasser, einen Apfel vom eigenen Baum. Und Midas tat, was er noch nie getan hatte: Er strich mit den Fingern über die rauhe Kruste, netzte seine Hand, streichelte die glatte Haut. Und es schmeckte ihm, wie es noch nie geschmeckt hatte. Voll Freude auf seine alte Burg wanderte er nach Hause. Der grosse Fluss aber führt seither Goldkörner in seinem kühlen Bett.

MK nach Ovid (1998)

Fingerspitzengefühl
ist oft
Erfahrung
mit einer Prise
Herzcourage.
Peter Horton (1983)

Montag

... Ich kann mit Dir über alles sprechen, nur nicht über die Kinder, weil Du die Tugend hast, eine Stunde später unter der berühmten Überschrift: «Papa sagt auch» Äußerungen, die nur für Dich bestimmt waren, an die große Glocke zu hängen. Dies ist mir aber im höchsten Maße unbequem. Sind es Dinge, die den Kindern absolut gesagt werden müssen, so tu ich es entweder selbst oder ich bitte Dich, es zu tun; aber wenn ich diese Bitte nicht eigens ausspreche, so müssen solche confessions und Äußerungen wie Beichtgeheimnisse sein. Wenn sich schon überhaupt ohne eine gewisse Diplomatie nicht leben läßt, so am wenigsten ohne Haus- und Familiendiplomatie. Das ist der Grund, weshalb in vornehmen Häusern, und wenn sie wie Katz und Hund stehen, höchst selten «Szenen» stattfinden, dagegen in Spießbürgerhäusern immer. Ich bin selber sehr plauderhaft, bilde mir aber ein, genau unterscheiden zu können, was weitererzählt werden darf und was nicht. Daß dies Deine Force wäre, kann ich nicht behaupten, am wenigsten aber den Kindern gegenüber. Und so hab ich mir vorgenommen, mich nach dieser Seite hin der Schweigsamkeit zu befleißigen ...
Theodor Fontane (1882)

Dienstag

Ehegedicht

423 Geliebt haben wir uns,
daß das Gras um uns sich entzündete,
doch die Glut schadete uns nicht,
so selbstvergessen waren wir.

Verfolgt haben wir uns,
daß wir uns bis ins Mark trafen,
doch die Wunden schlossen sich wieder,
da kein Blut aus ihnen kam.

Seitdem wir uns aber geeinigt haben,
zusammen alt zu werden,
verwandelt sich die Liebe in Behutsamkeit,

und das Blut, das mitunter
nun aus Rissen quillt, schmerzt
Tropfen um Tropfen wie heißes Wachs.

Günter Herburger (1977)

Mittwoch

Gehören Sie eher zu den Leuten, die zuviel fragen und dadurch gelegentlich einen zudringlichen Eindruck machen. – Oder zu den Leuten, die zuwenig fragen und dadurch gelegentlich einen gleichgültigen Eindruck machen? – Sind Sie in manchen Situationen im Ungewissen, ob Nähe oder Distanz gefragt ist? – Wie denken Sie über den Gebrauch von «du» und «Sie»? – Ist Ihnen diese Unterscheidung überhaupt wichtig? – Wie reagieren Sie, wenn Ihnen eine Person, die Sie lieber siezen möchten, das «Du» anbietet? – Und umgekehrt: Was empfinden Sie, wenn eine Person, der Sie das «Du» anbieten, Ihnen sagt, dass sie lieber beim «Sie» bleiben möchte? – Was könnte es bedeuten, dass mit «Fingerspitzengefühl» (wie übrigens auch mit «Takt») auf den Tastsinn verwiesen wird? – Macht es Sinn für Sie, dass «Fingerspitzengefühl» unter «Geschöpflichkeit» aufgeführt ist?

gzd (1998)

Donnerstag

Die Prinzessin auf der Erbse

Es war einmal ein Prinz, der wollte eine Prinzessin heiraten; aber es sollte eine richtige Prinzessin sein. Da reiste er in der ganzen Welt umher, um eine solche zu finden, aber überall stand etwas im Wege. Prinzessinnen gab es genug, aber ob es richtige Prinzessinnen waren, dahinter konnte er nicht ganz kommen. Immer gab es etwas, das nicht in Ordnung war. Da kam er wieder nach Hause und war sehr betrübt, denn er wollte doch gar zu gern eine wirkliche Prinzessin haben.
Eines Abends gab es ein furchtbares Unwetter; es blitzte und donnerte, der Regen floß in Strömen, es war ganz schrecklich! Da klopfte es an das Stadttor, und der alte König ging hin, um aufzumachen.
Es war eine Prinzessin, die draußen stand. Aber, o Gott! wie sah sie aus vom Regen und dem bösen Wetter! Das Wasser lief ihr vom Haar und von den Kleidern herunter; es lief in die Schnäbel der Schuhe hinein und an den Hacken wieder heraus, und da sagte sie, sie sei eine wirkliche Prinzessin.
«Nun, das werden wir schon herausbekommen!» dachte die alte Königin. Aber sie sagte nichts, ging in die Schlafkammer, nahm alle Betten ab und legte eine Erbse auf den Boden der Bettstelle, darauf nahm sie zwanzig Matratzen und legte sie auf die Erbse, und dann noch zwanzig Eiderdaunenbetten oben auf die Matratzen.
Darauf mußte nun die Prinzessin die ganze Nacht liegen. Am Morgen wurde sie gefragt, wie sie geschlafen hätte.
«Oh, schrecklich schlecht!» sagte die Prinzessin. «Ich habe die Augen fast die ganze Nacht nicht zugetan! Gott weiß, was da im Bett gewesen ist! Ich habe auf etwas Hartem gelegen, so daß ich braun und blau am ganzen Körper bin! Es ist entsetzlich!»
Nun sahen sie, daß sie eine richtige Prinzessin war, weil sie durch die zwanzig Matratzen und die zwanzig Eiderdaunenbetten hindurch die Erbse gespürt hatte. So empfindlich konnte niemand anders sein als eine wirkliche Prinzessin.
Da nahm der Prinz sie zur Frau, denn nun wußte er, daß er eine richtige Prinzessin hatte, und die Erbse kam auf die Kunstkammer, wo sie noch zu sehen ist, wenn niemand sie gestohlen hat.
Seht, das ist eine wahre Geschichte.
Hans Christian Andersen (1843)

jeszcze raz
ze śmiertelną powagą
ofiarować zdradzonemu światu
różę
Zbigniew Herbert (1967)

noch einmal
mit sterblichem ernst
der verratenen welt eine rose
schenken

Samstag

Lassen Sie sich zur Ruhe kommen. Wenn Ihnen eine eigentliche Meditationshaltung vertraut ist, nehmen Sie sie ein. Erspüren Sie Ihren Körper, Ihre Sitzhaltung, Ihre Atembewegung.

Versuchen Sie innerlich zu sehen und sich zu vergegenwärtigen:
Jesus spricht zu einer Schar Menschen, die hungrig zuhören – der verratenen Welt eine Rose schenken ... Jesus nimmt sich Zeit, lässt sich einladen und feiert mit andern ihre Feste – der verratenen Welt eine Rose schenken ... – Jesus geht durch die Menschenmenge, sucht Kontakt, berührt und heilt – der verratenen Welt eine Rose schenken ...

Wenn diese Lebenshaltung Sie anzieht, wie könnte sie bei Ihnen und heute aussehen?
PW (1998)

Güte

Jona

Der Prophet hatte seinen Auftrag erledigt und befand sich auf dem Rückweg. Hoch oben auf einem Kamel liess er sich heimwärts wiegen. Der Besitzer der Karawane, ein alter jüdischer Gewürzhändler, ritt neben ihm. Lange schwiegen sie, während die grossartigen Bauten der Weltstadt Ninive allmählich zurückblieben und im Dunst verschwanden. Der alte Mann hatte Jona den Preis für die weite Reise vom Tigris zum Jordan erlassen, denn er war stolz auf Jonas Erfolg. Ein zufriedenes Lächeln spielte um seine Augen.
«Grossartig», meinte er endlich, «grossartig, wie das Wort unseres Gottes auf Ninive gewirkt hat! Und wie du allein mit diesem einen Wort ‹Noch vierzig Tage, und Ninive ist zerstört› eine ganze Grossstadt in Bewegung gebracht hast, vom König bis zum Geissbock. Einfach grossartig! Wenn man bedenkt, mit wie vielen Drohworten andere Propheten nichts bewirken konnten, du aber ...» Jona unterbrach ihn heftig: «Hör auf damit! Mir wäre lieber, alles wäre gar nicht geschehen.»
Der alte Jude schwieg erschrocken. Die Karawane zog gemächlich dahin. Von Ninive war schon lange nichts mehr zu sehen. Jona aber, der nicht aufrecht sass wie der Händler und seine Nase nicht schnurstracks geradeaus hielt wie die Kamele, sondern einen krummen Rücken machte, als wollte er bald in sich zusammenfallen, Jona brummelte vor sich hin: «Wenn ich doch nur nach Westen gesegelt wäre. Oder mit dem Schiff untergegangen. Oder ertrunken. Oder gefressen vom grossen Fisch. Oder in Ninive gefangen und gepfählt. So aber ...» Der Alte schaute verwundert auf. Einen sonderbaren Gottesmann hatte er da aufgelesen: «Einen solchen Erfolg hast du gehabt und wünschst dir, ihn nicht erlebt zu haben?» Doch Jona gab keine Antwort.
Erst einige Tage später, als sie am oberen Euphrat Rast hielten, liess sich der traurige Prophet wieder vernehmen: «Wie hätte ich zufrieden sein sollen? Bei dem frommen Getue, das ausbrach, kaum dass ich meinen Spruch verkündet hatte? Ein verschlagener Grosskönig im Sackgewand, sein kalkulierter Bekehrungserlass für Krethi und Plethi, das erzwungene Massenfasten von Mensch und Vieh! Die reinste Heuchelei,

nur um dem gerechten Zorn unseres Gottes zu entkommen. Ich hatte es ja geahnt! Und als ich mich vor die Stadt geflüchtet hatte und in meiner Laubhütte sass, musste ich mir das ganze scheinheilige Getue mitansehen. Einfach widerlich!» Der weitgereiste Händler wunderte sich einmal mehr. Vorerst schwieg er aber und tränkte seine Tiere, denn der Weg durch die syrische Wüste war lang.

Als sie wieder unterwegs waren, hielt es ihn nicht länger. Er musste den Gottesmann über Gott befragen:
429 «Dir wäre es also lieber gewesen, Gott hätte Ninive nach vierzig Tagen mit Mann und Maus zerstört? Gerade so, wie ältere Propheten es den Assyrern und Babyloniern des öfteren angesagt hatten. Die alten Erzfeinde Israels, die uns immer wieder unsäglich verfolgt und geplagt hatten, die wären dann endlich gestraft. Und Gott wäre unser Gott geblieben und nicht auch zu deren Gott geworden. Du bist also nicht nur traurig über deinen Erfolg, sondern auch wütend über unseren Gott.» Jetzt sass Jona aufrecht im Sattel, obwohl die heisse Wüstensonne stach. «Zerstören, ja, zerstören! Das war der unbedingte Inhalt des Drohworts, früher und jetzt. Und das wäre auch gerecht gewesen. Stattdessen zerstörte er mir den Rizinus, der mich und meine Laubhütte vor der Sonne geschützt hatte.» Jona war in Hitze geraten, aber der alte Jude liess ihn bei seinem Zorn. Tage später, Damaskus lag hinter ihnen, und Jerusalems Tempelberg war bereits zu sehen, nahm der alte Mann den Faden wieder auf: «Auf meinen Reisen bin ich weit herumgekommen. Viele Menschen sind mir begegnet. Oft habe ich ihnen zugehört. Was meinst du, Gottesmann, wenn es den Leuten von Ninive ernst war und sie nicht geheuchelt haben? Sollte Gott das nicht bemerken? Vielleicht ist er wirklich gnädig und gütig, zögernd im Zorn und reich an Huld, wie es in unseren alten Rollen steht? Und wenn er so zu unseren Erzfeinden ist, weil er wirklich gütig vergeben kann, ist das dann nicht unser Problem? Sollte er sich nicht ändern dürfen? Wollen wir ihm verbieten, gütig zu sein, oder sollten wir es uns selbst erlauben?» Jona, der Prophet, blieb einsilbig. «Vielleicht», sagte er nur. Seine Augen ruhten wie die des alten Mannes und die der Kamele auf dem Tempelberg, der immer näherrückte. Dort verehrten sie den Gott, der ihn nach Ninive geschickt hatte. Dort sangen sie ihm Psalmen.

Je besser der Tempel zu sehen war, desto klarer kam dem Alten eine Melodie in den Sinn: ‹Herr, deine Güte reicht, so weit der Himmel ist, und deine Wahrheit, so weit die Wolken gehen. Deine Gerechtigkeit steht wie die Berge, und dein Gericht ist tief wie das Meer. Menschen und Tieren willst du ein Gehilfe sein.› Leise summte er vor sich hin. Jona summte mit.

MK nach Jona und Psalm 36,6-7 (1998)

Deine Güte tut mehr, als das Meer vermag,
Deine Großmut macht keine Versprechen für morgen.
Man muß Dich um nichts bitten.
Niemand bittet die Sonne um Licht.
Dschalaluddin Rumi (1273)

Montag

Güte ist die behutsame Bejahung des Mitmenschen; insofern ist sie mehr als bloße Toleranz. Sie öffnet dem andern den Raum, in dem er in seinen wesentlichen Möglichkeiten leben kann. Sie ist auch, mehr noch als die Großmut, zum Verzeihen fähig, selbst da, wo wir ernsthaft gekränkt worden sind oder wo der andere sich in Schuld uns gegenüber verstrickt hat.
Wilhelm Weischedel (1976)

Dienstag

Was nützt die Güte
Wenn die Gütigen sogleich erschlagen werden,
  oder es werden erschlagen
Die, zu denen sie gütig sind?

Was nützt die Freiheit
Wenn die Freien unter den Unfreien leben müssen?

Was nützt die Vernunft
431 Wenn die Unvernunft allein das Essen verschafft,
  das jeder benötigt?

Anstatt nur gütig zu sein, bemüht euch
Einen Zustand zu schaffen, der die Güte ermöglicht,
  und besser:
Sie überflüssig macht!

Anstatt nur frei zu sein, bemüht euch
Einen Zustand zu schaffen, der alle befreit
Auch die Liebe zur Freiheit
Überflüssig macht!

Anstatt nur vernünftig zu sein, bemüht euch
Einen Zustand zu schaffen,
  der die Unvernunft der einzelnen
Zu einem schlechten Geschäft macht!

Bertolt Brecht (1935)

Mittwoch

Kommt das Wort «Güte» (ausser im Ausruf «Du liebe Güte!») in ihrem Wortschatz vor? – In Psalmen und Kirchenliedern ist oft von Gottes Güte die Rede, woran denken Sie dabei? – Woran mag es liegen, dass kaum jemand von sich behauptet, ein gütiger Mensch zu sein, dass aber auch kaum jemand von sich behauptet, kein gütiger Mensch zu sein, (während man sich doch andere Tugenden durchaus ohne zu erröten zuschreibt oder abspricht)? – Wie sehen Sie das Verhältnis von Güte und Gutmütigkeit? – Fällt es Gutmütigen leichter, gütig zu sein? – Zählen Sie sich zu den Gutmütigen? – Schon immer oder erst, seit Sie älter geworden sind? – Warum wird Güte eigentlich nie mit Jugend, oft aber mit Alter in Verbindung gebracht? – Ist diese Verbindung ein Cliché, oder ist etwas daran?

gzd (1998)

Donnerstag

Das Reh und der Derwisch

Ein Reh, das seiner Jungen, ach! beraubet war,
doch welchem reiche Milch die Zitzen
noch beschwerte,
fand tief im Wald ein junges Wölfepaar.
Indem es diese nun mit seiner Milch ernährte,
übt' es an ihnen Mutterpflicht.
Ein Derwisch sieht das, und er spricht:
«Warum, du Törin, überlegst du nicht zuerst,
an wen du deine Liebe, deine Milch verschwendest?
Wähnst du wohl, daß du Dankbarkeit
bei solchen fändest?
Vielleicht kommt's so weit, daß du
noch dein Leben endest
durch eben die, die du jetzt nährst?»
«Vielleicht», so spricht das gute Reh dagegen,
«das kann ich jetzt nicht überlegen,
und wünsche es auch nicht zu tun.
Den heil'gen Mutterdienst leist' ich aus freien Stücken.
Und meine Milch, sie würde selber mich bedrücken,
wenn ich sie nutzlos ließe ruhn.»

Die wahre Herzensgüte
tut Gutes ohne jeden Lohn,
der Überfluß ist Last dem liebreichen Gemüte,
gibt es den andern nichts davon.
Iwan A. Krylow (1843)

Es ist die Wahrheit, für die Jesus stirbt und ewig steht: daß es nur einen Ort gibt, der Gott wirklich heilig ist, das Herz von Menschen, die ihm seine Güte vorbehaltlos glauben.
Eugen Drewermann (1988)

Lassen Sie sich zur Ruhe kommen. Wenn Ihnen eine eigentliche Meditationshaltung vertraut ist, nehmen Sie sie ein. Erspüren Sie Ihren Körper, Ihre Sitzhaltung, Ihre Atembewegung.

Versuchen Sie innerlich zu sehen und sich zu vergegenwärtigen:
Jesus begegnet leidenden und kranken Menschen, er nimmt verfahrene Unrechtssituationen wahr, er kämpft gegen religiöse Haltungen, die den Zugang zu Gott verbauen ... und immer rechnet Jesus mit der Güte Gottes, und unter dem Licht dieser Güte beginnen Veränderungen ...

Wenn diese Lebenshaltung Sie anzieht, wie könnte sie bei Ihnen und heute aussehen?
PW (1998)

Mässigung

Rückblick

Als er anfing mit dem neuen Job, musste alles weg. Sauber sollte der Damm sein, blitzblank die Schienen. So ging er denn, der Streckenwärter. Ging und hielt seine Strecke in Ordnung. Prüfte die Schrauben, ob sie noch angezogen, die Schwellen, ob sie noch hart wären. Klopfte mit seinem Hammer an den Stahl und freute sich am klaren Klang. Beobachtete das Klappen der Weichen, prüfte das Licht der Signale, verfolgte den Schwung der Leitungen. Die kurze Tunnelstrecke war seine besondere Herausforderung. Täglich machte er seine Tour.

Sein Ärger aber war das Unkraut. Den Dreck konnte er ja noch auflesen, mit der langen Zange in den kleinen Eimer. Schnell rein damit, und ohne langes Bücken. Was die Leute alles wegwerfen! Oder auch verlieren! Aber das war nichts gegen das Unkraut. Musste alles weg und kam doch wieder. Das violette mit den roten Stengeln besonders. Er hat sogar in einem schlauen Buch nachgelesen. «Geranium robertianum» heisst es oder «stinkender Storchschnabel», verwandt mit den Geranien in den Blumenkästen, hier aber unerwünscht. Stank auch erbärmlich, wenn er sich immer und immer wieder bücken musste, um es auszureissen. Ging er aber weiter, so meinte er, im Rücken zu spüren, wie es schon wieder nachwuchs. Und die «Katzenschwänze». Und die Brombeerranken. Musste alles weg und kam doch wieder. Hastdusnichtgesehen war es bei der nächsten Tour wieder da.

Er aber musste für seine Strecke sorgen. Wurde doch dafür bezahlt, dass sie makellos wäre, die Züge reibungslos führen, Technik und Verkehr am Schnürchen liefen. Bis zu dem Tag, als er fast überfahren worden wäre, weil er vor lauter Jäten, vor lauter Ärger, vor lauter Ehrgeiz, die sauberste Strecke zu haben, sauberer als alle anderen, eine Musterstrecke, aus dem Takt geraten war. Und eben selbst nicht mehr am Schnürchen lief. Und überhaupt erst merkte, dass er immer am Schnürchen gelaufen war. In seinem neuen Job.

Da musste er sich hinsetzen, das Unkraut anstarren und tief Luft holen. Und es geschah eine merkwürdige Veränderung mit ihm: Er schloss Frieden mit dem «stinkenden Storchschnabel», ja, er verbündete sich mit ihm. Dies Stücklein Natur trotzte der Technik, blühte unter Rädern aus Stahl, wuchs im reissenden Fahrtwind. Dies verdammte Stück leistete Widerstand und lief nicht am Schnürchen. Es trotzte dem unwiderstehlichen Fortschritt, liess sich einfach nicht unterkriegen von behaupteten Sachzwängen. Der «stinkende Storchschnabel» begann ihm Eindruck zu machen. Ein wenig Leben inmitten der toten Welt aus gehärtetem Stahl und überlegter Funktion und abgestimmtem Fahrplan.

Von da an lief er nicht immer am Schnürchen. Einige der «stinkenden Storchschnäbel» liess er einfach stehen und wachsen. Grüsste sie sogar, wenn er vorbeikam.

MK (1995)

Der Welt Schlüssel heißt Demut.
Ohne ihn ist alles Klopfen, Horchen, Spähen umsonst.

Christian Morgenstern (1911)

Montag

Früher, als man Gürtel zu tragen pflegte, schrie der Bauch, wenn das letzte Loch im Gurt erreicht war: «O weh! Weh mir! Was du alles in mich hineinstopfst, weh mir, was du alles ißt und trinkst!» Band derjenige dann seinen Gürtel um, dachte er: Vielleicht ist es an der Zeit, mich bei Speis und Trank etwas zurückzuhalten, auf daß mich mein Bauch nicht noch unter die Erde bringt. War er ein guter Rechner, so erkannte er, daß das, was dieser Bauch während einer einzigen Mahlzeit verschlang, von einer armen Familie nicht in drei Tagen verzehrt wurde. Und war er ein gottesfürchtiger Mann, so gab er dem Hungrigen von seinem Brot ab. Es wird also deutlich, daß sich der Gürtel für den Menschen sowohl im Diesseits als auch für das Jenseits bezahlt macht. Jene Hosenträger jedoch – nicht nur, daß sie auf den Schultern drücken, ihm sein Hemd beschädigen und die Haut seines Fleisches wundreiben, machen sie den Menschen auch noch hochmütig, da er sich in die Höhe reckt infolge des Gummis in seinen Hosenträgern. Und das Ende vom Lied? Da sich der Gummi abnutzt, seine Spannkraft nachläßt, geht der Mensch gekrümmt und strauchelt, so wie es Jeschajahu prophezeite: ‹Da duckt der Mensch, und sinkt der Mann.› Und er sagt weiter: ‹Gesenkt wird da des Menschen Stolz, geduckt der Männer Hochmut.›

Schmu'el Josef Agnon (1974)

Dienstag

Postscriptum

Was ich noch sagen wollte
Wenn ich Dir
einen Tip geben darf
Ich meine
Ich bitte Dich
um alles in der Welt
und wider besseres Wissen:

Halte Dich nicht schadlos
Zieh den kürzeren
Laß Dir etwas
entgehn
Eva Zeller (1979)

Mittwoch

Wo sind Sie masslos? – Schimpfen Sie zuviel, klagen Sie zuviel, machen Sie zuviel Lärm, gehen Sie zuviel aus, arbeiten Sie zuviel, reisen Sie zuviel in der Welt herum, putzen Sie zuviel, sehen Sie zuviel fern, schaffen Sie zuviel an, reden Sie zuviel über andere Leute, brauchen Sie zuviel Platz? – Wer alles und was alles ist von diesem (Ihrem) «Zuviel» mitbetroffen? – Welche entschuldigenden Gründe pflegen Sie jeweils vorzubringen, wenn man Ihnen Ihr «Zuviel» vorhält? – Was würden Sie vor sich selber als die eigentliche Ursache Ihres unmässigen Verhaltens bezeichnen? – Haben Sie schon einmal erlebt, dass ein Verzicht Sie erleichtert hat?
gzd (1998)

Donnerstag

E. Z.

Eine Frau besucht das Einkaufszentrum in der Trabantenstadt, die graue Festung, die das Warenangebot gegen seine Verächter verteidigt, auf mehreren Ebenen, hinter riesigen Glasscheiben, wohnt schöner, eßt 440
besser, zieht euch kostbarer an. Die Frau geht an allem vorüber, bleibt aber stehen, wo die Steine liegen, große Steine auf der glatten Terrasse, Findlinge, unsymmetrisch, rissig, von schwärzlichem Grün. Etwas aus der Wildnis, aus den Dobeln, wo Wasser stürzt, hingelegt vor zarte Tüllgehänge, glitzernde Möbelstoffe, etwas Unnützes, Unordentliches, und einer der Steine, von Kinderfüßen in Bewegung gesetzt, schaukelt sogar. Die Frau möchte einen Brief schreiben, to whom it may concern, sie möchte den Mann umarmen, der auf den Gedanken gekommen ist. Sie geht nicht mehr weiter, bleibt, in einem Haufen von Kindern, stehen, betastet die Steine, umarmt sie, beleckt sie, und die Leute, die auf die Riesenschaufensterscheiben zusteuern, tippen sich an die Stirn.

Marie Luise Kaschnitz (1970)

Freitag

Das Wenige ist es, das wirklich alles ist.
Einen unermeßlichen Platz nimmt das Wenige ein.
Es beläßt uns unsere Unverfügbarkeit.
René Char (1975)

Lassen Sie sich zur Ruhe kommen. Wenn Ihnen eine eigentliche Meditationshaltung vertraut ist, nehmen Sie sie ein. Erspüren Sie Ihren Körper, Ihre Sitzhaltung, Ihre Atembewegung.

Versuchen Sie innerlich zu sehen und sich zu vergegenwärtigen:
Jesus ist mit seinen Männern und Frauen unterwegs, sodass das Leben einfach werden muss, das Viele nur eine Belastung darstellt, Bindungen wegfallen, einzelne Dinge einen neuen Glanz erhalten und Erfahrungen in einem neuen Licht erscheinen ...

Wenn diese Lebenshaltung Sie anzieht, wie könnte sie bei Ihnen und heute aussehen?
PW (1998)

Ehrfurcht

Der alte Mann und die Wüste

Er hatte schon vieles ausprobiert: seinen Hausarzt besucht, eine Kur gemacht, Spezialärzte konsultiert, verschiedenste Medikamente angewendet, Fachkliniken aufgesucht, eine Therapie angefangen. – Allein, sein Asthma liess ihn nicht los, sondern kehrte in Wellen immer machtvoller zurück. Mehrfach musste er notfallmässig ins Spital.

Jetzt war er in Israel. Am unteren Ende des Toten Meeres gäbe es einige hervorragende Kurzentren für Patienten wie ihn, hatte man ihm erklärt. Die heisse und mit wertvollen Salzen angereicherte Luft, dort, wo das Wasser am meisten verdunstet, wäre gut für seine Atemwege, dazu gäbe es Bäder mit modernsten Einrichtungen und natürlich Ärzte mit neuesten Fachkenntnissen. Aus aller Welt kämen die Leute dorthin.

Jetzt war er da. – Allein, bereits nach einer Woche braute sich ein Status zusammen. Mit Blaulicht und haarsträubendem Tempo musste er durch die Wüste ins Krankenhaus der nächsten grösseren Stadt überführt werden.

Dort lag er nun in einem modernen Spitalzimmer. Die ganze Stadt war neu, und ihre Bauten schoben sich immer weiter in die Wüste vor. Wenn er ans Fenster trat, breitete sich vor ihm eine endlose Einöde aus Staub und Steinen aus. Hart und heiss lag da das reine Nichts, eine unübersehbare Landschaft von unnahbarer Gleichförmigkeit. Ein paar Trampelpfade verloren sich im fernen Flimmern. Zuweilen irrte eine einsame Windhose ziellos über die Ebene, wirbelte Sand und dürres Gebüsch spielerisch durch die Luft und setzte ein paar Meter weiter alles wahllos wieder ab. Schwerer Glast aus Sonne und Staub hockte tagsüber unbarmherzig auf dem Land. Abends waren am Horizont schemenhaft die Umrisse toter Gebirge zu ahnen.

Sein Bettnachbar war ein alter Beduine. Der lag immer nur in seinem Bett und döste durch den Tag. Sie konnten sich ohnehin kaum verständigen. Doch nach und nach erfuhr er von Besuchern, dass der Beduine vom Krebs befallen war und wohl nicht mehr lange leben würde.

Der alte Mann schlief nicht immer. Eines Morgens, lange vor Sonnenaufgang, konnte er zufällig beobachten, wie der Beduine langsam seine Decke zurückschlug, sich erst mit dem einen Bein aus dem Bett tastete, dann das andere nachzog, sich mühsam mit seinem kraftlosen und zerfressenen Körper zu Boden liess, auf allen Vieren gegen die Balkontür kroch, mit letzter Kraft ihren Griff zu fassen bekam, sich über die Schwelle schleppte und schliesslich auf dem Balkon anlangte. Dort sass er dann, den Rücken an die Wand gelehnt und seine Augen in den erwachenden Morgen gerichtet.

Dies tat er alle Tage. Jeden Morgen wiederholte er die mühselige Prozedur, um auf dem Balkon den Tag zu erwarten. Dort sass er dann in der Dämmerung. Ganz langsam zog sich die Nacht zurück. Klar war am Horizont der Kranz der nackten Berge zu sehen, ein wundervoller Schattenriss in der Kühle des Morgens. Nichts regte sich. Allmählich mischte sich ein zartes Rot in den klaren Himmel. Auf den Augen des alten Beduinen lag der Glanz einer kleinen Welt: Er sah bis zu seiner Oase zwischen den Bergen, sah seine Palmen und seinen Teich, seine Sippe und seine Tiere, sah die Moschee, die er gebaut hatte, und das kleine Schulhaus, in dem bald seine Enkel das Lesen üben würden. Er konnte die Färbung seiner Datteln erkennen, den verzierten Sattel seines Kamels und den alten Schöpfeimer seines Brunnens. Er hörte sogar das Knistern des trockenen Grases unter den Pfoten des Wüstenfuchses, der sich jetzt zu seiner Höhle aufmachte, und er roch selbst noch den wunderbaren Duft der Fladen, die seine Frau gerade für das Frühstück der Sippe buk. – Und dann ging sie auf, seine Sonne, brach übers Gebirge und überflutete das weite Wüstenrund, die Unbarmherzige und Schöne, die Sanfte und Harte, die Tödliche und Lebendige, dann zog sie heran und unterwarf sich alles, seine Sonne, mit der er ein Leben lang gekämpft hatte, die er immer noch erwartete und liebte.

Kaum war sie aufgegangen, da machte sich der alte Beduine auf seinen langen Rückweg ins Bett, an jenem Tag und alle Tage, bis er starb. Sein Bettnachbar aber, der dies alles beobachten konnte, mochte meistens nicht mehr einschlafen. Zu viele Gedanken gingen ihm durch den Kopf. Einige waren heilsam.

MK (1988)

Du mußt dich hinabbeugen zu den Dingen;
zu hochgewachsen bist du für die Schöpfung,
Menschenaffe
Peter Handke (1982)

Montag

Die Ehrfurcht ist kein Gefühlszusatz zum fertigen, wahrgenommenen Dinge, geschweige eine blosse Distanz, die das Gefühl zwischen uns und den Dingen aufrichtet (ihrem «Filigran», wie Nietzsche schön gesagt hat): Sie ist im Gegenteil die Haltung, in der man noch etwas hinzu wahrnimmt, das der Ehrfurchtslose nicht sieht und für das gerade er blind ist: das Geheimnis der Dinge und die Werttiefe ihrer Existenz. Wo immer wir von der ehrfurchtslosen, z.B. der durchschnittlich wissenschaftlich erklärenden Haltung, zur ehrfürchtigen Haltung gegenüber den Dingen übergehen, da sehen wir, wie ihnen etwas hinzuwächst, was sie vorher nicht besassen; wie etwas an ihnen sichtbar und fühlbar wird, was vorher fehlte: eben dies «Etwas» ist ihr Geheimnis, ist ihre Werttiefe. Es sind die zarten Fäden, in denen sich jedes Ding in das Reich des Unsichtbaren hineinerstreckt.
Max Scheler (1914)

Dienstag

De kern van alle dingen
is stil en eindeloos.
Alleen de dingen zingen.
447 Ons lied is kort en broos.

En donker zingt mijn bloed,
van heimwee zwaar doorwogen.
Ik zeil langs regenbogen
Gods stilte te gemoet
Felix Timmermans (1947)

Der Kern von allen Dingen
Stets in der Stille glüht;
Allein die Dinge singen,
Recht bald schweigt unser Lied.

Und dunkel singt mein Blut,
Von Heimweh schwer durchwogen.
Ich treib auf Regenbogen
Zu Gottes stiller Flut.

Mittwoch

Vor welchen Leuten haben Sie Respekt: vor Amtspersonen, Vorgesetzten, geistigen Grössen, Leuten, die besondere berufliche, sportliche oder künstlerische Leistungen erbracht haben oder über hervorragende charakterliche Qualitäten verfügen? – Gehören Lehrer und Polizisten auch dazu? – Fällt Ihnen eine Person ein, die sozial «unter» Ihnen steht, der Sie mit Respekt begegnen? – Beanspruchen Sie für sich selber, dass man Sie respektiert? – Welchen Unterschied sehen Sie zwischen dem Respekt vor einer Person oder Institution und der Ehrfurcht vor Gott? – Macht der Zusammenhang von «Furcht» und «Ehre» im Wort «Ehrfurcht» für Sie noch Sinn? – Oder ist der Begriff (wie übrigens auch der Begriff «Respekt») für Sie Ausdruck einer autoritären Denkweise, die Sie für überholt halten? – Reagiert etwas in Ihnen, wenn von einer Person oder von Gott abschätzig geredet wird? – Was halten Sie von der Sitte frommer Juden, den Namen Gottes nicht auszusprechen? – Was stellen Sie sich unter «Missbrauch des Namens Gottes» vor? – Woran denken Sie bei der Bitte des «Unser Vater»: dein Name werde geheiligt?
gzd (1998)

Donnerstag

So war der heilige Franziskus voll von taubenhafter Einfalt und mahnte alle Geschöpfe, ihren Schöpfer zu lieben; er predigte den Vögeln, und sie hörten ihm zu, ließen sich von ihm berühren und gingen erst fort, wenn er sie wieder weggeschickt hatte. Einmal zwitscherten während seiner Predigt die Schwalben, aber auf seinen Befehl verstummten sie sogleich. – Bei der Portiuncula saß nahe bei seiner Zelle eine Zikade auf einem Feigenbaum und sang oft. Da streckte der Mann Gottes seine Hand aus und rief sie mit den Worten herbei: «Komm zu mir, meine Schwester Zikade!» Sie gehorchte sofort und kam auf seine Hand. Da sagte er ihr: «Singe, meine Schwester Zikade, und lobe deinen Herrn!» Und alsbald sang sie und ging erst fort, nachdem er sie entlassen hatte.

Er rührte nicht an Lampen, Leuchtern oder Kerzen, da er mit seiner Hand ihren Glanz nicht entstellen wollte. – Auf Felsen ging er nur mit Ehrfurcht in Rücksicht auf den, der «Fels» genannt wird. – Er las kleine Würmer vom Weg auf, damit sie nicht von den Füßen der Vorübergehenden zertreten würden, und ließ den Bienen Honig und guten Wein geben, damit sie nicht mitten in der Kälte des Winters umkämen, und nannte alle Tiere «Brüder».

Wenn er Sonne, Mond und Sterne betrachtete, erfüllte ihn die Liebe des Schöpfers mit wunderbarer und unsäglicher Freude, und er lud sie ein, den Schöpfer zu lieben.

Jacobus de Voragine (13.Jh.)

So ein Spinnentüchlein voll Regentropfen
– wer macht das nach?
Christian Morgenstern (1909)

Samstag

Lassen Sie sich zur Ruhe kommen. Wenn Ihnen eine eigentliche Meditationshaltung vertraut ist, nehmen Sie sie ein. Erspüren Sie Ihren Körper, Ihre Sitzhaltung, Ihre Atembewegung.

Versuchen Sie innerlich zu sehen und sich zu vergegenwärtigen:
Jesus teilt seinen Leuten gerne mit, was er entdeckt hat, worauf ein Blick sich lohnt: Braut und Bräutigam, Vögel, Blumen, Kinder, Hochzeitsgäste, Bäume, Füchse, Ährenfelder, Menschengesichter, Hirt, Salz ...

Wenn diese Lebenshaltung des lohnenden Blicks Sie anzieht, wie könnte sie bei Ihnen und heute aussehen?
PW (1998)

Die Farbradierungen des Buches

Haben Sie sich in die Farbradierungen des Buches so eingesehen, dass sie Ihnen lieb geworden sind?
Sie können ein Monatsbild von Francine Mury zu einem vernünftigen Preis erwerben: Jede Originalradierung ist 24x24 cm gross, auf handgeschöpftem Bütten gedruckt und von der Künstlerin signiert. Bei einer Auflage von 20 Drucken pro Bild sind die 240 Radierungen lieferbar, solange der Vorrat reicht.
Bestellungen richten Sie bitte direkt an die Künstlerin:
Francine Mury, Al Castello, CH-6866 Meride
Telephon und Telefax CH-(0)91-6464668.
Frau Mury spricht Deutsch.

Das Begleitheft zum Buch

Sind Sie in der Erwachsenenbildung Ihrer Kirchgemeinde oder Pfarrei tätig und fragen sich, ob und wie dort mit diesem Buch gearbeitet werden könnte?
Parallel erscheint für Fachleute und in freier Mitarbeit Tätige eine Broschüre mit Anregungen, wie dieses Buch für die Erwachsenenbildung genutzt werden kann: in Hauskreisen, für Meditationsabende, in Kursen oder im Unterricht. Die Broschüre wird in der Hausdruckerei hergestellt und zum Selbstkostenpreis abgegeben.
Bestellungen richten Sie bitte an:
Bildung und Gesellschaft, Erwachsenenbildung
Hirschengraben 7, CH-8001 Zürich
Telephon CH-(0)1-2589150
Telefax CH-(0)1-2589151

Andreas Hoffmann

Geboren 1956, Studium der Kunstgeschichte und Photographie an der Hochschule für Bildende Künste in Braunschweig, freischaffender Photograph seit 1979, Einzelausstellungen, diverse Photobildbände.

Frieder Furler

Geboren 1950, Studium der Evangelischen Theologie in Basel und Zürich, Lehraufträge in Praktischer Theologie, Pfarrer in Stäfa bei Zürich (Kürzel ff).

Matthias Krieg

Geboren 1955, Studium der Germanistik und Evangelischen Theologie in Tübingen und Zürich, Promotionen, diverse Publikationen, Leiter von «Bildung und Gesellschaft», eines Gesamtkirchlichen Dienstes der Evangelisch-Reformierten Landeskirche des Kantons Zürich (Kürzel MK).

Francine Mury

Geboren 1947, Studium der Gestaltung und angewandten Kunst in Bern und Paris, seit 1980 freischaffende Künstlerin in Meride bei Lugano, Einzelausstellungen, diverse Publikationen, Förderpreise.

Peter Wild

Geboren 1946, Studium der Katholischen Theologie, Germanistik und Religionswissenschaft in Einsiedeln und Fribourg, Verlagslektor, diverse Publikationen, Fachmitarbeiter für Spiritualität bei «Bildung und Gesellschaft» in Zürich (Kürzel PW).

Gabrielle Zangger-Derron

Geboren 1937, Studium der Germanistik in Zürich, langjährige Redaktorin der Zeitschrift «Schritte ins Offene», diverse Publikationen, freie Mitarbeiterin in der Erwachsenenbildung bei «Bildung und Gesellschaft» in Zürich (Kürzel gzd).

Am Ende jeder Quellenangabe finden sich in Klammern der Verweis auf die Seite, die der Text in diesem Buch einnimmt, und gegebenenfalls die Angabe, ob es sich um einen Ausschnitt (A) des Originaltextes handelt. Im Buch ist unter dem abgedruckten Text entweder das Jahr der Entstehung oder des ersten Erscheinens angegeben. – Herausgeber und Verlage bedanken sich für die freundliche Gewährung der Abdruckrechte.

Schmu'el Josef Agnon, Herrn Lublins Laden, © Gustav Kiepenheuer Verlag GmbH, Leipzig, 1993 (für die deutsche Fassung): «Früher, als man Gürtel zu tragen pflegte» (438/A).
Peter Altenberg, Wie ich es sehe; in: Hans Dieter Schäfer (Hrsg.), Sonnenuntergang im Prater. Fünfundfünfzig Prosastücke (UB 8560); Reclam, Stuttgart, 1968; «Im Volksgarten» (208).
Hans Christian Andersen, Märchen, Slg. Dieterich, Verl.-Ges., Leipzig: «Die Prinzessin auf der Erbse» (424).
Aristoteles, Nikomachische Ethik; in: Wilhelm Nestle (Hrsg.), Hauptwerke (KTA 129); Kröner, Stuttgart, 1968; «Die Klugheit» (42/A).
Bettina von Arnim, Clemens Brentanos Frühlingskranz; in: Christa Bürger / Birgitt Diefenbach (Hrsg.), Ein Lesebuch (UB 2690); Reclam, Stuttgart, 1987; «Was flüsterst du» (376/A).
Rose Ausländer, Im Atemhaus wohnen, © S. Fischer Verlag GmbH, Frankfurt, 1981: «Noch bist du da» (151); «Gemeinsam» (331).
Rose Ausländer, Hügel aus Äther unwiderruflich. Gedichte und Prosa 1966-1975, © S. Fischer Verlag GmbH, Frankfurt, 1984: «Bruchteil» (287); «Ohne Visum» (375).

Babrios, «Der Vater und die Stäbe»; aus: Fabeln aus drei Jahrtausenden, © Manesse Verlag, Zürich, 1976 (332).
Ingeborg Bachmann, Werke Bd.1, © Piper Verlag GmbH, München, 1978: «Alle Tage» (63).
Karl Barth, Kirchliche Dogmatik IV/3, © TVZ, Zürich: «Es soll in dieser Welt» (302/A); Kirchliche Dogmatik III/4, © ebd.: «Man

vernarre sich nicht» (134/A); «Das ist doch im Grunde» (281).

Margrit Baur, Überleben, © Suhrkamp Verlag, Frankfurt, 1981: «Eine kleine Frist» (170/A); «Ich, Statist» (258/A).

Walter Benjamin, Zentralpark; in: Gerhard Fieguth (Hrsg.), Deutsche Aphorismen (UB 9889); Reclam, Stuttgart, 1978; «Zum Bilde» (386).

Gottfried Benn, Sämtliche Werke. Stuttgarter Ausgabe. In Verb. m. Ilse Benn hrsg. v. Gerhard Schuster. Band 1: Gedichte 1, © Klett-Cotta, Stuttgart, 1986: «Aprèslude» (251).

Elazar Benyoëtz, Filigranit. Ein Buch aus Büchern; Steidl, Göttingen,1992; «Was auf Vollendung» (134); «Liebe schließt» (181); «Im Widerspruch» (325); «Wer sich» (389).

Reinhard Bernhof, Der Angriff des Efeus, © Aufbau-Verlag, Berlin und Weimar, 1982: «Das Zahnrad» (405).

Horst Bienek, «Übernehmt nichts» (aus: Anweisung für Zeitungsleser), © Carl Hanser Verlag GmbH, München (303/A).

Giovanni Boccaccio, Il Decamerone; in: Johannes von Guenther (Hrsg.), Das Decameron (GG 347-348); Goldmann, München, o.J.; «Die Frage» (324/A).

Otto Friedrich Bollnow, Wesen und Wandel der Tugenden, © Ullstein Buchverlage, Berlin: «Treue ist immer» (194/A).

Dietrich Bonhoeffer, Widerstand und Ergebung (KT 100), © Chr.Kaiser / Gütersloher Verlagshaus, Gütersloh, 16. Auflage: «Sind wir noch brauchbar?» (50); «Die Erfahrung des Verrates» (222); «Ich glaube» (230); «Das Wesentliche» (358/A); «Wer wollte dem Deutschen bestreiten» (386/A).

Rainer Brambach, Heiterkeit im Garten, © Diogenes Verlag AG, Zürich, 1989: «Gedicht für Frank» (261).

Bertolt Brecht, Gesammelte Werke, © Suhrkamp Verlag, Frankfurt, 1987: «Weise am Weisen ist die Haltung» (16); «Der reißende Strom» (159); «Was nützt die Güte» (431).

Martin Buber, Die Erzählungen der Chassidim, © Manesse Verlag, Zürich, 1949: «Das vergebliche Suchen» (28); «Die Frage der Fragen» (29); «Wehe!» (37); «Binde dich» (73); «Wonach man jagt» (98); «Nähe und Ferne» (216); «Alle Freuden» (242); «Gott wohnt» (369).

Josef Burg, Ein Gesang über allen Gesängen; Benno, Leipzig, 1993^{2}; «Eine alte Weide» (196).

Gottfried August Bürger, Gedichte; in: Wolfgang Widdel (Hrsg.), Die Weiber von Weinsberg; Morgen, Berlin (DDR), 1983; «Der Bauer» (279).

Wilhelm Busch, Kritik des Herzens; in: Friedrich Bohne (Hrsg.), Gedichte (detebe 60/1); Diogenes, Zürich, 1974; «Ein dicker Sack» (339).

Elias Canetti, Die Provinz des Menschen. Aufzeichnungen 1942-1972; Ex Libris, Zürich, 1975; «Sätze finden» (53); «Wenn man» (289).

René Char, Rückkehr stromauf. Gedichte 1964-1975; Hanser, München, 1984; «Das Wenige» (441).

Matthias Claudius, An meinen Sohn Johannes; in: Hannsludwig Geiger (Hrsg.), Sämtliche Werke (Tempel-Klassiker); Vollmer, Wiesbaden, o.J.; «Wenn Dich jemand» (286/A); Von der Freundschaft; ebd.: «Eigentliche Freundschaft» (186/A).

Hans Leopold Davi, Aumenta el nivel de los ríos / Es steigt der Wasserspiegel der Flüsse, Insula Verlag, Madrid, 1975, © Hans Leopold Davi, Luzern: «Un dia» (Metamorfosis) / «Eines Tages» (Metamorphose) (231).
Hans Leopold Davi, Canciones de niños / Kinderlieder, Raeber Verlag, Luzern, 1979, © Hans Leopold Davi, Luzern: «Nunca te he prometido» / «Ich versprach dir nie» (269).
Karlheinz Deschner, Nur Lebendiges schwimmt gegen den Strom; Lenos, Basel, 1985; «Nur Lebendiges» (402).
Hilde Domin, Gesammelte Gedichte, © S. Fischer Verlag GmbH, Frankfurt 1987: «Ziehende Landschaft» (99); «Es knospt» (233/A).
Eugen Drewermann, Das Markusevangelium. Zweiter Teil; Walter, Olten, 1988; «Es ist» (433).

Marie von Ebner-Eschenbach, Aphorismen; in: Albert Bettex (Hrsg.), Meistererzählungen (Bibliothek der Weltliteratur); Manesse, Zürich, o.J.; «Wenn die Zeit» (86); «Der grösste» (394).
Marie von Ebner-Eschenbach, Parabeln, Märchen und Gedichte; in: Reinhard Dithmar (Hrsg.), Fabeln aus drei Jahrtausenden (Bibliothek der Weltliteratur); Manesse, Zürich, 1976; «Wertbestimmung» (368).
Günter Eich, Botschaften des Regens, © Suhrkamp Verlag, Frankfurt 1955: «Japanischer Holzschnitt» (387).
Joseph von Eichendorff, Ahnung und Gegenwart; in: Wolfdietrich Rasch (Hrsg.), Werke in einem Band (Hanser Bibliothek); Hanser, München, 1984³; «Und das» (14/A); «Wo ein» (89); Geistliche Gedichte; ebd.: «Mondnacht» (171); Sängerleben; ebd.: «Wünschelrute» (351).
Paul Eluard, Das Antlitz des Friedens, © Insel Verlag, Frankfurt, 1988: «Mon bonheur» / «Mein Glück» (333); «Ce n'est pas le naufrage» / «Nicht nur das Scheitern» (413).
Franz Carl Endres, Tag des Lebens; in: Hans Margolius / Ernst Kobelt (Hrsg.), Besinnung und Einsicht; Strom, Zürich, 1981; «Klugheit» (42).

Franz Fassbind, aus: Peter Wild (Hrsg.), Franz Fassbind, Apokryph, Gedichte (Werkausgabe 3), Walter Verlag, Olten 1989, © Franz Fassbind, Adliswil: «Die Morgenröte» (35); «Zwischen dem Chaos» (71); «Vertrauen» (215); «21.Februar 1948» (323); «Zeichen im Sand» (377).
Theodor Fontane, Briefe; in: Werner Lincke (Hrsg.), Theodor Fontanes Werke in zwei Bänden; Bergland, Salzburg, 1961: «Brief vom 24. August 1882» (422/A).
Anatole France, L'Affaire Crainquebille / Der Fall Crainquebille. Aus dem Französischen von Ulrich Friedrich Müller, © Deutscher Taschenbuch Verlag, München 1977: «Ich habe» (152/A).
Erich Fried, Warngedichte, © Carl Hanser Verlag, München, 1964: «Der Lügner» (302).
Max Frisch, Ausgewählte Prosa, © Suhrkamp Verlag, Frankfurt, 1967: «Ehrlich sein» (145); «Das Höfliche» (374/A).
Max Frisch, Tagebuch 1946-1949, © Suhrkamp Verlag, Frank-

furt, 1950: «Das Erbarmen» (70); «Jeder Mensch» (86/A); «Du sollst dir» (178).
Walter Helmut Fritz, «Der indianische Freund sagt», © Carl Hanser Verlag, München (367).

Mahatma Gandhi, in: Gertrude u. Thomas Sartory (Hrsg.), Mahatma Gandhi, Handeln aus dem Geist, © Verlag Herder, Freiburg i.Br., 16.Aufl. 1994: «Gegenseitige Duldung» (322).
Mahatma Gandhi, «Meine Gewaltfreiheit», © Wolfgang Sternstein, Stuttgart (410).

Albrecht Goes, Aber im Winde das Wort, © S. Fischer Verlag GmbH, Frankfurt, 1963: «Sieben Leben» (223).
Johann Wolfgang Goethe, Maximen und Reflexionen (dtv-Gesamtausgabe 21); dtv, München, 1968[2]; «In der jetzigen Zeit» (278).
Vincent van Gogh, Feuer der Seele, © Insel Verlag, Frankfurt, 1990: «Ich glaube » (266); «Wenn man» (330); «Es ist gut» (350/A); «Man müßte sich» (397).
Jorge Guillen, Ausgewählte Gedichte, © Suhrkamp Verlag, Frankfurt, 1974: «Aquellos veranos» / »Jene Sommer» (115).

Peter Hacks, «Ausblick», © Peter Hacks, Berlin (179).
Peter Handke, Phantasien der Wiederholung (es 1168); Suhrkamp, Frankfurt, 1983; «Der Geist» (158); «Du mußt» (446).
Maarten 't Haart, Ein Schwarm Regenbrachvögel. es 1418, © Suhrkamp Verlag, Frankfurt, 1988: «Ich weiß» (122/A).
Johann Peter Hebel, Schatzkästlein des Rheinländischen Hausfreundes; in: Emil Strauss (Hrsg.), Poetische Werke (Tempel-Klassiker); Vollmer, Wiesbaden, o.J.; «Der verachtete Rat» (116).
Zbigniew Herbert, Inschrift (BS 384); Suhrkamp, Frankfurt, 1979; «Noch einmal» (425/A).
Günter Herburger, «Ehegedicht», © Carl Hanser Verlag, München (423).
Willi Hoffsümmer (Hrsg.), 255 Kurzgeschichten; Grünewald, Mainz, 1982[2]; «Der Axtdieb» (36).
Peter Horton, Hoffnung hat Appetit. Aphorismen und Poesie; Knaur, München, 1983; «Fingerspitzengefühl» (422).
Hugo von St. Victor, Eruditio didascalica; in: Friedrich Ohly, Schriften zur mittelalterlichen Bedeutungsforschung; Wiss. Buchgesellschaft, Darmstadt, 1977; «Omnis natura» (353).
David Hume, Untersuchung über die Prinzipien der Moral (Philosophische Bibliothek 199), © Verlag Felix Meiner, Hamburg, unveränd. Nachdr. 1972 der 1.Aufl. v. 1929: «Ein Mann» (142/A): «Jeder, der einen Abend» (242/A).

Irisch; in: Martin Schmeisser (Hrsg.), Deine Güte umsorgt uns; Verlag am Eschbach, Eschbach, 1989; «Den tiefen Frieden» (173).

Philippe Jaccottet, Fliegende Saat. Aufzeichnungen 1954-1979, © Carl Hanser Verlag, München, 1995: «Nachtgedanken» (361).
Karl Jaspers, «Das Beste» (aus: Ulrich Wickert, Das Buch der Tugenden, Verlag Hoffmann & Campe, Hamburg, 1995). ©

Verlag Walter de Gruyter, Berlin (338/A).

Juan Ramòn Jiménez, Platero und ich. Ü: Doris Deinhard, © Insel Verlag, Frankfurt, 1953: «Wenn Platero in der Dämmerung» (80).

Juan Ramòn Jiménez, in: Gustav Siebenmann / José Manuel Lopez (Hrsg.), Spanische Lyrik des 20. Jahrhunderts (UB 8035), © Verlag Philipp Reclam, Stuttgart, 1985: «Acción final» / «Letzte Tat» (109).

Ernst Jünger, Sämtliche Werke, Band 3. Tagebücher III: Strahlungen II, © Klett-Cotta, Stuttgart, 1979: «Zwei Russen» (366).

Franz Kafka, Das erzählerische Werk, Band 1: Kleine Erzählungen (aus dem Nachlaß), hrsg. v. Klaus Hermsdorf, © Verlag Rütten & Loening, Berlin, 2.Aufl. 1988: «Du bist die Aufgabe» (26); «Vom wahren Gegener» (65); «Der Mensch kann nicht leben» (214); «Die Brücke» (360).

Mascha Kaléko, In meinen Träumen läutet es Sturm. Gedichte und Epigramme aus dem Nachlaß, (dtv, München, 15.Aufl. 1993), © Gisela Zoch-Westphal, Thalwil/ZH: «Stickmuster-Spruch fürs Kopfkissen» (135).

Marie Luise Kaschnitz, Steht noch dahin, © Insel Verlag, Frankfurt, 1995: «Was wir noch können» (34); «E.Z.» (440).

Erich Kästner, Doktor Erich Kästners Lyrische Hausapotheke, © Atrium Verlag, Zürich, und Thomas Kästner: «Nur Geduld» (250).

Kurt Kauter, Also sprach der Marabu. Neue Fabeln; Greifenverlag, Rudolstadt, 1981[3]; «Ursache und Folge (44); «Der Individualist» (64); «Das zweckmässige Wir» (188); «Die Wandelbarkeit des Urteils» (252); «Vom Gewicht des Nichts» (412).

Robert Kennedy; in: Georg Picht, Hier und jetzt. Philosophieren nach Auschwitz und Hiroshima. Band 2; Klett-Cotta, Stuttgart, 1981; «Wenige Menschen» (402).

Hans Kestranek, Präludien und Meditationen; in: Hans Margolius / Ernst Kobelt (Hrsg.), Besinnung und Einsicht; Strom, Zürich, 1981; «Wer sich» (78).

Heinrich von Kleist, Anekdoten; in: Helmut Brandt (Hrsg.), Kleists Werke in zwei Bänden. Band 1 (BDK); Aufbau, Berlin (DDR), 1980[7]; «Korrespondenznachricht» (244).

Bengt af Klintberg (Hrsg.), Der Elefant auf dem VW und andere moderne Sagen und Großstadtmythen (SP 1653); Piper, München, 1992; «Als König Christian den Davidstern trug» (340).

Janusz Korczak, Das Kind lieben, © Suhrkamp Verlag, Frankfurt, 1988: «Du sagst: Ich liebe» (394/A).

Jiddu Krishnamurti, Jenseits der Gewalt, © Krishnamurti-Foundation Trust Ltd., GB-Hants: «Es ist wichtig» (305/A).

Iwan Andrejewitsch Krylow, Sämtliche Fabeln, hrsg. v. Wilhelm Preetorius, © Verlag Die Waage, Zürich, 1960: «Die beiden Fässer» (108); «Der Knabe und die Schlange» (124); «Hund und Pferd» (136); «Das Reh und der Derwisch» (432).

Milan Kundera, Die unerträgliche Leichtigkeit des Seins; Hanser, München, 1984; «Der Gegensatz» (206).

Giacomo Leopardi, «Das entscheidenste und vielleicht das schönste Ergebnis» (aus: Zibaldone di pensieri), © Steyer-Verlag, Freilassing (150/A).

Gotthold Ephraim Lessing, Sinngedichte; Morgen, Berlin (DDR), 1984[2]; «Die blaue Hand» (395).

Georg Christoph Lichtenberg, Sudelbücher; in: Wolfgang Promies (Hrsg.), Schriften und Briefe 1; Zweitausendeins, Frankfurt, 1994; «Lernen» (26); «Ich mag» (50/A); «Die Schnecke» (101); «Zeit» (117); «Ich gehe» (278).

Norbert Loacker, Maddalenas Musik, (Solothurn 1995), © Benziger Verlag AG, Zürich: «Um Aliena» (304/A).

Tobias Lucanus, Das poetische Kurtz und Gut; in: Eberhard Haufe (Hrsg.), Wir vergehn wie Rauch von starken Winden. Deutsche Gedichte des 17. Jahrhunderts 2; Rütten und Loening, Berlin (DDR), 1985; «Verschwiegenheit» (107).

Martin Luther, Von der Freiheit eines Christenmenschen; in: Wolfgang Metzger (Hrsg.), Calwer Luther-Ausgabe 2 (Siebenstern-TB 24); Siebenstern, Hamburg, 1974[3]; «Ein Christenmensch» (297).

Antonio Machado, in: Gustav Siebenmann / José Manuel Lopez (Hrsg.), Spanische Lyrik des 20. Jahrhunderts (UB 8035), ©Verlag Philipp Reclam, Stuttgart, 1985: «Caminante, son tus huellas» / «Wanderer, deine Spuren» (17).

Nagib Machfus, Echo meines Lebens; Unionsverlag, Zürich, 1997; «Einbruch» (350).

Rainer Malkowski, «Neuschnee», © Carl Hanser Verlag, München (51).

Benoît Marchon (Text), Josse Goffin (Bilder), Ich möchte ganz still sitzen. Gedichte zum Beten; Gabriel, Mödling, 1988; «Wenn du» (245/A).

Kurt Marti, «Der Himmel, der ist» (Lied Nr. 809 des Gesangbuches der Evang.-Ref. Kirchen der Schweiz), © Carus-Verlag, Stuttgart (267).

Kurt Marti, Werkauswahl in fünf Bänden. Aus: Namenszug mit Mond, Gedichte, © Verlag Nagel & Kimche AG, Zürich, 1996: «soviel aber lernte auch ich» (2.Teil des Gedichtes «mutter unser») (143A); «Wo chiemte mer hi?» (403).

Kurt Marti, «ratschlag», © Kurt Marti, Bern (43).

Kurt Marti, Werkauswahl in fünf Bänden. Aus: „Unter der Hintertreppe der Engel“, Wortstücke und Notizen, © Verlag Nagel & Kimche AG, Zürich, 1996: «Der Langsame» (114); «Zart und genau» (158).

Selma Meerbaum-Eisinger, Ich bin in Sehnsucht eingehüllt, © Hoffmann & Campe Verlag, Hamburg, 1980: «Tragik» (222).

Anthony de Mello, Warum der Schäfer jedes Wetter liebt. Weisheitsgeschichten, © Verlag Herder, Freiburg i. Br., 11. Aufl. 1998: «Die unsichtbaren Bücher» (180).

Christian Morgenstern, Prisma meines Geistes; in: Clemens Heselhaus (Hrsg.), Jubiläumsausgabe in vier Bänden. Band 3; Piper, München, 1979; «Suche» (258); «Der Weltschlüssel» (438); «So ein» (449); Stufen; ebd.: «Von sich» (98); «Was ist» (150); «Ich könnte» (206); «Siehe» (253); «Sie sollten» 358).

Eduard Mörike, Gedichte; in: Hannsludwig Geiger (Hrsg.), Werke (Tempel-Klassiker); Vollmer, Wiesbaden, o.J.; «Herr!

Schicke» (315).

Erwin Moser, Das große Fabulierbuch, (Programm Beltz & Gelberg, Weinheim), © Beltz Verlag, Weinheim und Basel, 1995: «Der Hut und der Fisch» (100).

Friedrich Nietzsche, Morgenröte. Gedanken über die moralischen Vorurteile (it 678); Insel, Frankfurt, 1983; «Nichts zu sehr» (314).

Novalis (Georg Philipp Friedrich von Hardenberg), Fragmente. Über das Menschengeschlecht; in: Uwe Lassen (Hrsg.), Werke in einem Band (Campe Klassiker); Hoffmann und Campe, Hamburg, 1966[3]; «Mensch» (14); Fragmente Blütenstaub; ebd.: «Scham» (106).

Blaise Pascal, Pensées; in: Reinhold Schneider (Hrsg.); Fischer, Frankfurt, 1954; «Wenn man» (314).

Fernando Pessoa, 144 Vierzeiler. Deutsch von Rudolf und Josefina Lind, © Ammann Verlag & Co., Zürich, 1995: «Baila o trigo» / «Es tanzet das Korn» (209).

Phibis, Demotisches Weisheitsbuch (Papyros Insinger); in: Fr. W. Frhr. von Bissing (Hrsg.), Altägyptische Lebensweisheit (Bibliothek der Alten Welt); Artemis, Zürich, 1955; «Es gibt» (70).

Lutz Rathenow, Sisyphos. Erzählungen, © Berlin Verlag, Berlin, 3.Aufl. 1997 (Abdruck mit Genehmigung des Autors): «Das letzte Zimmer» (388).

Paul Reps, (Hrsg.), Ohne Worte – ohne Schweigen. 101 Zen-Geschichten und andere Zen-Texte aus vier Jahrtausenden, © Scherz Verlag AG, Bern – München – Wien, für den Otto Wilhelm Barth Verlag: «So?» (316).

Friedrich Rückert, Gedichte (1815-19); in: Walter Schmitz (Hrsg.), Gedichte (UB 3672); Reclam, Stuttgart, 1988; «Tändelei» (195); Die Weisheit des Brahmanen; ebd.: «Sechs Wörtchen» (15).

Magdalena Rüetschi, Pascal's Zimmer, © Verlag im Waldgut AG, Frauenfeld, 1992: «Traum der Könige» (79); «Das scheue Licht» (123).

Dschalaluddin Rumi, Diwan-i, Schams-i Tabriz; in: Johann Christoph Bürgel (Hrsg.), Traumbild des Herzens. Hundert Vierzeiler (Manesse-Bücherei 45); Manesse, Zürich, 1996[2]; «Deine Güte» (430)

Scheich Saadi, Hundertundeine Geschichte aus dem Rosengarten, © Manesse Verlag, Zürich, 1967: «Der beschenkte Dieb» (72); «Das Bittgebet für den Tyrannen» (280).

Nelly Sachs, Das Leiden Israels, © Suhrkamp Verlag, Frankfurt, 1969: «Völker der Erde» (411).

Antoine de Saint-Exupéry, Der Kleine Prinz, © Karl Rauch Verlag, Düsseldorf, 1950 und 1998: «Der kleine Prinz war» (396/A).

Max Scheler, Zur Rehabilitierung der Tugend (Arche-Bücherei 123-124); Arche, Zürich, 1950; «Die Demut» (294/A); «Die Ehrfurcht) (446/A).

Friedrich Schiller, Gedichte; in: Arthur Kutscher (Hrsg.), Schillers Werke. Auswahl in zehn Teilen. Teile 1-2; Bong, Berlin, 1907; «Das Unwandelbare (194).

Wolfdietrich Schnurre, Klopfzeichen (GTB 261); Mohn, Gütersloh, 1978; «Wahrheit» (259).

Hermann Schreiber, «Als Yves Montand» (88); «Als die wegen» (260), © Verlag Paul Neff (Verlagsunion Pabel Moewig), Rastatt.

Johann Gottfried Seume, Spaziergang nach Syrakus; in: Helga Niemeyer (Hrsg.), Hundert mal zwei Minuten. Kürzestgeschichten aus der europäischen Literatur; Langewiesche-Brandt, Ebenhausen, 1971; «Eine drollige» (52).

Idries Shah, Die Hautprobe. Anleitung für den Sufi-Pfad; Herder, Freiburg, 1984; «Sogar» (122).

Rabbi Rami M. Shapiro, (Hrsg.), Die Worte der Weisen sind glühende Kohlen. Das kleine Buch der jüdischen Weisheit, © Rabbi M. Shapiro, 1993. Deutsche Ausgabe: © Wolfgang Krüger Verlag, Frankfurt, 1998: «Verachte keinen» (125); «Wahre Augenmaß» (161); «Wunder verdienen» (225/A); «Wer in Armut» (317).

George Bernhard Shaw, Aphorismen für Umstürzler; in: Hans Margolius / Ernst Kobelt (Hrsg.), Besinnung und Einsicht; Strom, Zürich, 1981; «Mut» (62).

Angelus Silesius, Cherubinischer Wandersmann; in: Louise Gnädinger (Hrsg.), Kritische Ausgabe (UB 8006); Reclam, Stuttgart, 1984; «Was ohne» (178); «Die Einigkeit» (322).

Sinuhe, Lebensgeschichte; in: Elke Blumenthal (Hrsg.), Altägyptische Reiseerzählungen (RUB 928); Reclam, Berlin (DDR), 1982; «Leg an» (70).

Dorothee Sölle, Fliegen lernen. Gedichte, © Fietkau Verlag, Berlin, 1979: «Wie sehr loben» (207).

Baruch de Spinoza, Ethik; in: M. Kronenberg (Hrsg.), Spinozas Ethik (Bücher der Weisheit und Schönheit); Greiner u. Pfeiffer, Stuttgart, 1904; «Zuversicht» (230).

Erwin Strittmatter, Selbstermunterungen (Edition Neue Texte); Aufbau, Berlin (DDR), 1981; «Der Specht» (106); «Es gibt» (137); «Ruhe» (170); «Wieviel» (294).

Eva Strittmatter, Mondschnee liegt auf den Wiesen (Edition Neue Texte), © Aufbau-Verlag, Berlin, 1975: «Licht» (87); «Lächeln» (243).

Anton Tammsaare, Die lebenden Puppen. Prosa in Auswahl, hrsg. v. Friedrich Scholz, © Wilhelm Fink Verlag, München, 1979: «Ein Rabe hatte zwei Junge» (296/A).

Pierre Teilhard de Chardin, Briefe an Frauen, hrsg. v. Günther Schiwy, © Verlag Herder, Freiburg i.Br. 3.Aufl. 1991: «Meine liebe Freundin» (189/A).

Tertullian, de patientia; in: Hans Armin Gärtner (Hrsg.), Die römische Literatur in Text und Darstellung. Kaiserzeit 2 (UB 8070); Reclam, Stuttgart, 1988 (250/A).

James Thurber, 75 Fabeln für Zeitgenossen, © Rowohlt Verlag GmbH, Reinbek, 1967: «Der Löwe, der fliegen wollte» (160).

Paul Tillich, «Mut schließt immer ein Wagnis ein» (aus: Mut zum Sein), © Verlag Walter de Gruyter, Berlin (62/A).

Felix Timmermans, Adagio, © Insel Verlag, Frankfurt, 1949: «De kern van alle dingen» / «Der Kern von allen Dingen» (447).
Leo N. Tolstoi; in: Willi Hoffsümmer (Hrsg.), 255 Kurzgeschichten; Grünewald, Mainz, 1982[2]; «Der Bauer und der Wassermann» (144).
Federigo Tozzi, Bestien, © ComMedia & Arte, Stuttgart, 1988: «Wenn ich da bin» (352).
Tschuang Tse, Reden und Gleichnisse, © Manesse Verlag, Zürich, 1951: «Der Glockenspielständer» (172); «Die Perle» (232).

John Updike, Werben um die eigene Frau. Gesammelte Erzählungen, deutsch: Maria Carlsson, © Rowohlt Verlag GmbH, Reinbek, 1971: «Erzengel» (268/A).

Jacobus de Voragine (Hrsg.), Legenda Aurea (Bibliothek der Weltliteratur); Manesse, Zürich, 1982; «So war» (448).

Robert Walser, Das Gesamtwerk, © Suhrkamp Verlag, Zürich / Frankfurt, 1978; mit Genehmigung der Inhaberin der Rechte, der Carl Seelig-Stiftung, Zürich: «Laute» (224); «Es schneite in der Straße» (Zwei kleine Märchen) (288).
Simone Weil, Schwerkraft und Gnade, © Kösel Verlag GmbH, München, 1952: «Es gibt zweierlei Gehorsam» (78/A).
Wilhelm Weischedel, Skeptische Ethik, © Suhrkamp Verlag, Frankfurt, 1976: «Die Gelassenheit» (98/A); «Güte» (430/A).
Christian Weise, Reiffe Gedancken; in: Eberhard Haufe (Hrsg.), Wir vergehn wie Rauch von starken Winden. Deutsche Gedichte des 17. Jahrhunderts. Band 2; Rütten und Loening, Berlin (DDR), 1985; «Gute Gedanken» (295).
F.C. Weiskopf, Das Anekdotenbuch, © Aufbau-Verlag GmbH, Berlin, 1954: «Der letzte Wunsch» (404).
Gertrud Wilker, Feststellungen für später. Gedichte, © Verlag Huber, Frauenfeld, 1981: «Dankschreiben» (187).
Ludwig Wittgenstein, in: Georg Henrik von Wright (Hrsg.), Vermischte Bemerkungen. Eine Auswahl aus dem Nachlaß (BS 535); Suhrkamp, Frankfurt, 1977; «Der menschliche Blick» (34); «Wer» (114).
Wolf Wondratscheck, Früher begann der Tag mit einer Schußwunde, © Carl Hanser Verlag, München, 1969: «Eine Frau verkauft auf der Straße» (153).

Eva Zeller, Auf dem Wasser gehn. Ausgewählte Gedichte, © Deutsche Verlags-Anstalt GmbH, Stuttgart, 1979: «Morgentoilette» (27); «Wenn» (359); «Postscriptum» (439).
Nikolaus Ludwig von Zinzendorf; in: Gesangbuch der Evangelisch-Reformierten Kirchen der deutschsprachigen Schweiz; Bern, 1952; «Wir wolln uns gerne wagen» (81).
Albin Zollinger, Haus des Lebens, in: Werke 4, hrsg. v. Silvia Weimar, © Artemis Verlag, Zürich, 1983: «Vertrauen» (217).